普通高等院校创新创业教育系列丛书

创新创业基础

主　编　秦　印　何小姬

副主编　王娅男　廖　姗

清華大學出版社

北　京

内容简介

本教材以党的二十大提出的“加快实施创新驱动发展战略”为指引，以高等教育体系必须注重培养学生的创新意识和创业能力，适应国家创新驱动发展战略的需求为目标，融合了设计思维、精益创业、资源拼凑、社会创业、公司内部创业等创新创业经典方法论与理论，突出了批创性思维在创新创业中的应用。全书以创业项目的开展为主线，涵盖了创业过程的环节和关键要素，并通过一系列创新思维工具和方法，解决创业教育中学生想法单一、解决方案陈旧的痛点，辅以中国本土化的创新创业案例实践，旨在提供全面、基础且实用的创新创业基础知识和框架，帮助学生学会创业者思考和行动背后的逻辑，形成自己的创新创业思维和创业能力。

本教材配套了丰富的课程资源，包含课程在线学习视频、数字化的拓展阅读、体验式教学指南、课程简介、教学大纲、教学课件、教案等教学辅助资源，可作为高等院校创新创业课程的通识教材，也可供需要提升创新思维的读者阅读参考。

图书在版编目 (CIP) 数据

创新创业基础 / 秦印，何小姬主编 . -- 北京 : 清华大学出版社，2025. 7. -- (普通高等院校创新创业教育系列丛书). -- ISBN 978-7-302-69794-7

Ⅰ. G647.38

中国国家版本馆 CIP 数据核字第 202560BZ07 号

责任编辑：王　定
封面设计：周晓亮
版式设计：思创景点
责任校对：马遥遥
责任印制：沈　露

出版发行：清华大学出版社
　　网　　址：https://www.tup.com.cn，https://www.wqxuetang.com
　　地　　址：北京清华大学学研大厦A座　　**邮　　编：**100084
　　社 总 机：010-83470000　　**邮　　购：**010-62786544
　　投稿与读者服务：010-62776969，c-service@tup.tsinghua.edu.cn
　　质 量 反 馈：010-62772015，zhiliang@tup.tsinghua.edu.cn
印 装 者：大厂回族自治县彩虹印刷有限公司
经　　销：全国新华书店
开　　本：185mm×260mm　　**印　　张：**15.5　　**字　　数：**368千字
版　　次：2025年8月第1版　　**印　　次：**2025年8月第1次印刷
定　　价：59.80元

产品编号：105336-01

本书编委会

前言

PREFACE

党的二十大提出“加快实施创新驱动发展战略”，这要求高等教育教学要注重培养学生的创新意识和创业能力，以适应国家创新驱动发展的战略需求。高校作为人才培养的重要基地，肩负着培养具有创新精神和实践能力创业型人才的重任。在此背景下，编写团队结合高校创新创业教育教学的实践，在“创新思维”和“创业基础”课程教学积累的基础上，立足创新驱动下的创业，编写了本教材。

本教材的内容与定位

在 Web 3.0 时代，创业思维已超越商业范畴，成为每个人的生存技能和素养。本教材在编写过程中，广泛吸纳了国内外创新创业教育的先进理念和实践经验，结合了教育教学的实际，构建了“认知—工具—场景”的三维学习空间。

(1) 认知维度：本教材融合了设计思维、精益创业、资源拼凑、社会创业、公司内部创业等创新创业经典方法论与理论，从而突出批创性思维在创新创业中的应用。

(2) 工具维度：本教材提供了头脑风暴、六顶思考帽、5WHY 分析法、世界咖啡等一系列创新思维工具，用于开拓和创新解决方案，同时提供了洞察用户需求的众多方法和工具，还提供了问题画布、商业模式画布、精益画布、MVP 的构建与测试等一系列商业化的工具，让商业化的过程和解决方案更有迹可循。

(3) 场景维度：本教材扎根中国创新创业实践，通过分析经典的本土案例和项目实训，呈现了共享经济、体验经济、文化自信驱动等新场景，特别展现中国创业者的坚忍精神、拼搏精神和家国情怀，凸显新场景下商业与社会价值的融合。

本教材作为高校创新创业通识教材，涵盖了创新创业的基本理念、创业过程的环节和关键要素，旨在为学生提供全面、基础且实用的创新创业基础知识和框架，帮助学生学会创业者思考和行动背后的逻辑，形成自己的创业思维和创业能力。本教材以培养创新思维、创业精神和创业能力为目标，以创新创业促进事业开拓与人生发展为起点，以创新创业项目式实践的要素过程和逻辑为主线，将创新思维及工具融入创业的全过程。本教材立足介绍创业的要素、过程，传递创新精神和创业思维，因此，不仅仅适合创业者学习，也适合在日常生活和学习中需要提升创新思维的普通读者研读。

本教材的特色

(1) 全程融入素养教育。本教材以企业家精神的培养和创新思维的训练为基础，将团队合作与竞争的意识融入创业团队的组建和创业项目的形成中，将创新、协调、绿色、开放、共享的新发展理念融入创业机会和产品的开发过程中，将商业伦理和可持续发展价值观贯穿在商业模式中，将法治思想融入创业团队的组建和新企业的创办中，进一步强化社会责任感和职业道德，实现个人价值和社会价值的统一。

(2) 立足创新驱动下的创业。创业不是简单的开办一家企业，需要创业者提出新颖、独特的创业想法和解决方案。创新创业教学中，学生的创业想法和解决方案单一、陈旧是痛点，因此，本教材将创新思维贯穿始终，结合具体创业要素详细拆解创新工具，并指导学生如何利用创新思维和工具开展创业实践，具有很强的可操作性，更利于培养学生的创新能力和探索精神。

(3) 将项目式贯穿教材始终。本教材以创业项目的开展为主线，依照团队组建—机会识别—产品开发—模式构建—创业计划的逻辑先后顺序进行推进，每章都配有项目的实训安排和课堂的项目体验，便于辅助课堂开展项目实训的体验式教学。

(4) 案例分析与启发。本教材将创业基础知识的理解和项目实训的开展与创新需要结合案例进行启发，每章配有导入案例，后面配有结合创新方法与工具开展创新创业的案例及深度案例分析，便于学生开展课堂案例讨论，也便于启发学生基于案例进行创新性的项目实训思考。

(5) 配套教学资源丰富。本教材提供教学大纲、教学课件、电子教案、教学视频、体验式教学指南、练习题参考答案、模拟试卷、拓展阅读等教学资源，读者可扫下列二维码或者书中二维码获取学习。

教学大纲　教学课件　电子教案　教学视频　体验式教学指南　练习题参考答案　模拟试卷

本教材由秦印、何小姬任主编，王娅男、廖姗任副主编，参与编写的还有唐斯娜、黄惠丹、陈华娟、朱瑜、刘娜、姜微微、吴瑜华等人。其中，第 1 章由陈华娟、何小姬编写，第 2 章由秦印、黄惠丹编写，第 3 章、第 6 章由王娅男编写，第 4 章由秦印、唐斯娜编写，第 5 章、第 9 章由秦印编写， 第 7 章由廖姗编写，第 8 章由何小姬编写。本教材由秦印、何小姬统筹策划， 由秦印、何小姬、王娅男、朱瑜最后统稿。

在本教材的编写过程中，我们参考、借鉴和引用了许多专家、学者和培训机构的研究成果，在此一并表示感谢！

由于编写时间较为仓促，加之编者水平有限，本教材难免存在疏漏之处，敬请读者提出宝贵的意见和建议，以便我们不断改进和完善。

编　者

2025 年 4 月

目录 CONTENTS

第1章 创新创业与人生发展

在全面建设社会主义现代化国家的新时代征程中，创新创业已成为驱动高质量发展的核心动能，更是新时代青年践行家国情怀、担当时代使命的重要实践载体。当代青年投身创新创业实践，不仅要锤炼创新思维、提升解决复杂问题的能力，更要在“以人民为中心”的发展思想指引下，将“敢为天下先”的开拓精神与“从群众中来、到群众中去”的工作方法深度契合。正如习近平总书记在庆祝中国共产党成立100周年大会重要讲话中指出：“人民是历史的创造者，是真正的英雄。”青年创业者应当主动将个人理想融入民族复兴伟业，在深入基层、服务人民的实践中汲取创新智慧，将个人价值的实现与服务社会发展紧密结合，在构建新发展格局的生动实践中谱写无愧于时代的青春华章。

学习目标

1. 理解创新和创业及其与人生发展的关系。
2. 理解创新如何促进创业。
3. 理解创新思维，并将其应用于实际生活。
4. 培养创新思维和创业精神，树立正确的职业价值观。

【导入案例】

“要让中国汽车用上自己生产的玻璃”

——曹德旺：从放牛娃到玻璃大王的传奇人生

一、早年经历与人生转折

曹德旺1946年生于上海，幼年因家道中落随父母迁回福建福清农村。9岁入学，14岁辍学，曾靠卖烟丝、贩水果、拉板车、修自行车维持生计。这段底层谋生的经历，磨砺出他“从最底层上来是我最大的财富”的价值观，也奠定了他“敢闯敢拼”的性格底色。

1976年，曹德旺进入福清高山镇异形玻璃厂任采购员，在1983年，他通过资源整合与市场洞察，承包了濒临倒闭的乡镇小厂。在经营中，他推行绩效工资制度，4个月扭亏为盈，净利润达到22万元，个人分成超6万元。这一阶段，他完成了从“个体户”到“企业家”的初步蜕变，也确立了“实业报国”的初心——打破中国汽车玻璃依赖进口的困境。

二、创业历程与实业报国实践

1. 技术突围：从“进口依赖”到“国产替代”

20世纪80年代，中国汽车玻璃市场被日本产品垄断，一块玻璃进口价高达数千元，成本仅一两百元。曹德旺义愤填膺，1985年转战汽车玻璃领域，勒紧裤腰带从芬兰引进设备，联合技术人才攻关。历经多次失败后，1986年终于成功研发中国旨块汽车玻璃，成本仅200元，售价2000元仍比进口玻璃便宜70%，一举打破国外技术垄断，4个月赚得第一桶金70万元。

2. 产业深耕：从乡镇小厂到全球龙头

1987年，曹德旺联合11名股东成立福耀玻璃有限公司（以下简称福耀公司），坚持每年投入研发。到90年代，福耀公司以高性价比产品取代日本玻璃，占据国内70%市场份额。2001—2005年，他带领团队打赢了加拿大、美国反倾销诉讼，成为中国首家状告美国商务部并胜诉的企业。

3. 国际化布局：从“走出去”到“全球认可”

1996年，福耀公司与法国圣戈班合资，通过3年技术学习与模式革新，1999年以4000万美元买断股权，排除国际竞争威胁。此后，福耀公司在美国、德国、俄罗斯设厂，成为宾利、奔驰等豪华品牌全球供应商，2023年占全球市场份额33%。

三、社会责任与教育传承

1. 慈善事业：从个人捐赠到制度保障

曹德旺累计个人捐款超160亿元，涵盖教育、扶贫、环保等不同的领域。2011年，他捐出家族所持福耀股份（市值超35亿元）成立河仁慈善基金会，2021年计划出资100亿元创办福耀科技大学，推动产教融合。

2. 企业家精神传承

他要求子女从基层车间做起，儿子曹晖曾以普通员工身份参与反倾销诉讼；公开强调"福耀是中国的福耀，不是我曹德旺的福耀"，倡导企业家需以国家强大、社会进步为己任。

四、个人理念与时代影响

曹德旺曾说："企业家有三个责任，即国家因你而强大，社会因你而进步，人民因你而富足。"其人生轨迹则印证了这一信念：从放牛娃到全球玻璃大王，从乡镇小厂到跨国企业，他以实业报国诠释了"敢为天下先"的企业家精神。2009年曹德旺获"安永全球企业家大奖"，成为这一奖项的首位华人得主，被评价为"代表了中国企业的精神与力量"。

（资料来源：曹德旺：从放牛娃到玻璃大王的传奇人生，见www.sohu.com，有删改）

思考题

1. 创业为曹德旺的人生带来什么影响？
2. 曹德旺作为创业者有哪些精神值得我们学习？
3. 福耀玻璃为什么坚持每年投入巨额研发费用？

1.1 创新创业概述

党的二十大报告指出，坚持创新在我国现代化建设全局中的核心地位，必须坚持科技是第一生产力、人才是第一资源、创新是第一动力，加快实施创新驱动发展战略。通过创新创业教育培养学生的创新思维、创业意识和创造能力，是智能经济时代拉动经济增长的内生动力，是建设创新型国家、培养创新型人才的重要途径，是中国进入新发展阶段以后，树立新发展理念、构建新发展格局、推动经济高质量发展的迫切要求。

1.1.1 知识经济时代的创新与创业

"知识经济"是建立在知识、技术、信息基础之上的经济形态，知识、技术、信息等非物质资源的投入在其中发挥着关键性作用。传统经济向知识经济的转型，客观上要求人们掌握更先进的知识技术，具备更强的创新能力和创业意识。

创新是知识经济时代企业发展的核心竞争力。知识经济时代的创业就是用知识、技术、智慧去创办新企业，寻找新市场，拓展新应用，或者通过自主创新的活动来推动企业的发展，满足经济和社会发展需求，实现企业的可持续发展。

知识经济时代的创新和创业不同于传统资源型时代所面对的物质资本，更多的是创新驱动，是洞察各项知识之间的互补，打破惯例或碰撞产生新知或创造出新财富。

1. 创业的内涵

创业的本质并非简单的商业行为，而是将不确定性转化为价值创造的系统性实践。深入理解创业需要回归其底层逻辑：既要厘清创业活动的本质内涵，也要辨识其多样化的表现形式；既需把握创业活动的阶段性特征和关键节点，也需通过经典模型透视要素间相互作用的规律。这种立体化视角的构建，为创业者从概念萌芽到价值落地的全周期管理提供了方法论支撑。

创业有狭义和广义之分。狭义的创业是指创办新的企业，在英文中常用“start up”一词。人们当下所说的创业多是狭义的创业，即创办一家企业。创业是谋划、创建和运营企业的过程，如创建一家提供产品或服务的企业的过程。创业的人有能力且愿意谋划、组织和管理一家风险和利益并存的创业企业。广义的创业是指开创新的事业，在英文中常用“entrepreneurship”一词。在广义的创业中，除了强调创业行为，更强调在创业行为中所体现的创新创业的精神对创业行为的重要性。相比狭义的创业，广义的创业涵盖的范围和深度都有所扩展。创业是一个寻找机会、开发产品、利用资源、制订和实施计划的不断尝试和循环往复的过程，这个过程包含很多通用的思考和推理的行动与方法。这个定义不仅仅意味着创办新企业、筹集资金和提供就业机会，还肩负着孕育人类的创新精神和改善人类生活的使命。

2. 创业的类型

依据不同的标准，创业有不同类型划分：根据创业动机，可分为机会型创业与生存型创业；根据创业者数量，可分为独立创业与合伙创业；根据创业项目性质，可分为传统技能型创业、高新技术型创业和知识服务型创业；根据创业方向或风险，可分为依附型创业、尾随型创业、独创型创业和对抗型创业。

【拓展阅读 1-1】
创业的类型

3. 创业过程

创业过程包括机会识别、资源整合、团队组建、新企业生存和发展、获取回报等活动。

(1) 机会识别。机会识别既包括发现机会，又包括评估机会。这是迈上创业旅途的第一道至关重要的坎。

(2) 资源整合。创业者开发机会的重要手段之一就是资源整合。创业者需要设计合理的商业模式，整合资源，实现自己的创业目标。

(3) 团队组建。人、财、物是任何一项创业活动都必须具备的生产要素。拥有一个相对稳定和核心的团队是机会开发的必要前提。

(4) 新企业生存和发展。大多数时候创建一家企业是作为发展新事业的载体。在这个过程中，不仅要经营好业务，还要注重组织建设 (包括员工思维、员工能力、员工治理结构等)，同时保证现金流不枯竭。进入发展阶段之后，创业者还要考虑如何在衰退期到来前获得新生，开出新的业务之花。

(5) 获取回报。追求回报是创业的终极目标之一。当然，回报不仅仅是指财富上的回馈，还有情感、声誉等精神上的收获。获取回报的途径和手段也不尽相同，但无论如何，它都是对创业的无声评价。

1.1.2 创业的要素模型

创业作为复杂的系统工程，从团队构建、机会识别到资源整合的每个环节，都存在着可提炼的底层逻辑，其成功需要基础要素的协同支撑。而经典的创业要素模型，通过结构化的框架将这些要素系统串联，形成可分析、可复制的实践方法论，为创业者提供从战略设计到执行落地的完整认知地图。以下主要介绍经典的蒂蒙斯三要素模型和威克姆的创业四要素模型。

1. 蒂蒙斯模型

创业教育先驱杰弗里·蒂蒙斯 (Jeffry A.Timmons) 在《新企业创立：21 世纪的创业学》一书中提出了关于创业理论的基本框架，即著名的蒂蒙斯模型 (图 1-1)。该模型高度提炼了创业过程中的三个关键要素：创业机会、创业资源和创业团队，这三个关键要素相互影响。

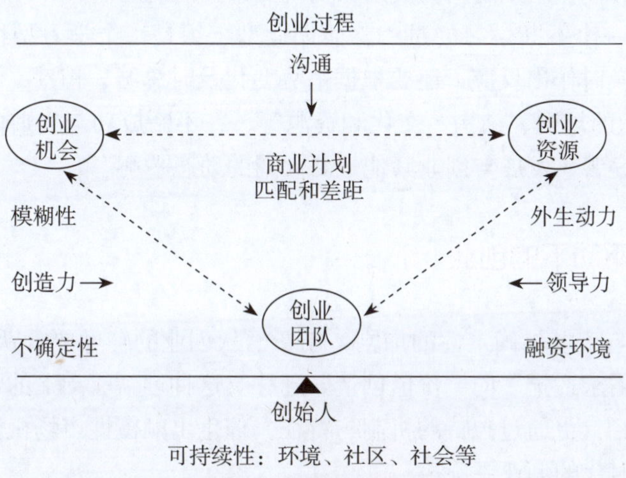

图 1-1 蒂蒙斯模型

创业机会的识别和评价是整个创业过程的核心。创业者对创业机会采取行动，根据创业机会的需求进行资源整合和开发。整个过程最为重要的是在面对不确定的环境时，保持创业机会、创业团队和创业资源三者间的平衡。

2. 威克姆基于学习的创业四要素模型

菲利普·A. 威克姆 (Philip A.Wickham)1998 年在《战略创业学：理论、案例与中国实践》一书中提出了基于学习过程的创业框架，并在 2001 年对该书进行了修订，认为创业是由创业者的创新欲望驱动，在此驱动力作用下，创业者致力于整合创业机会、创业资源和创业组织三要素 (图 1–2)。

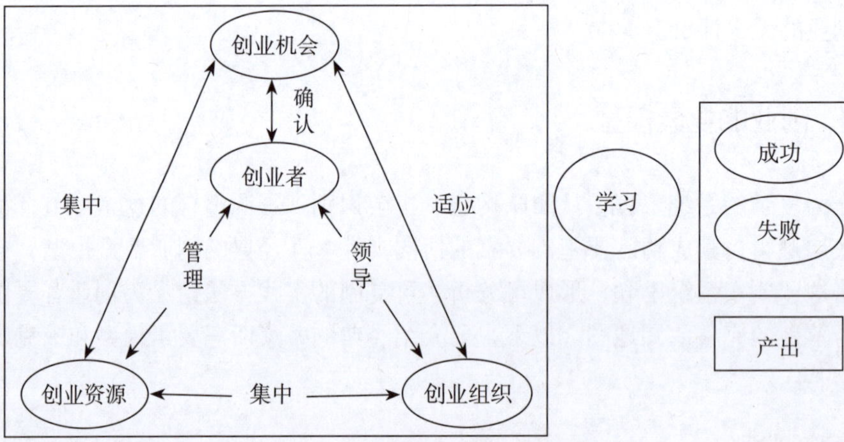

图 1–2　威克姆创业四要素模型

威克姆认为，创业活动包括创业者、创业机会、创业组织和创业资源四个要素，这四个要素互相联系，创业者是创业活动的中心，其在创业中的职能体现在与其他三个要素的关系上，即确认创业机会、领导创业组织、管理创业资源，同时通过创业者来有效处理创业机会、创业资源和创业组织之间的关系，实现要素间的动态协调和匹配。

创业的过程是一个不断学习的过程，而创业型组织是一个学习型组织，创业组织不仅要对机会和挑战及时作出反应，还要根据情势变化及时总结、积累、调整，通过“干中学”，不断改进组织的规则、结构、文化和资源等，在不断成功与失败中学习和锤炼，从而实现创业组织的完善、发展与创业其他三要素间的动态平衡。

1.1.3　创新驱动下的创业

随着技术革命与市场不确定性的加剧，创新已从创业的辅助要素跃升为核心驱动力，推动创业范式从“需求适配”向“价值创造”迁移。这种创新驱动下的创业，不仅重构了机会边界和增长路径，更通过独特的机制与特征，催生出颠覆性市场机会与非线性成长模式，成为数字经济时代的创业主旋律。

1. 创新与创业的共生关系

在知识经济时代，创新与创业已从传统的单向递进关系发展为双向驱动的共生系统。创新是创业的底层逻辑，创业是创新的价值实现路径。这种动态关系体现在三个维度。

(1) 技术突破催生创业机遇。每一次重大技术创新都会引发产业变革浪潮。第一次工业革命中蒸汽机的发明催生了铁路运输业，第二次工业革命中电力技术的突破推动了电气化产业体系的形成。21 世纪以来，以人工智能、区块链、量子计算为代表的数字技术创新，正在重构商业生态，为新一代创业者提供了颠覆性机遇。

(2) 模式创新重塑市场格局。创新不仅限于技术领域，更体现在商业模式的突破。共享经济 (如 Airbnb)、平台经济 (如美团)、订阅经济 (如 Netflix) 等新型商业形态，通过资源整合方式的重构，创造出传统产业难以企及的市场价值。这种创新往往具有"破坏性创新"特征，为创业者开辟蓝海市场。

(3) 制度创新释放创业活力。世界银行《营商环境成熟度报告》显示，简政放权、知识产权保护、税收优惠等制度创新每提升 10%，新企业存活率就可提高 3~5 个百分点。深圳前海自贸区试行"负面清单 + 告知承诺"审批模式，企业开办时间压缩至 0.5 天，印证了"放管服"改革对创业生态的催化作用。

2. 创新驱动型创业的三大机制

创新提供新技术、新理念、新模式，为创业开辟新的领域和方向，其驱动创业的机制主要体现在以下三个方面。

(1) 价值创造机制。创新通过"技术势能—商业动能"转化创造新价值。典型案例包括：宁德时代通过 CTP 无模组电池技术创新，使电池包体积利用率提升 20%，推动新能源汽车成本下降 30%，带动企业市值突破万亿元，其"技术专利化—专利标准化—标准产业化"路径，体现了"将关键核心技术掌握在自己手中"的战略思维；大疆通过飞控算法创新将无人机操控难度降低 80%，使消费级无人机从专业领域走向大众市场。

(2) 风险对冲机制。创新构建的竞争壁垒能有效降低创业风险。麦肯锡研究显示，拥有核心技术专利的新企业，3 年存活率比普通企业高 47%。华为海思在芯片领域的持续研发投入，使其能够在 2020 年全球半导体断供危机中保持业务连续性，验证了创新能力的抗风险价值。

(3) 生态协同机制。现代创业已从单点突破转向系统创新。硅谷生态系统表明，当高校 (斯坦福)、资本 (风险投资)、企业 (谷歌等科技巨头)、政府 (加州创新法案) 形成创新网络时，创业成功率可提升 3 倍以上。而我国粤港澳大湾区建设的"基础研究 + 技术攻关 + 成果产业化 + 科技金融 + 人才支撑"全过程创新生态链，正是这种协同机制的实践范例。拼多多"山药少年"团队通过电商助农模式，将河南温县铁棍山药地头价提升了 50%，带动 500 余户农民人均增收 4000 元。这种"平台赋能 + 农户协同"的创新模式，实践了"共同富裕"的发展理念。

3. 创新驱动型创业的特征

创新驱动型创业的独特性，不仅体现在其颠覆性价值的主张上，更依赖于系统化机制对创新风险的消解与势能的放大。在共生关系与特征分析的基础上，需进一步解构其内在作用逻辑。

(1) 从机会型到战略性。传统创业多依赖市场空白填补，而创新驱动型创业更强调技术轨道预判。航天科工“快舟”系列火箭商业化运营，打破传统航天领域国家主导模式。其“一箭多星”技术使单次发射成本降低60%，推动我国商业航天市场规模年均增长了45%，体现了“在高原上建高峰”的进取精神。

(2) 从资源依赖到知识赋能性。波士顿咨询研究指出，数字时代创业企业的知识资本贡献率已达62%，远超物质资本(23%)和金融资本(15%)。字节跳动凭借推荐算法等知识资产的持续积累，在内容分发领域建立起了结构性优势。

(3) 从线性发展到指数增长性。创新带来的网络效应和边际成本递减特性，使创业企业可能实现非线性成长。Zoom视频会议平台在疫情期间用户从1000万激增至3亿，验证了数字创新的指数级扩展能力。

(4) 从个体突破到系统创新性。粤港澳大湾区打造的“基础研究+技术攻关+成果转化+科技金融+人才支撑”全过程创新生态链，集聚华为、腾讯等领军企业，实现每万人发明专利拥有量达89件。这种“政产学研用”协同创新体系，成为“新型举国体制”实践的典范。

1.2 创新与创新思维

习近平总书记曾指出，纵观人类发展历史，创新始终是推动一个国家、一个民族向前发展的重要力量，也是推动整个人类社会向前发展的重要力量。创新是多方面的，包括理论创新、实践创新、制度创新、人才创新等，但科技创新地位和作用十分显要。我国是一个发展中大国，目前正在大力推进经济发展方式转变和经济结构调整，正在为实现第二个一百年奋斗目标而努力，必须把创新驱动发展战略实施好。

必须坚持科技是第一生产力、人才是第一资源、创新是第一动力，深入实施科教兴国战略、人才强国战略、创新驱动发展战略，开辟发展新领域新赛道，不断塑造发展新动能新优势。

1.2.1 创新的概念

创新并非单纯的技术突破，而是通过重组生产要素或重构价值链条实现“非连续性跃迁”的系统能力。从概念内涵到类型划分的清晰界定是理解创新驱动力的认知起点。

创新也有狭义和广义之分，狭义的创新是指理论、方法或技术等某一方面的发现、发明、改进或新组合，主要立足于把技术与经济结合起来。而从广义来讲，创新力求将科学、技术、教育等与经济融合起来，并表现在不同层面。关于创新概念的定义，有几点需要注意：其一，所有定义都是在约瑟夫·熊彼特理论基础上的发展；其二，全面拓展了创新的范畴，把创新从狭窄的技术创新扩展到了包括营销、组织、体制、社会系统甚至艺术等在内的非技术领域，形成了广义的创新概念；其三，特别强调了创新的价值实现。

1. 创新概念的提出

经济学家约瑟夫·熊彼特在 1912 年出版的学术著作《经济发展理论》(*Theory of Economic Development*) 中，首次提出“创新理论”和“创造性破坏”的概念，进而得出了“经济发展是创新的结果”的论断。在这部著作中，熊彼特将创新的概念界定为：所谓创新，就是建立一种新的生产函数，即“生产要素的重新组合”，就是要把一种从来没有的关于生产要素和生产条件的“新组合”引进生产体系，它包括 5 种形式：开发新产品，引进新技术，开辟新市场，发掘新的原材料来源，实现新的组织形式和管理模式。

【拓展阅读 1–2】熊彼特关于创新的基本观点

2. 创新概念的拓展

在熊彼特创新理论的基础上，学术界开展了一系列研究，使创新的经济学研究日益精致和专门化，仅是创新模型就先后出现了许多种，其中代表性的模型有：技术推动模型、需求拉动模型、相互作用模型、整合模型、系统整合网络模型。根据这些模型，学术界构建起了技术创新、机制创新、创新双螺旋等理论体系，形成关于创新理论的经济学理解。

【拓展阅读 1–3】创新概念的拓展

3. 创新概念的澄清

《创新十型》(*Ten Types of Innovation*) 一书的作者之一拉里·基利认为：“由于误用、滥用、夸大和狂热追求创新，创新一词基本上已经失去了原本的含义。人们通常会混淆结果和过程，无论是普通的产品延伸，还是创造市场的突破性进展，常用夸张的措辞来描述一切。因此，我们在对创新作定义之前，需要理解什么是创新。”该书对创新概念的界定为：创新是创造出可行的、崭新的提供形式。该书作者，拉里·基利、瑞安·派克尔、布赖恩·奎因和海伦·沃尔特斯对这个定义的解释是：

(1) 创新不是发明。创新可能涉及发明，但是创新所涉及的范围更为广泛，包含深入理解客户是否需要或渴求某项发明，如何与其他伙伴合作来传递创新，以及随着时间的推移，如何让创新实现自身的价值。

(2) 创新需要产生回报。如果你希望获得再次创新的特权，就需要确保所做的创新对你或你的企业有所回报。简单地说，衡量创新可行性有两项标准：必须能够自我维持，在此基础上能够取得资本回报。

(3) 创新并非全“新”。大多数的创新都是基于以往的经验出现的，创新无须对世界是新的，只需要对一个市场或行业而言是新的就可以了。另外，创新应该超越产品本身，它可以是开展业务和赚钱的新方法，也可以是产品和服务的新体系，还可以是你所在组织与客户之间互动的新模式。

1.2.2 创新的类型

创新并非单一概念，根据不同的维度和侧重点，可以划分为多种类型。理解这些类型有助于我们更全面地认识创新、识别创新机会并选择适合的创新路径。

1. 按创新对象划分

根据创新所聚焦的核心对象不同，可以把创新划分为以下七个维度。

(1) 产品创新。产品创新指开发并推出全新的产品，或对现有产品的功能、性能、设计、用户体验等进行显著改进，从而更好地满足市场需求或创造新需求。比如，电动汽车的创新，智能家电新功能的创新。

(2) 服务创新。服务创新指创造新的服务模式、服务流程、服务交付方式或显著提升现有服务的效率、质量和客户体验。服务创新的核心是创造新的“做事方式”或“体验”，如网上银行、在线教育、远程医疗咨询、个性化旅行定制服务等。

(3) 流程创新。流程创新指对生产方法、操作流程、物流配送、内部管理等环节进行改进，旨在提高效率、降低成本、提升质量、缩短周期或减少环境影响。流程创新的核心是优化“生产 / 运作”，如精益生产、自动化生产线、高效的订单处理系统、远程办公协作工具的应用等。

(4) 商业模式创新。商业模式创新指改变企业创造价值、传递价值和获取价值的基本逻辑与方法，涉及收入来源、成本结构、客户关系、渠道通路、关键活动、合作伙伴等方面的重构。商业模式创新的核心是改变“如何赚钱”的底层逻辑，如免费增值模式、会员订阅制、直销模式等。

(5) 技术创新。技术创新指开发全新的技术或对现有技术进行根本性改进。通常涉及科学发现或工程突破的应用。技术创新的核心是创造或改进“核心技术”，如发明新材料石墨烯、开发新的算法、新一代通信技术等。

(6) 营销创新。营销创新指在营销策略、渠道、沟通方式、定价策略或客户互动等方面进行新颖且有效的变革。营销创新的核心是改变“如何推广和销售”，如社交媒体营销、内容营销、体验式营销、个性化推荐、创新的定价策略等。

(7) 组织创新。组织创新指改变组织的结构、文化、管理实践、工作方式或人力资源策略，以提高组织的适应性、创新能力、员工满意度和绩效。组织创新的核心是改变“组织和管理人”的方法，如扁平化组织结构、自组织团队、远程协作文化、员工赋能计划等。

2. 按创新程度划分

依据创新的程度或影响范围不同，创新可划分为以下四个关键层级。

(1) 渐进式创新。渐进式创新指在现有产品、服务、流程或技术基础上进行持续的、小步的优化和改进。此类创新风险相对较低，注重效率提升和性能完善，其特点是积累性、持续性、风险小、见效快。比如，软件版本通过修复 Bug、增加小功能等措施进行不断升级，生产工艺的微小优化等。

(2) 突破式创新。突破式创新指在现有技术轨道上实现显著的、非连续的进步，带来性能的飞跃或成本的大幅下降。突破式创新通常基于现有技术但进行了重大改进。其特点是显著提升、技术驱动、风险中等、改变竞争格局等。比如，在传统胶片相机基础上数码相机的诞生，在显像管电视基础上的高清液晶电视的出现等。

(3) 颠覆式创新。颠覆式创新由克莱顿·克里斯坦森提出，通常从低端市场或新兴市场切入，最初性能可能不如主流产品，但具有新特性，如更简单、更便宜、更便捷，从而颠覆现有市场格局。比如，拼多多从巨头忽视的低端大众市场切入，从而颠覆传统电商格局；九阳豆浆机通过核心技术突破，从家庭小型豆浆机市场切入，重新定义了豆浆机的行业标准。

(4) 激进式创新。激进式创新指创造全新的产品、服务、技术或市场，基于全新的科学原理或技术突破，开辟全新的技术轨道或应用领域。其特点是根本性变革、高风险、高回报、周期长、需要大量资源、可能催生新产业。比如，互联网、蒸汽机、电力、半导体等。

3. 按创新来源划分

根据创新过程中知识、创意和资源的主要流动方向与管理边界，创新可划分为以下两种基本范式。

(1) 封闭式创新。封闭式创新指企业主要依靠自身内部的研发资源和能力进行创新，严格控制知识和创意的流入、流出。其特点是内部导向、边界清晰、强调控制。比如，制药行业长期以来是封闭式创新的典型领域，尤其在新化学实体的发现和早期开发阶段。

(2) 开放式创新。开放式创新由亨利·切萨布鲁夫提出，指企业有目的地利用外部（如用户、供应商、竞争者、高校、研究机构、开源社区）和内部的创意、知识、技术进行创新，同时将内部闲置的创新成果通过授权、合资等方式向外输出。其特点是边界可渗透、内外资源整合、强调合作与网络。比如，乐高的创意平台，小米的“投资和孵化”生态链，企业与高校共建实验室等。

1.2.3　创新思维的内涵及其基本形态

认知升级为创新意识提供了底层逻辑的革新，而创新思维则是将这种意识转化为价值创造的行动解码器。在动态竞争的商业环境中，创新思维不仅需要突破线性逻辑的局限，更需要通过多元形态的灵活切换。

1. 创新思维的内涵

创新思维是开拓人类认知新领域、开创人类认识新成果的思维活动。一般而言，创新思维是指以新颖、独特的方式、方法解决问题的思维，它能突破常规思维的束缚，以超常规甚至反常规的方法、视角去思考问题，提出与众不同的解决方案，从而产生新颖、独到和有价值的思维成果。

广义的创新思维是指思维主体有创见、有意义的思维活动，每个正常人都有这种创新思维。而狭义的创新思维是指思维主体发明创造、提出新的假说、创建新的理论、形成新的概念等探索未知领域的思维活动，这种创新思维是少数人才有的。

从形式上看，创新思维是以感知、记忆、思考、联想、理解等能力为基础，以综合性、探索性和求新性为特征的高级心理活动，需要人付出艰苦的脑力劳动。

从基础上看，创新思维往往要经过长期的探索、刻苦的钻研，甚至多次的挫折方能获得。创造性思维的过程，则离不开繁多的推理、想象、联想、直觉等思维活动。

从效果上看，通过创造性思维，不仅可以揭示客观事物的本质和规律，而且能在此基础上产生新颖的、独特的、具有社会意义的思维成果，开拓人类智商的新领域。

从实现上看，创新思维的培养途径在于丰富知识结构、培养联想思维的能力、克服习惯思维对新构思的抗拒性、培养思维的变通性、加强讨论、经常进行思想碰撞。

2. 创新思维的基本形态

在中华民族伟大复兴的历史进程中，创新思维始终是驱动社会进步的核心引擎。从古代四大发明到当代高铁及5G、量子通信的突破，中国创新实践始终彰显着思维模式变革的力量。在创新过程中，既有正向思维与逆向思维的破立共生、发散思维与收敛思维的辩证统一，也有形象思维与逻辑思维的协同共进，理解这些思维的本质特征与相互作用，能够帮助学习者构建起适应复杂创新环境的认知操作系统。

【拓展阅读1-4】
张丰敏：全球卖，创新是最有效的“捷径”创业

(1) 正向思维与逆向思维。

① 正向思维的特征和作用。正向思维是遵循事物发展规律，按照常规逻辑顺序推演的思维方式。

正向思维的特征是：线性发展，逻辑连贯，符合常识。其作用是能帮助企业建立系统化知识体系，确保解决方案的可行性，在常规问题解决中具有较高效率。华为从3G到5G的技术演进，正是通过正向思维持续优化通信协议，最终主导全球5G标准制定。

② 逆向思维的特征和作用。逆向思维是突破常规路径，从对立面或相反方向进行思考的思维方式。

逆向思维的特征是：突破性，反直觉性和挑战性。其作用是打破思维定式，发现隐藏机会，在突破性创新中尤为重要。典型案例包括逆向工程开发、反季节营销策略等。

③ 正向思维与逆向思维的关系。正向思维构建基础认知框架，逆向思维提供突破视角，二者形成“破立循环”：正向思维建立规则，逆向思维打破规则，继而通过正向思维建立新规则。有效创新需要两者的动态平衡，这种动态平衡在京东物流的进化中显得尤为明显：通过正向思维建立标准化仓储体系后，又用逆向思维创造“亚洲一号”智能物流仓，最终形成全球领先的物流基础设施。又如，丰田汽车改进生产线，工程师先正向分析生产流程，在出现瓶颈后进行逆向思考：“如果完全取消这个环节会怎样？”最终发明了“准时制生产”模式，将库存周转率提升300%。

(2) 发散思维与收敛思维。

① 发散思维的特征和作用。发散思维是指开放性的放射性思维，强调思维广度与多

样性。

发散思维的特征是：多元关联，去中心化，允许非逻辑跳跃，接纳非常规甚至离奇的想法。其作用是产生大量创意设想，拓展可能性边界。头脑风暴、六顶思考帽等工具均基于此。

② 收敛思维的特征和作用。收敛思维是聚焦式的聚合思维，强调逻辑验证与可行性评估。

收敛思维的特征是：目标导向，逻辑验证，效率优先。其作用是能筛选优化创意，形成可实施方案。指导商业计划制订、技术路线的选择。

③ 发散思维与收敛思维的关系。发散思维与收敛思维构成创新过程的“双钻模型”：先发后散收敛的迭代过程。发散阶段追求数量(如 IDEO 设计公司收集 300 个创意方案)，收敛阶段则通过可行性矩阵筛选出 3 个最优方案。二者缺一不可，过度发散导致资源浪费，过早收敛限制创新空间。例如，字节跳动用发散思维孵化抖音、飞书等多条产品线，再通过收敛思维聚焦“信息创造价值”核心战略，实现生态化发展。

(3) 形象思维与逻辑思维。

① 形象思维的特征和作用。形象思维借助具象化手段(图形、类比、情景模拟)进行思维加工。

形象思维的特征是：感官具象，情感驱动，跨界联想。其作用是增强创新可视化，促进跨领域联想。例如，达·芬奇通过解剖学研究设计飞行器；乔布斯从书法课获得字体设计灵感；海尔卡奥斯平台则通过“洗衣机洗红薯”的形象洞察(农民用户特殊需求)，开辟出农业机械新赛道，展现了不同思维与传统的融合创新。

② 逻辑思维的特征和作用。逻辑思维是基于概念、判断、推理的抽象思维过程。

逻辑思维的特征是：结构严谨，数据驱动，可复现性，强调因果链的严密性。其作用是保障创新成果的科学性与可实施性，在技术验证、商业模式构建中不可或缺。

③ 形象思维与逻辑思维的关系。形象思维与逻辑思维形成“创意双翼”：形象思维提供创新种子，逻辑思维培育创新果实。爱因斯坦通过思想实验(形象)提出相对论，又通过数学推导(逻辑)完成验证。设计思维正是二者结合的典范，前期用用户画像(形象)洞察需求，后期用商业画布(逻辑)构建模型。例如，大疆创新团队通过观察蜂群运动(形象思维)获得无人机编队灵感，继而用空气动力学模型(逻辑思维)完成技术实现。

创新思维的基本形态丰富了创新思维的内涵，能让我们在面对问题时，从不同角度、不同层面进行思考，从而找到更加新颖、有效的解决方案。基于此，可以采用多种创新工具激发和拓展创新思维及其形态。常用的创新思维工具包括思维导图(促进发散)、TRIZ 理论(系统化创新)、六顶思考帽(多角度思考)、SCAMPER 法(改进型创新)、SWOT 分析(收敛评估)等。这些工具不仅能够帮助人们结合不同的思维形态更好地理解和运用创新思维，还能够提供给人们具体的思考路径和解决方案，从而提高创新效率和质量。例如，思维导图融合发散与形象思维，TRIZ 整合逻辑与逆向思维。掌握工具的关键在于理解底层思维逻辑，而非机械套用模板。建议学习者通过“工具组合 + 场景化练习”建立思维灵活性，如在产品设计中交替使用形象思维工具用户旅程图和逻辑思维工具功能分解图。

【拓展阅读 1–5】一次性水杯与火车时刻表——决策中的组合思维

3. 破除思维枷锁

创新思维的多元形态为价值创造提供了方法论，但思维惯性形成的隐性枷锁往往会成为阻碍突破的认知屏障。破除思维枷锁的本质并非否定既有认知，而是通过批判性重构与跨界碰撞，在逻辑理性与反直觉探索之间架设动态平衡的桥梁，进而激活思维系统的“代谢再生”能力。

【拓展阅读 1-6】常见的思维枷锁及破除思维枷锁的路径

1.3 创业精神与创新创业能力拓展

创业精神由企业家精神发展而来，意指创业者的内心或意识中那些具有开创性的思想、观念、个性、意志、作风和品质等。

创业精神是创业者各种素质的综合体现，它集冒险精神、风险意识、效益观念和科学精神于一体，体现了创业者所具备的开创性的思想、观念和个性，以及积极进取、不畏失败和敢于担当等优秀品质。创业精神不但是一种抽象的品质，而且是推动创业者创业实践的重要力量。这具体表现在以下三个方面：第一，创业精神能让创业者发现别人注意不到的趋势和变化，看到别人看不到的市场前景；第二，创业精神能让创业者在新事物、新环境、新技术、新需求、新动向面前具有较强的吸纳力和转化力；第三，创业精神能让创业者不断地寻找机会，不断地创新，不断地推出新产品和新的经营方式。

从个人特质及企业家行为研究来看，大多数学者都认为创业精神应包括创新意识、风险承担能力、冒险精神以及对市场机会的识别能力四个方面。

1.3.1 创业精神与人生发展

熊彼特认为，虽然创业者特质各不相同，但他们参与创业都需要经过创意、商机、团队及盈利等方面的深思熟虑，他指出创业是可教的，有的可以教中学，有的可以做中学，两相结合，就可以实现创业教育的目标。这一观点为创业教育可行性提供了认识论基础。

蒂蒙斯认为，创业教育的正确价值应当是努力为大学生“设定创业遗传代码”，这是指经过特有的教育方式将创业意识、创业能力和创业个性特质传授给大学生。美国创业教育学者认为创业精神在创业者创业素质结构中占据重要地位，并且认为创业精神能够通过教育“设置”到大学生创业者的内心中。

具备创业精神的人不仅是市场的创造者，也是创新的推动者和社会进步的实践者。

(1) 创业精神激发人的积极性和责任心。创业本身就是对未知世界的探索，创业者要敢于冒险、不畏困难，才能抓住机会并实现自己的理想。创业者不仅需要高度自律和自我激励，还需要对自己的事业负责任，这种积极性和责任心是创业精神的重要表现。

(2) 创业精神提供了持续学习和成长的机会。创业者需要时刻保持对市场的敏锐洞察力，不断学习和了解最新的商业趋势和潮流。只有不断提升自己的知识和技能，才能在激烈的竞争环境中保持自身竞争力。创业精神激发了个人学习和成长的动力。

(3) 创业精神带来了创新和创造力。创业者通过创造出新产品、新服务或新商业模式，为市场带来新的想法和新的机会。他们勇于挑战传统观念，大胆尝试新的商业模式，从而推动整个行业的发展和进步。创业精神不仅为创业者个人带来成功，也为社会创造了更多的价值。

(4) 创业精神有利于创业者取得个人成就。对于创业者而言，创业道路不可能一帆风顺，在面临挫折和困难时，创业者需要凭借创业精神在创业活动中克服困难，找到解决问题的办法并坚持以创新和坚持的心态开创事业。在这个过程中，创业者也会进一步巩固和培育自己的创业精神，使之得到升华并将其转化为创业发展的成效。

(5) 创业精神有利于创业者人生价值的实现。创业对于一个人的意义绝不仅仅是金钱、财富、权力、地位和声誉，更多的是理念的改变、精神层面的提升以及生活方式的重塑。创业过程可以充分发挥创业者的才能，发掘其最大潜能，更好体现其人生价值，包括创业成功的成就感和回馈社会的责任感。

首先是创业成功的成就感。创业者成功创办一家企业，并使其不断发展，这是一个令人兴奋的过程。创业过程充满挑战和风险，同时充满克服种种挑战的无穷乐趣，创业者可以在这个过程中感受到无穷的变化、挑战和机遇。其次是回馈社会的责任感。创业者创建的企业不仅为社会提供优质的产品或服务，满足了消费者的需求，还为社会提供了就业岗位。同时，创业企业融入了社会再生产的大循环，从多个环节参与国家和社会经济建设，这种担当与参与赋予了创业者巨大的责任感。

【拓展阅读 1-7】“90 后”藏族青年的“创客梦”：一直前行从未放弃

1.3.2 创业精神的培育

我国学者普遍认可将创业精神纳入大学生综合素质结构，作为国民教育体系的重要组成部分，这不仅对于创业的大学生至关重要，对其他大学生甚至社会青年等群体同样重要。由此可见，不管人们对于创业的认识有多大的差异性，人们对于创业精神是可以通过教育被鼓励或被激发的事实已经达成了共识。但是，创业精神的培育并不是短时间内可以实现的，需要在理论学习和实践磨炼中有意识地培育和铸就。

1. 激发创新意识

创新意识就是问题意识，也是否定意识。人类发明创造的历史和有关心理学研究表明，那些卓有成就的发明者、发现者，其成功的秘密就在于能够看到常人看不到的问题。因此，创新意识实质上就是一种问题意识，一种对问题的敏感性。诚如爱因斯坦所说：“提出一个问题往往比解决一个问题更为重要。因为解决问题也许仅仅是一个数学上或实验上的技能而已。而提出新的问题、新的可能性，从新的角度去看旧的问题，却需要有创造性的想象力，而且标志着科学的真正进步。”生活中还有一些变化和反常，是存在于我们的已知世界中的，是前人已经研究过的，要想不让创新的良机擦肩而过，我们还必须勇于否定前人和否定自己。

对于所有力求创新、渴望生命不朽的人来说，要想打破意识上的这种固有平衡状态，培养习惯性地发现问题的意识，可以从如下几个方面入手。

(1) 不要忽视看似平常的反常现象。在快速变化的时代，反常现象可能预示着未来的发展趋势或变革方向。敏锐地捕捉并深入分析这些现象，有助于提前布局，抢占创新创业先机。反常现象可能是现有理论、方法或产品中潜在问题的直观表现，这种现象往往与常规思维相悖，它们的存在能够打破人的思维定式，激发新的思考和创新灵感。通过深入探究反常现象，可以发现新的研究领域或创新方向。创新者需要保持好奇心，培养敏锐的观察力，对周围事物保持高度的关注，及时发现并捕捉生活中的反常现象，深入探究其背后的原因和机制，通过改进现有技术、开发新产品或服务、提出新的理论或方法，将反常现象转化为创新点。

(2) 敏于抓住偶然中的必然。人类的有些发现、创新是在特定的情况下，在很偶然的“弄拙”中形成的。这种现象的背后，固然有着某种必然性，如广博的知识底蕴、勤奋的科学精神等。但善于把握“拙中之新”，善于发现“拙中之奇”，却不是所有人都能做得到的。詹纳并不是第一个给人种牛痘以预防天花的人，达尔文也不是第一个提出进化论的人，巴斯德更不是第一个提出疾病细菌学说的人。人类创新史上的无数事实说明：机遇总是偏爱那些具有强烈的发现问题意识的人。他们既具有渊博的知识，善于总其大成，又具有除旧布新的胆识，敢于在常规中寻求突破，在必然中捕捉偶然。

(3) 勇于否定前人。从自己的实践出发进行独立思考，释疑解惑，推动认识的前进，是否定意识的突出表现。从这个角度讲，创新者在探索中的“自以为是”具有积极的含义。

科学技术发展的历史表明，人类对客观世界的认识，并不是若干正确理论的简单相加，更不是某一正确理论的反复证实，而是在证实—证伪—新的证实—新的证伪的曲折过程中螺旋式前进的。在创新的天空下搭建的不都是折冠者的颁奖台，也有前驱者的绞刑架。创新者只有具备坚持真理不惜牺牲个人生命的勇气，才能取得最后的胜利。

(4) 勇于否定自己。一个人要想取得创新性成绩，不但要充满自信，敢于大胆地否定前人的错误，而且要常常怀疑自己，敢于否定自己的错误，乐于接受新思想，并且努力不使自己的失误构成后来人前进的“拦路虎”。

发现问题的意识和求证否定的意识是构成创新意识的一双慧眼。前者要求创新者带有质疑的目光，克服司空见惯的障碍，于寻常当中见怪则怪；后者则要求创新者既不以己鄙人，也勿以人蔽己，对周围发展变化的事物，包括自身变化不断地证实证伪，追求真理，不畏权威。拥有了这双慧眼，我们就可以把这个世界看得更加明明白白、真真切切。

对于创新者来说，创新意识是一种可贵的品质，它不仅表现在其能时时、处处、事事想到创新，而且表现在能将创新的原理与技巧化作个人的内在习惯，变成一种自觉行为，进而永葆创新的欲望与勇气。

2. 促进认知升级

认知是人所有行为的内在逻辑，而行为是认知能力的外在表现。由于主客观条件的制约，每个人都有自己的认知边界，这种边界不仅决定了其认知水平，而且决定了其人生格局和事业发展。

未来人与人之间的差距将是认知的差距，如何打破认知边界，获取更大的视野，将决定个人如何发展。心理学研究表明，人由于受时间空间、社会环境、个人兴趣、努力程度等因素的影响，会形成明显的个人认知边界。而人的大脑跟身体一样，都是偏爱稳定的，简单地说，就是能不动脑就不动脑。因此，人的认知边界不但会决定其对待新事物的态度，而且会决定其眼光、格局和选择的倾向，进而影响其人生发展。

人的大脑本质上就是一个 CPU。CPU 的运算能力再强，没有足够大的信息输入，足够高的反思频度，也很难做出正确选择。因此，识别一个人认知边界的简单办法，就是看其认知态度和所拥有知识的广度，以及思考问题的维度和深度。

从认知维度看认知边界，必须对认知的层次性有一个比较深入的了解。有研究表明，许多事情的本质需要站在更高的层次上才能看清楚。因此，不能指望在导致问题发生的层次上找到解决问题的办法，只有“升维思考、降维攻击”才能有效解决问题。

在今天这个充满不确定性的时代，只有打破个人认知边界，才能获得更大发展。那么，怎样才能打破个人认知边界呢？需要 3 个基本条件：一是陌生且变换的环境——这是你的多棱镜；二是全新且多样的观念——这是你的锤子；三是系统的思维方式训练——这是你的指南针。多棱镜，让你折射出真实的自我；锤子，帮助你拓展认知的边界；指南针，带你进行认知升级。

【拓展阅读 1–8】
认知边界的作用

【拓展阅读 1–9】
认知边界的识别

【拓展阅读 1–10】
认知边界的拓展

【拓展阅读 1–11】
创业精神的培育

1.3.3 创新创业能力拓展

大学生创新创业能力拓展是一个系统的过程，涉及意识培养、环境营造、课程建设等多个方面。需要高校、政府、企业、社会各界以及学生的共同努力，形成合力，才能有效地提升大学生的创新创业能力。

1. 高校层面

(1) 注重创新创业意识的培养。高校应将创新创业型人才培养与研究型、应用型人才培养放在同等重要的地位，把培养大学生的创新创业能力作为高校教育管理的重要责任之一。要让学生意识到，在当今就业形势严峻形势下，树立正确的职业理想和择业观念、开发创新思维、培养创业能力、提高综合素质对参与社会竞争有着重要的意义，同时对应对未来复杂的社会环境起着积极作用。

(2) 营造鼓励创新创业的良好氛围。通过报刊、广播、校园网络等形式积极宣传国家和地方促进创业的政策、措施，高校推动创新创业教育和促进大学生创业工作的新举措、新成效，成功企业家和大学生创新创业的先进典型。开展各种学术交流、课外学术科技活动、主题教育，鼓励学生参加各类学术讲座和学术报告等，扩大学生知识面，开阔学生的视野，调动学生创新积极性。组织学生参观大学生创业成功的企业，邀请创业成功者介绍创业的奋斗历程等，调动学生创业的积极性。

(3) 完善创新创业教育课程体系建设。借鉴国内外创新创业教育的成功经验并充分调研，把创新创业教育有效纳入专业教育和文化素质教育教学计划和学分体系，建立多层次、立体化的创新创业教育课程体系。课程设置突出专业特色，创新创业类课程的设置与专业课程体系有机融合，创新创业实践活动与专业实践教学有效衔接。与此同时，课程的开设要充分利用原有课程资源，结合学校实际，实现跨学科、跨专业课程资源共享，结合学校特点和学科优势，努力形成创新创业课程的特色和优势。

(4) 加强实践活动是培养学生创新创业能力的根本途径。培养大学生创新创业能力，实践是关键。只有把通过课堂教学所学到的文化知识运用到社会实践活动中，才能真正提高创新创业能力。

(5) 构建个性化的人才选拔培养考核体系。在人才选拔培养考核过程中，其模式的定位、形式及体系的整合和内容的改革上，树立以适应性为核心、以个性化为特点的高等教育质量观，以贴近学生实际、满足学生内在需求为目标，构建系统化、科学化、规范化的创新创业人才培养体系。这不仅使学生有更大的自主选择空间，也给学生提供更多能够发挥其潜能的创业平台。

(6) 以项目和社团为载体，增强创新意识和创业精神。鼓励学生创造性地投身于各种社会实践活动和社会公益活动中。通过开展创业教育讲座，以及各种竞赛、活动等方式，形成以专业为依托，以项目和社团为组织形式的创业教育实践群体来激发大学生的创新意识和培养创业精神。

(7) 加强创业实践活动环节，培养学生的创业能力。参加各种专业竞赛和科研活动，如“挑战杯”中国大学生课外科技作品竞赛和创业计划竞赛，对于增强创新意识，锻炼和提高观察力、思维力、想象力和动手操作能力都是十分有益的。只有在大学生中营造浓厚的科技创新氛围，才能培养出更多的创新人才。

2. 个人层面

大学生从自身出发，主动拓展创新创业能力。这可通过以下途径实现：积极参加课外活动、组建创新创业团队、参加各种项目的实践、学习业务技能、做自我检视、制定目标、持续学习。

(1) 积极参加课外活动。大学生应该在教师教学的第一课堂之外，积极开拓自己的第二课堂。课余实践参与得多了，才能结合理论产生创新思维，再利用创新思维指导实践，实现从意识到实践，实践再到意识，意识再到实践往复循环的认识飞跃。

(2) 组建创新创业团队。一个人的力量和思维是有限的，要集团队中众人之思维，选择最优方案。我们需要根据兴趣组合模式和零件拼凑模式两者的结合来进行团队的组建，这样既能提高工作效率和积极性，又能按照需求找人，避免短板效应以及专业限制，充分发挥每名成员的专业知识及创新创业能力。

(3) 参加各种项目的实践。要在实践中不断地总结经验，充分利用各种机会锻炼自己，为以后的职业道路打下一定的基础。在不同的岗位会学到不同的知识，总结不同的经验，增加自己以后的选择空间。

(4) 学习业务技能。在工作实践中可以积累经验。在实践中思考自己是否足够出色，在岗位上还有哪些不足，同时多学点专业技能，对日后创业会有帮助。

(5) 自我检视。明白自己在工作中的定位，了解自己所处的位置，在团队中是领导者、策划者还是执行者。认清自我，评测自己的能力和个性，是适合创业还是工作，这样才能成就自己。无论工作中还是创业中，都要最大限度发挥自己的作用。

(6) 制定目标。明确你想要的人生。如果创业，那么未来创业的方向、项目要有规划。到底做什么，怎么做，一年获得多少收入，这些都要提前考虑清楚。

(7) 持续学习。在工作中不断学习，找到合适的学习方法。可以多看看关于创业的书籍，向身边创业成功的人学习，分析他们成功的原因，多收集创业成功事迹，很多案例其实可以复制。

以上方法可以帮助个人或团队进行创新创业能力拓展。需要注意的是，创新创业能力的提升是一个长期的过程，需要不断地学习、实践和反思。

案例思考与创新实训

案例与实训一：安康香椿产业升级——以批判性思维书写创业传奇

一、背景与挑战：传统思维的桎梏与产业困境

陕西省安康市汉滨区晏坝镇地处秦巴山区深处，虽拥有富硒土壤、宜人气候等天然优势，但长期受限于传统农业思维与封闭市场环境。当地曾以蚕桑产业为核心，但随着劳动力的外流与产业的衰退，农民增收陷入瓶颈。许启文作为土生土长的晏坝人，早年通过自考取得了西北农林科技大学林学本科学历，虽然在蚕种场捧着“铁饭碗”，但他敏锐察觉到传统农业模式的局限——“小农思维”难以对接现代市场需求，技术迭代与市场拓展亟须突破。

二、破局：从“稳定工作”到“创业冒险”的思维颠覆

1. 职业选择的批判性反思

面对蚕桑产业萎缩与互联网崛起的双重冲击，许启文拒绝“路径依赖”，毅然放弃稳定工作回乡创业。这一决策打破了“体制内安稳即成功”的传统认知，以市场需求为导向，将个人专业技能与家乡资源相结合。他敏锐发现安康香椿芽的独特价值——富硒、高营养、口感佳，却因保鲜难、运输不便难以规模化销售。

2. 从“鲜货”到“种子”的战略转型

2013 年，许启文尝试通过淘宝店销售鲜香椿芽，初期订单火爆，但山东客户单日 5~10 吨的“大单”因采摘、保鲜难题被迫放弃。他批判性地分析问题根源：鲜货依赖季

节性采摘，难以标准化供应；而香椿种子可长期储存、运输成本低，且市场需求稳定。由此，他果断转向种子与树苗销售，以“产品形态创新”突破物理限制，2017 年成立陕西秦巴红叶生态农林开发有限公司，年销售额突破 3000 万元。

三、深化：以技术革新与模式创新构建竞争壁垒

1. 科技赋能：破除“经验主义”局限

许启文深知传统农业“靠天吃饭”的弊端，主动与科研机构合作，开展了香椿种质资源培育、矮化密植技术等研究，申请省级科技项目 4 项。例如，通过筛选高硒含量品种，开发出“岭南椿”“秦巴红叶”等地理标志产品，使香椿芽含硒量在 0.45mg/kg 以上，远超普通品种。这一过程体现了“数据驱动决策”对传统经验的替代，将资源优势转化为技术优势。

2. 电商突围：重构“小农经济”销售逻辑

面对区域市场饱和与低价竞争，许启文以“平台思维”破除地域限制。

多渠道布局：通过淘宝、阿里巴巴、一亩田等平台覆盖全国 30 余省市，并借助“硒安康”等地方电商平台打造品牌。

产品深加工：开发速冻香椿芽、香椿酱等衍生品，附加值提升 300%，2020 年香椿酱销售额达 42.1 万元。

产能扩张：2023 年，许启文团队投资 2000 万元新建速冻车间，日产量提升至 5 吨（原为 1 吨），产能翻倍。

冷链物流：自建低温冷库与加工厂，实现全年供应，破解“季节性销售”困局。

四、社会价值：从“个体致富”到“乡村振兴”的思维升华

1. 带动就业与产业升级

公司通过土地流转、合作社模式，带动周边数百人就业，年收购香椿苗 200 万株，助农增收超百万元。同时，推动香椿种植从零散化向规模化、标准化转型，形成“科研 + 企业 + 合作社 + 农户”的全产业链。

2. 文化输出与品牌国际化

许启文将安康香椿推向国际，2018 年荷兰客商考察后签订 1 万斤种子出口订单，实现秦巴山区农产品首次进入欧洲市场。通过跨境电商（如亚马逊）试水速冻香椿芽出口，2023 年出口额约 80 万元（东南亚为主）。这一突破打破了“山区产品难出山”的认知定式，证明特色资源可通过创新营销实现价值跃升。

五、启示：批判性思维的实践路径

许启文的创业历程为创新创业者提供了以下启示：

质疑现状，重构问题：不满足于既有框架，如将鲜货困境转化为种子商机。

跨界整合，技术赋能：以科研合作突破传统农业局限。

用户导向，价值创造：通过深加工与品牌化提升产品溢价。

长期主义，生态共建：兼顾企业利润与社会责任，实现可持续发展。

六、结语

从深山到全国，从个体到产业，许启文以批判性思维打破传统农业的思维枷锁，将安康香椿打造为乡村振兴的“金钥匙”。其成功不仅在于对商业模式的创新，更在于对“资源—技术—市场”链条的深度重构。这一案例为新时代创业者提供了可复制的思维范式：唯有敢于突破认知边界，方能开拓无限可能。

（资料来源：根据陕西省安康市汉滨区人民政府网站内容等网络资料改编）

案例思考与实训：

(1) 许启文为何能突破“稳定工作”的思维枷锁？若换作你，你会如何权衡职业风险与创业机遇？

(2) 如何评价“电商 + 合作社 + 农户”模式在乡村振兴中的作用？其可持续性受哪些因素制约？

(3) 许启文通过“香椿种—芽苗菜—深加工”延伸产业链，这种创新逻辑对传统农业企业有何借鉴意义？

(4) 逆向资源转化挑战题目：许启文早期因鲜香椿芽保鲜难被迫放弃大额订单，传统解决方案聚焦冷链技术升级（如案例中的自建冷库）。但冷链建设需要重资产投入，对新企业会构成现金流压力。请逆向重构：将“保鲜难题”转化为资源要素，提出 3 种非冷链解决方案（参考案例中“鲜货→种子”的形态转换逻辑）；设计出“轻资产运营模型”。

案例与实训二：货拉拉出海十年：用科技创新改写传统生态

一个热辣的夏日，空气中弥漫着汽油的味道，马来西亚汽车零部件供应商万利集团的仓库门口一辆辆小型货车正在忙碌地装货出发，每一天，货运司机如约而至，将汽车零件运送到巴生谷的各个角落。

巴生谷是马来西亚人口最多的区域，位于蒂迪旺砂山脉中央山脉以南的一片广大平原，巴生河经由此处流入马六甲海峡。巴生谷自开埠以来就是商务发展的中心地带。1978 年 6 月 23 日，万利集团诞生于此，经过 40 多年的经营，它从最初的家庭小作坊成为汽车后市场的正品零部件主要经销商，销售各种产品系列，包括小型客车和商用车。

过去几十年，汽车后市场瞬息万变，能一直追上市场趋势并满足客户偏好不是一件容易的事，如何提高自己的竞争力？只有保持对供应链效率、成本结构和整体业务运营高度关注，才能立于不败之地。2020 年，万利集团接触了 Lalamove（货拉拉的海外品牌），彼时，Lalamove 已经进入马来西亚市场两年，这种线上匹配货运需求和司机灵活响应的市场模式给了万利集团很大的启发，万利集团决定试一试这个全新的物流匹配和配送模式，命运的齿轮从此转动。

不仅是马来西亚和万利集团，自 2014 年在新加坡开拓首个海外市场以来，“货拉拉模式”在全世界复制，并改变了当地的传统物流运营模式。而货拉拉出海的十年，也和共建“一带一路”倡议时间线高度重合。

过去十年，共建“一带一路”的倡议如同一首全球协奏曲，将各国的发展紧密相连，货拉拉也在出海过程中积极推动了全球物流数字化进程。官方数据显示，2022年，货拉拉境外货运平台总交易额已达到5.07亿美元，不仅推动了全球货运交易的数字化进程，也为全球物流行业注入了新的活力和动力。

未来，货拉拉将继续以科技驱动，引领中国物流先进经验和技术走向世界舞台，与全球物流产业共同起舞。

一、他们的生活被货拉拉改变

“Just Lalamove it！”（货拉拉一下！）在马来西亚街头，有这样一句流行语。

2018年以来，马来西亚移动设备和商业数字化日益普及，按需服务蓬勃发展。而作为一家成立于中国香港，发展于中国内地的技术驱动物流公司，货拉拉不仅改变了当地的传统物流现状，更为马来西亚占比超过99%的中小企业群体提供了一种比自己成立车队更经济、便利的共享配送形式。

在Lalamove平台，摩托车、厢式货车、卡车都可能成为运输工具，中小企业用户可以随时根据实际情况匹配最高效且成本最低的配送方式。对于很多人来说，“Just Lalamove it”不仅是一个货运交付方式的“行话”，更是一种快速响应，用灵活方式解决问题的生活哲学。

在与Lalamove合作之前，万利集团的汽车配件产品配送均由内部车队完成，而维护车队的管理费用高昂，包含车辆成本、司机管理、车辆调配等。而与Lalamove合作后，万利集团的运营方式发生了翻天覆地的变化。

他们使用Lalamove提供的各种类型的货车服务，这使得他们运输工作的流程得到了有效优化。原本复杂的计划和调度工作，现在变得简单明了。此外，通过Lalamove的智能系统，他们还能实时追踪货物的位置，了解货物的运输情况，这让他们对运输费用有了更准确的估算。

万利集团分行经理Ken加入万利集团已经16年，过去十来年，他见过运输汽车零件的运输工具和司机、客户的更迭，而这次最让他惊喜的是，一个手机App竟然起到了如此大的作用。

对于一个以客户满意度为核心的公司来说，准时交货是赢得客户信任的关键。通过Lalamove提供的货运服务，万利集团的各个分公司不仅提高了运营效率，而且由于平台司机的及时响应，还实现了准时交货，这一系列成果大幅提升了他们的服务水平和市场口碑。

距离马来西亚700多千米外，一名为了孩子努力打拼的单亲妈妈正在新加坡街头奔波着，成为单亲妈妈之后，朱莉安娜曾感叹，做母亲是一段充满挑战和责任感的旅程。

一年前，她决定成为Lalamove的送货合作伙伴，Lalamove平台的独特性质给了她传统朝九晚五工作无法提供的灵活性。这种灵活性对于朱莉安娜来说是非常宝贵的，因为这样她能够有灵活的时间参与儿子的重要场合，同时还能赚取一笔可观的收入补贴家用。

值得注意的是，在Lalamove的送货经历在朱莉安娜内心挖掘出了一种新的激情。无论是送精致的鲜花还是可口的饭菜，当收件人收到货品时，她从他们脸上看到的喜悦令人暖心。这些送货经历重新定义了她的目标，并让她为自己在配送（货物）中所扮演的传播幸福的角色感到无比自豪。

仓库发货的忙碌、送货员的奔走、飞驰的轮毂……相似的故事在世界各地不停上演。Lalamove 不仅将更自由的零工经济带到了东南亚还带到了更多的国家和地区，也有更多的人因此改变了生活。

二、超级大脑 + 本土化运营

连接司机和商家两端，让双方在平台上实现即时的物流需求对接，这是货拉拉模式最简单的概括。

但是实现这一切的背后需要不断精细化的平台算力和运营能力，这在一个国家的市场实现尚不容易，扩展到全球市场更是巨大的挑战。因为不同国家不仅地理环境千差万别，风土人情、宗教信仰、工作生活习惯、货币、语言等也都存在不小的差异。因此，Lalamove 在每个城市都有一套独立的运营模式和技术支持系统，会根据当地市场的实际情况进行本地化调整。

也正因此，货拉拉在每个国外市场都有着本土团队，当地的管理层均为当地人，他们用地道的语言和思维方式和当地的客户、司机交流，根据不同地区将 global playbook(国际化策略)进行微调，如地图、语言、车款、支付方式等，让产品服务能迎合当地需求。在海外市场，甚至很多公司都没有意识到 Lalamove 是一家国外的企业。

Lalamove 在海外的市场开拓，在全世界的高效响应，不仅需要本地原住民的经验，也依赖于中国香港总部的“技术大脑”。作为以中国香港为基地的科技公司，Lalamove 受惠于中国香港、中国内地及国际科技人才的供应，同时，Lalamove 也是中国香港一家科技团队规模领先的企业。而作为一家国际企业，Lalamove 的职能团队非常多元，当中包含了超过 20 个国籍的人才。

在发展中国内地体量庞大的业务过程中，货拉拉吸取大至企业蓝图，小至日常运营上的经验，再将成功经验复制到东南亚、南美洲等市场。例如，如何优化地图，方便司机以最快最方便的路线送货和卸货，都是经过不断试验和累积经验，以不断完善货拉拉的国际化策略，最终形成了货拉拉的核心竞争力。

三、用科技创新改变传统生态

过去十年，Lalamove 以每年至少开拓一个国家的速度快速推进着国际化的进程。目前，Lalamove 已在东南亚、印度、巴西及墨西哥等国家和地区的城市完成布局，为全球用户提供便捷高效的物流服务。也是在这十年中，中国互联网技术走向世界，也改变了世界。

“中国物流业用十年时间赶超了美国近 100 年的努力，堪称世界奇迹。”马云曾在 2017 全球智慧物流峰会上表示。这些年来，随着中国经济的快速发展和国际贸易的不断扩大，中国物流和科技企业逐渐走出国门，拓展海外市场。这一现象不仅改变了中国物流业的发展格局，也对全球物流业产生了深远的影响。

为了在竞争激烈的国际物流市场中取得优势，中国企业积极创新，采取数字化物流、海外仓、直播购物等创新模式，提升了其服务质量和效率。例如，顺丰速运利用大数据和人工智能技术，实现了智能化的物流管理和运营，提供了更加快速、准确和高效的物流服务；阿里巴巴则通过建立全球供应链网络和海外仓，实现了全球商品采购和销售的一体化服务，缩短了商品到达消费者手中的时间。

“Lalamove 希望利用科技改变传统物流生态，过去十年，Lalamove 成功将中国香港积极互利的营商手法和文化带到‘一带一路’合作伙伴的市场在东南亚驻足，并与当地市场文化共融，推动多边发展，并促进商贸关系，同时支持当地的中小企业和司机伙伴，加强人文交流，促进‘一带一路’合作伙伴民心相通。”Lalamove 首席运营官卢家培表示。这也意味着，未来除了在更多的国家开拓业务，Lalamove 还要参与到更多国家的司机福利改善、文化融合和多边发展中。

“以前我们选择开拓新的市场，最注重的是经济方面的潜力。”卢家培表示，而在未来，Lalamove 开拓新的市场就新增了一个考量的方向，希望通过 Lalamove 能够在各个国家的进步发展过程中出一点力。

卢家培还说：“我们希望把 Lalamove 模式输送到更多的国家，我们希望每到一个市场，带来更多国家的先进技术，共享、共同发展。”

世界期待货拉拉出海的下一个十年。

（资料来源：每日经济新闻，见 https：//www.nbd.com.cn/rss/zaker/articles/3038059.html. 有删减）

案例思考与实训：

(1) 货拉拉的海外发展经历了哪几个阶段？

(2) 货拉拉在海外获得成功的原因是什么？

(3) 分析一下货拉拉的创新类型有哪些。

项目与创新体验

思维破冰行动——日常物品变形记

一、项目目标

(1) 通过游戏化互动快速破除思维定式。

(2) 激发团队创意碰撞与批判性思考。

(3) 为后续创新实践铺垫开放思维状态。

二、破冰游戏设计

游戏 1：功能大爆炸

道具：日常物品（衣架、矿泉水瓶等）、三色贴纸。

玩法：

(1) 常规功能：用红色贴纸标出物品原始用途。

(2) 脑洞爆破：在黄色贴纸上写出10种以上离谱新用途(如“衣架变乐器”)。

(3) 功能升级：用绿色贴纸选1个创意，画改进草图。

(4) 奖励：用途最多组和脑洞最大组获得积分。

游戏2：反常识擂台

道具：反常识问题卡(如“如果雨伞不需要防水？”)。

玩法：

(1) 闪电脑暴：30秒内提交颠覆性答案(如“书包变无人机”)。

(2) 奇葩辩论：两组对抗说服观众(如“书包变风筝”VS“书包变厕所”)。

(3) 投票颁奖：手机投出“最合理脑洞奖”。

关键要求：

(1) 拒绝“这不可能”思维，鼓励荒诞联想。

(2) 用1句话说明创意的潜在价值(如“临时厕所—书包—解决户外紧急需求”)。

效果：用15分钟让大脑进入“脱缰模式”，为后续深度创新训练预热！

三、项目体验总结与反思

1. 哪次思维突破让你产生“原来还可以这样”的顿悟？
2. 如果给改造方案增加科技元素(如物联网)，你会如何改变设计？
3. 你认为传统行业从业者最难突破的思维枷锁是什么？

练 习 题

一、选择题

1. “创造性破坏”理论的提出者是(　　)。

   A. 彼得·德鲁克　　B. 约瑟夫·熊彼特

   C. 克莱顿·克里斯坦森　　D. 史蒂夫·布兰克

2. 以下哪项属于破除思维枷锁的路径？(　　)

   A. 强化经验依赖　　B. 建立权威崇拜

   C. 实践跨界联想　　D. 追求绝对安全

3. Timmons创业模型的核心三要素是(　　)。

   A. 产品、营销、资金　　B. 机会、团队、资源

   C. 技术、市场、政策　　D. 用户、数据、渠道

4. 破除思维定式的训练方法，以下说法错误的是(　　)。

   A. 六顶思考帽　　B. SCAMPER技法

   C. SWOT分析　　D. 逆向头脑风暴

二、问答与思考题

1. 结合本章提及的案例，论述“创新是生产要素的重新组合”这一观点。

2. 结合自身专业，分析“创新思维”如何帮助你未来的职业发展或创业方向。

3. 拍摄 1 分钟短视频，演示如何用逆向思维解决一个生活痛点。

4. 选择一个校园生活中的问题（如快递取件、自习室占座等），尝试用列举法提出至少 3 条创新解决方案。

5. 调研一家本地企业的创新案例，分析其创新类型、使用的思维工具，并评价其创新效果。

第 2 章

组建创业团队

创业者与创业团队是企业家精神的主要载体，是创业活动的发起者和主导者，他们敢于冒险、勇于创新，致力于将创意转化为实际产品或服务。本章深入介绍创业者类型、动机、素质和能力，以及创业团队的组建、管理和股权设计等方面的知识，让创业者在创业过程中大胆实践、理性合作，实现更高的创业绩效，并践行党的二十大报告提出的“全面提高人才自主培养质量，着力造就拔尖创新人才”。

学习目标

1. 了解创业者及其动机。
2. 了解创业者所具备的素质和能力。
3. 明确创业团队的构成与组建流程。
4. 掌握创业团队的管理策略。

【导入案例】

最伟大的创业团队——中国共产党

1921 年，中国共产党在浙江嘉兴南湖的一条游船上召开了第一次全国代表大会，标志着这个“史上最牛创业团队”的正式成立。当时的中国正处于内忧外患之中，社会动荡，民不聊生。出席大会的 13 名代表，代表着全国 50 余名党员。这个团队在成立之初，面临着极其严峻的挑战：人手不足、没有强大的背景支持、缺乏资金、没有固定的根据地，还要面对国内外强大对手的围追堵截。可以说，当时的中国共产党几乎是“在夹缝中求生存”，随时可能面临“灭顶之灾”。

在随后的革命斗争中，中国共产党更是经历了无数艰难险阻。团队成员中，有的在革命斗争中惨遭杀害，有的因种种原因转投其他阵营。然而，那些坚持下来的成员始终不忘初心，始终牢记为中国人民谋幸福、为中华民族谋复兴的使命，团结一切可以团结的力量，带领中国人民进行艰苦卓绝的斗争。

在 28 年的革命历程中，中国共产党经历了无数生死考验。据统计，仅可以查到姓名的牺牲了的党员就有 370 余万人。这些烈士用鲜血和生命换来了革命的胜利。1949 年，中国共产党终于打败了国内外的对手，成功建立了中华人民共和国，实现了中华民族的独立和解放。这一壮举被网友们形象地比喻为“成功上市”，中国共产党从此登上了世界舞台，成为引领中国发展的核心力量。

如今，中国共产党的党员人数已突破 10000 万人，成为世界上最大的政党。她不仅在中国国内拥有广泛的支持者，还在全球范围内拥有数十亿的“粉丝”。中国共产党带领中国人民实现了从站起来、富起来到强起来的伟大飞跃，创造了举世瞩目的“中国奇迹”。

这个“史上最牛创业团队”的成功，不仅在于她始终坚持为人民服务的宗旨，还在于她能够不断自我革新、自我完善，始终保持先进性和纯洁性。无论是在革命战争年代，还是在和平建设时期，中国共产党始终团结并带领中国人民，克服了一个又一个困难，取得了一个又一个胜利。

从 1921 至 2024 年底，中国共产党走过了百年历程，她从一个只有 50 余人的小团队，发展成党员总数超过 10027 万的世界第一大党，带领中国从一个积贫积弱的国家，发展成为世界第二大经济体。这一历程，堪称人类历史上最伟大的创业故事。

中国共产党的成功不仅属于中国，也属于世界，为全球治理和发展提供了中国智慧和中国方案。而今，这个“史上最牛创业团队”仍在继续书写新的辉煌篇章，继续带领中国人民朝着实现中华民族伟大复兴的中国梦奋勇前进。

思考题

1. 查阅补充相关资料，谈谈中国共产党这支创业团队是如何组建的。
2. 中国共产党这支团队为什么会成功？

2.1 创业者

党的二十大报告明确指出，支持中小微企业发展。这表明中小微企业是创业者的主要载体，这有效地激发了创业者的热情和活力。探讨创业者的特征、动机、素质和能力，是支持中小企业发展的重要一环，也是深入实施人才强国战略的支撑。

2.1.1 创业者及其特征

创业者，英文为 entrepreneur，与“企业家”为同一词，由法国经济学家坎蒂隆 (Cantillon) 于 1755 年首次引入经济学，是指在没有拥有多少资源的情况下，锐意创新，发掘并实现潜在机会价值的个体。

一般来说，国内外有关创业者的定义可分为狭义和广义两种。狭义的创业者是指参与创业活动的核心人员，该定义避免采用领导者或组织者的概念。因为在当今的创业活动中，技术的需求越来越大，离开了核心的技术专家，很多创业都无法进行，核心的技术专家理应成为创业者。而且，很多创业活动最早都是由拥有某项特定成果的技术专家发起的。广义的创业者是指参与创业活动的全体人员，创业者更多的是以团队的形式出现。在创业过程中，狭义的创业者将比广义的创业者承担更多的风险，但也会获得更大的收益。

创业者作为推动社会经济发展与创新的重要力量，其独特的个人特质与综合能力对于创业成功至关重要。创业者在心理、行为模式、知识储备及能力结构等四个方面具有的特征如下。

1. 心理方面的特征

创业者通常具有强烈的成就动机、较高的风险承受能力和乐观积极的心态。他们渴望通过自己的努力和创新，实现个人价值和社会价值的最大化。这种动机源自内心深处对成功的渴望，以及对自我实现的追求。创业者往往将创业视为实现个人梦想和目标的途径，他们不畏艰难，勇于挑战，追求卓越。

创业过程中，风险和挑战无处不在，需要创业者能够理解并接受创业过程中可能出现的失败和挫折。面对风险，创业者需要能够保持冷静，理性分析，灵活应对，展现出强大的心理韧性和适应能力；面对创业过程中的困难和挑战，创业者需要保持积极的心态，相信自己的能力和潜力。同时，他们还需要具备良好的情绪管理能力，能够在压力下保持冷静，有效调节自己的情绪，确保决策的科学性和准确性。

2. 行为模式的特征

创业者在行动上勇于创新、敢于实践，并主动探索、持续学习。创新是创业的核心驱动力，创业者需要具备强烈的好奇心和求知欲，利用其敏锐的观察力和丰富的想象力，发现市场中的空白点和机会，主动探索新技术和新方法，提出创新性的解决方案。更重要的是，他们敢于将创新想法付诸实践，通过不断尝试和迭代，将创意转化为具有市场竞争力的产品或服务。

3. 知识储备的特征

创业者具备深厚的行业知识、广泛的商业知识，并实现了跨领域的知识融合。创业者需要对所从事的行业有深入的了解和认识，包括对行业趋势、市场竞争格局、消费者需求的认识等。这种深厚的行业知识有助于创业者准确把握市场机会，制定科学的战略规划和决策。除了行业知识，创业者还需要具备广泛的商业知识，包括市场营销、财务管理、人力资源管理等方面的知识。这些商业知识有助于创业者更好地管理企业，提升企业的运营效率和竞争力。在知识经济时代，跨领域的知识融合成为创业者的重要优势。创业者需要关注不同领域之间的交叉点和融合点，将不同领域的知识和技能进行有机整合，创造出具有独特竞争力的产品或服务。

4. 能力结构的特征

创业者需要具备战略思维能力、决策执行能力、资源整合能力、领导力与团队建设能力等，并能在此基础上保持持久的创新与学习能力。

创业者需要站在全局的高度审视问题，制定长远的目标和战略规划。他们需要具备敏锐的市场洞察力和判断力，能够准确预测市场趋势和竞争对手的行为，制订出符合市场需求的战略方案。创业者还需要在复杂多变的市场环境中迅速做出决策，并带领团队迅速行动，将决策转化为实际行动。

创业者需要具备出色的领导力和团队建设能力，能够激发团队成员的积极性和创造力，带领团队共同实现目标。他们需要建立良好的团队文化，营造积极向上的工作氛围，促进团队成员之间的沟通与协作。

综上，创业者的特征是一个多维度、综合性的概念，涵盖了心理特征、行为模式、知识储备及能力结构等多个方面。这些特征相互作用、相互影响，共同构成了创业者独特的个人魅力和综合能力。对于有意投身创业的人来说，理解并培养这些特征将有助于提高创业成功的可能性。创业者也需要不断反思和成长，以适应不断变化的市场环境，实现个人价值和社会贡献的双丰收。

2.1.2 创业动机

创业动机是指引起和维持个体或团队从事创业活动，并使活动朝向某些目标的内部动力。它是创业者愿意冒各种风险去创立新企业的激励因素，是创业行为背后的驱动力。创业动机是创业者由于个体内在或外在的需要而在创业之前所表现出来的目标或愿景，它驱动着个体的创业行为，并影响着创业过程及结果。

创业动机是驱动个体投身于创业活动的内在力量与外在诱因的综合体现，主要来源于以下 4 个方面。

(1) 个人价值的实现。创业者往往怀揣着实现个人理想、追求自由生活方式或解决特定社会问题的梦想。他们通过创业，将个人的兴趣、专长与市场需求相结合，力求创造出具有独特价值的产品或服务，以此来实现自我价值和社会价值的双提升。

(2) 自我挑战与成长。创业过程充满了不确定性和挑战性，对于渴望突破自我限制、追求个人成长和进步的创业者而言，创业为其提供了一个广阔的舞台。他们通过面对和解决创业中的各种难题，不断提升自己的领导力、创新能力和问题解决能力。同时，相比于在传统企业工作，创业为个体提供了更大的独立性和自主权。创业者可以自主决定企业的战略方向、经营模式和团队文化，这种自由度和控制权对于追求个性化、不喜欢受他人制约的人来说，有着极大的吸引力。

(3) 市场需求与机会。在快速变化的市场环境中，新的需求、技术或政策往往孕育着不同的创业机会。创业者敏锐地捕捉这些机会，满足市场需求，不仅为社会创造价值，也能获得商业上的成功。创业者将创业视为实现社会使命、推动社会进步的方式。他们希望通过创业解决社会问题、促进社会可持续发展或提升公众福祉，从而在社会层面产生积极的影响。

(4) 生存的需要。当前，我国的大学生就业形势相当严峻，一方面表现为需求不足，另一方面表现为大学毕业生的工资待遇不高。在这种情况之下，如不能找到一份令自己满意的工作，一部分大学生就会选择创业。另外，创业成功往往伴随着较高的经济回报，包括利润、股权增值等。对于希望通过自己的努力改善经济状况、实现财富积累的创业者来说，经济收益是重要的驱动力。

创业动机并非单一因素所能完全解释的，而是内在动机与外在动机相互作用、共同影响的结果。此外，个人经历、教育背景、家庭环境和社会网络等也是塑造创业动机的重要因素。

2.1.3 创业者的素质与能力

创业者的素质与能力是其创业成功的基石，它们不仅决定了创业项目的起步与发展，还直接影响到企业的长期稳定性和市场竞争力。高瓴资本创始人张磊就经常说：“投资就是投人。”可见创业对创业者素质和能力有较独特的要求。

1. 创业者的素质

尽管创业者的创业目标有所不同，但创业者一般都需要具有以下素质。

(1) 进取精神。创业者要有进取心，即有强烈的成功欲望，通常表现为对超越现状的渴望和自我实现的渴求。这种强烈的信念不仅激励着创业者将其创业的想法付诸实践，还使其在面对外界压力时表现出不凡的能力，从而克服困难，取得创业的成功。进取精神还使得创业者具有较强的持续学习能力，而这可以提升创业者自身的能力和素质，从而更好地应对知识经济和信息技术发展带来的挑战。这对于创业者走向创业成功具有重要的意义。

(2) 独立自信。大部分创业者都是特立独行，喜欢按自己方式处事的人，他们渴望独立，希望自己作主，并急切地希望得到社会的认可。成功的创业者都有强烈的自信心，通常都坚信自己的决策，相信自己的判断，而不习惯听命于人。对创业者来说，自信是不可缺少的品质，尤其是在创业期间，有自信的创业者才能顶住压力，坚定执着，最终取得创业成功。

(3) 风险意识。创业是一个与风险紧密相随的过程，任何一个创业者都需要在这个过程中承担风险。只有具有风险意识的创业者，才能抓住最佳的市场机会，使新创企业迅速发展成长。由于创业存在着各种风险，因此创业者必须在对创业环境进行全面分析后采取谨慎行动。创业行为应是创业者经过努力有可能获得成功才发生的，而不应是一种贸然行动。另外，创业者要在创业机会出现的时候，不惧怕风险，抓住机会并利用自有或创业团体的资源努力降低风险，逐步走向创业的成功。创业者在创造性地解决问题的过程中，也将逐渐增强自己抗风险的能力，推动企业发展壮大。

(4) 领袖精神。尽管一家创业企业的成功离不开团队力量，但领导者本人仍起着决定性的作用。领导者是企业的一面精神旗帜，他们的一言一行影响着企业的荣辱兴衰。企业文化是企业的灵魂和精神支柱，是一种战略性的软资源。积极的企业文化能培养员工同甘共苦的意识，也能有效地协调员工工作，从而为创业企业打下坚实的发展基础。而企业文化的核心就是领导者及其领袖精神，它包含领导者对公司创业过程的领悟，以及以领导者人生哲学为核心的企业共同价值观，这是创业企业凝聚员工的一笔无可替代的财富，更是创业企业赖以生存和发展的无形资产。

(5) 坚定的意志。创业是一个充满艰辛的过程，创业者在创业过程中总会遇到各种挫折和困难。创业者必须具备坚定的意志来面对各种各样的挑战，勇往直前，去解决创业过程中遇到的每一个问题。这就要求创业者不仅要有吃苦耐劳、坚韧不拔、顽强拼搏的精神，还要有忘我的工作热情和勇于奉献的精神。成功的创业者往往在经历过一次又一次的失败之后，仍然矢志不渝，反复总结、吸取过往的经验教训，继续前行，坚持不懈地向目标前进。

2. 创业者的能力

创业者需具备独特的能力，以把握行业趋势，凝聚团队力量，推动产品和服务的迭代，将计划转化为实际成果，并应对创业中的不确定性。

(1) 创新能力。创新能力是创业者保持竞争优势的关键，创新贯穿于创业的全过程，无论是发现新的创意、捕捉新的机遇、寻找新的市场，还是撰写一份有潜质的创业计划，乃至于创业融资、创办公司以及企业运作、管理和控制，都包含着创新的内容。不断创新的能力也将企业家与一般管理者区别开来。创业者需着意锻炼创新能力，培养广博的多学科交叉知识，保持好奇心、独立性、求异性及敏锐性，善于捕捉新事物的萌芽，提出大胆的、新颖的推测和设想，继而进行周密论证，提出可行的解决方案。

(2) 市场洞察能力。市场洞察力是创业者在商业决策中的核心技能，它能够帮助创业者在复杂的市场环境中作出精准决策。市场洞察能力要求创业者深刻理解和敏锐洞察市场。创业者可以通过掌握数据分析工具、分析框架等理论模型 (如 PEST、SWOT 等模型)，也可以通过行业报告、财经新闻、社交媒体等广泛而深入地收集相关行业信息，了解目标市场的需求和趋势，以及竞争对手的策略和市场变化。通过持续学习、实践和反思，提升市场洞察能力和系统化决策思维。

(3) 领导力与沟通能力。领导力是影响他人、凝聚团队、推动变革的核心能力，创业者需要具备领导力，以激发团队的积极性和创造力，共同驱动组织目标的实现。而沟通能力是实现领导力的重要"桥梁"，创业者需清晰表达并传递战略意图，与团队成员、合作伙伴、投资者等各方协调资源，达成共识。创业者需明确价值观与愿景，在实战中积累和磨炼领导力与沟通能力，主动承担跨部门协作、各种谈判沟通等压力场景，快速提升应变能力。

3. 创业者素质与能力的构建

创业者素质与能力的构建是一个复杂而多维的过程，可通过多种渠道综合提升，为创业的成功奠定坚实基础。

(1) 学习与自我提升。大学生可以通过大学课程、创业培训课程、研讨会及实践经验来系统地学习市场营销、产品开发、财务管理等创业相关知识和技能。同时，个人成长与自我提升不可忽视，创业者需保持持续学习的态度，不断更新知识库，还要注重诚信、正直等个人品质的培养，更要通过运动和休息等方式保持身心健康。这些渠道相互补充，共同构成了创业者提升素质与能力的完整体系。

(2) 寻求导师与指导。成功创业者或行业专家的宝贵经验和指导可以帮助创业者规避风险，而商学院和职业技能培训机构的专业课程则能全面提升创业者的领导力、沟通能力和财务管理等综合能力。

(3) 通过实践锻炼。创业者需要投入到真实业务场景中，锻炼自身的素质与能力。一方面，主动参与一线调研，亲自接待客户，分析和测试用户行为数据，参与关键环节的任务。另一方面，可以积极加入创业社群、行业协会或商业俱乐部，参与行业会议和交流活动，接触更多创业知识、经验和真实的创业实践案例，还可以与其他创业者或专家合作开发新项目，激发创新思维，这也是提升创业素质与能力的有效途径。

2.2 创业团队及其组建

在开启创业行动之前，创业者都会面临如何组建创业团队的问题，高效的创业团队是企业成功的关键因素。众多投资者表示，团队是其投资的重要考量，他们也希望找到诚实、高效、有经验的创业团队进行投资。那么，创业团队的构成要素有哪些？如何构建一个高效绩优的创业团队？

2.2.1 创业团队的概念与类型

众多创业团队凭借卓越的团队协作与执行力，在各自的领域内创造了非凡的成就。比如，小米团队并未掌握所有核心硬件的生产，但通过高效的团队协作与独特的用户互动模式，迅速崛起为智能手机市场的领军者。

1. 创业团队的概念

团队是一个发展中的概念。它指由两个或两个以上相互作用、相互影响的个体构成的群体，是为实现共同的目标而自发组织起来的。团队与工作群体有一定的区别，虽然工作群体是人们因工作任务而聚在一起，但他们不需要相互依赖和高度协调；而团队是通过成员的共同努力，产生积极的协同作用，团队队员努力的结果，是团队绩效远远大于个体绩效之和。所有的团队都是工作群体，但工作群体不一定都是团队。

一般来说，创业团队是指由两个或两个以上具有一定利益关系的，共同承担创建新企业责任的人组成的工作团队。

2. 创业团队的类型

根据创业团队成员的组建过程和形式，创业团队分为星状创业团队、网状创业团队和虚拟星状创业团队三种类型。

(1) 星状创业团队。在星状创业团队组建之前，核心人物一般对创业拥有极大热情，对即将组建的团队构成有过深入思考，并根据自己的设想邀请某些能力突出的人员加入团队。引进的团队成员均是核心人物精挑细选的合作伙伴，个人魅力大，在团队中影响大；团队组织结构紧密，组织效率高，决策程序相对简单。

但这种创业团队可能形成核心人物权力过度集中的局面，从而造成决策失误。当团队中其他成员与核心人物发生冲突时，成员往往会碍于核心人物的影响力，处于被动地位，甚至离开团队。

(2) 网状创业团队。网状创业团队，其团队成员一般具有密切的关系，比如同学、亲友等。他们在日常相处中对某一共同创业想法有认同，一拍即合达成共识后，一同创业。网状创业团队在组建时，不设核心人物或领袖，各成员根据各自的特长参与具体工作。因此，各成员基本上都是相差无几的伙伴。网状创业团队不呈现核心化，整体结构松散但有序，当遇到重大问题需要集体决策时，需要沟通和讨论的时间更长，决策效率相对较低，但避免了“一言堂”的不利局面。同时，网状创业团队因成员在团队中的地位相似，容易在团队中形成多头领导的不利局面。特别是当团队成员发生冲突且难以调解时，某些团队成员会赌气撤出团队，导致整个团队解散。

(3) 虚拟星状创业团队。虚拟星状创业团队由网状创业团队演变而来，介于前两种团队的中间发展状态。团队中虽然有核心人物，但决策是由团队成员协商出的，因此核心人物可以理解为整个创业团队的“发言人”，而不是主导人物，其发言和决策时必须充分考虑团队其他成员的意见，并不像星状创业团队中自然产生的核心人物有地位和权威。

3. 创业团队与普通团队的差异

创业团队与普通团队在多个维度上存在显著差异，这些差异主要体现在目标导向、成员构成、决策机制、风险承担及文化氛围等方面，这些方面的不同使得创业团队在创新和市场竞争中具有独特优势。

(1) 创业团队的目标往往更加明确且具有挑战性。他们是从 0 到 1 创造价值，致力于开发新产品、服务或商业模式，解决特定市场问题或满足未被充分满足的需求。相比之下，普通团队更多地关注优化现有价值，致力于日常运营、维护现有业务或完成既定任务，其目标设定相对较为常规。

(2) 在成员构成上，创业团队通常聚集了具有创新精神、冒险精神和专业技能的多元化人才。这些成员往往对创业领域有深厚热情，并愿意为共同目标付出额外努力。而普通团队则可能更注重成员的稳定性、专业对口和团队协作经验。

(3) 决策机制方面，创业团队倾向于采用更加灵活和高效的决策流程。在快速变化的市场环境中，他们需要迅速响应并抓住机遇，因此决策过程往往更加扁平化、去中心化。普通团队则遵循更为严格的层级制度和决策流程，以确保决策的稳健性和合规性。

(4) 创业团队在风险承担方面展现出更高的容忍度。他们愿意承担创新失败的风险，并从中汲取教训、不断迭代，这种风险承受能力是推动创业成功的重要因素之一。而普通团队则可能更注重风险控制和稳定运营，对创新失败的容忍度相对较低。

(5) 创业团队的文化氛围通常更加开放、包容，他们鼓励创新。这种文化能够激发成员的创造力和积极性，促进团队内部的交流和合作。相比之下，普通团队的文化可能更加注重规范和稳定，以确保团队的日常运作和成员行为的一致性。

2.2.2 创业团队的特征与构成

在组建团队时，了解创业团队的特征、角色和构成，进行团队成员之间的搭配，可以提升团队整体战斗力。

1. 创业团队的特征

创业团队具有以下鲜明的特征。

(1) 共同的愿景。愿景是凝聚团队力量的一个很重要的因素。愿景就像是一个未来的蓝图，或是一个清楚而令人振奋的目标。有了明确的愿景，不仅可以为成员提供一个明确的方向和目标，更能激发大家更加努力和潜能。不管是遇到挫折与失败，还是出现成员之间的摩擦，愿景就是这些困难与摩擦的润滑剂。

(2) 团队利益第一。每一名成员都应将团队利益置于个人利益的前面，而且要充分认识到，个人利益是建立在团队利益基础上的，因此团队中没有个人英雄主义。每一名成员的价值，表现为其对于团队整体价值的贡献。

(3) 冲突的解决与管理。应视冲突为自然现象，公开而坦诚地解决冲突。冲突的产生应是对事而不对人，冲突的解决可以寻求多种方案。需要注意的是，解决冲突时应以解决当前的问题为导向，而不要涉及其他问题。

(4) 对企业的长期承诺。每一名成员均了解企业在成功之前将会面临一系列挑战，因此，团队成员会承诺不会因为一时利益或困难而退出，并同意将股份集中管理，如有特殊原因而提前退出团队者，必须以票面价值将股份出售给原公司团队。

(5) 有效地领导团队。团队领导者应有能力使团队各成员步调一致，共同为团队目标努力；团队领导者应将组织中有关团队的信息传达给成员，成为团队成员会沟通的桥梁；团队领导者要有能力帮助团队成员设定目标，且授权给团队成员；此外，团队领导者还要有效地激励团队成员扮演教练员的角色。

(6) 有能力的成员。团队要成功，其中很重要的因素是慎选团队成员，成员应具有某项专业能力以及沟通、陈述和解决问题的能力。

(7) 合理的股权结构。团队成员的股权分配不一定要均等，但需要合理、透明与公平。一般来说，创始人与主要贡献者会拥有比较多的股权，但只要与他们所创造的价值、贡献相配套，就是合理的股权分配。例如，创业公司的 4 名成员各拥有 25% 股权，但其中两名几乎对于新企业发展没有贡献，因此这样的创业团队是不健全的，也因为如此，几乎没有一家风险投资公司愿意投资这家公司。

2. 创业团队的角色

团队角色越来越受到重视，如果角色与职责匹配得好，就容易产生好的绩效，反之则会让员工很纠结。剑桥大学的贝尔宾博士提出了著名的团队角色理论，该理论认为，在一个结构合理的团队中应存在 9 种角色。

(1) 智多星，给团队带来新想法的人。

(2) 审议员，会不断地评估智多星的想法。

(3) 协调者，挖掘发展团队成员的才能。

(4) 执行者，完美地推进工作进程。

(5) 完成者，一切都力求完美。

(6) 外交家，总是能搞清楚团队内部的局面和外部需求。

(7) 鞭策者，能够让团队充满动力。

(8) 凝聚者，可以创造良好的氛围，并且加强团队内部沟通。

(9) 专业人士，致力于自己擅长的工作领域。

一个人可以扮演多种角色，而且每种角色也不一定只由一个人来扮演，在关键的时候甚至可以互相转换身份角色。一个高效的团队是由不同的人来扮演不同的角色的，团队成员之间配合默契、能够通力合作，各种角色都得到较为明显的体现，这样团队的整体合力会远大于个人力量的总和。

了解每个人在团队的角色，可以增强自我认知和更好地了解他人，促进团队成员的相互理解，有意识地发挥个人长处，使角色优势最大化；也便于合理地选拔人才，组建团队，帮助新员工尽快融入团队，使老员工更愿意接纳新人，并在合适的条件下重点锻炼发展新员工。

对于个人而言，团队角色理论也可以帮助我们在职场上对自己进行定位，如结合自己的兴趣、性格，当看到空缺的角色时，可以考虑去补位。如果有些角色被太多人担任了，不要过于去争这个角色，而应该去寻找其他竞争少的角色。如果有人兼任多个角色，可以考虑，自己能不能帮他分担一个角色。

3. 创业团队的构成要素

创业团队通常由五个必不可少的要素构成，即人员 (people)、目标 (purpose)、定位 (place)、权限 (power) 和计划 (plan)，简称“5P”。

(1) 人员。团队成员是创业成功的关键因素。他们应具备各自的专业能力、技能和经验，以相互协作形成互补效应。创业团队成员的数量应适度，太多会造成交流障碍和团队分裂，不利于团队的高效运转。

(2) 目标。目标是团队成功的基础，要清晰明确，并得到团队成员的认可，团队成员要坚信这一目标具有重大的意义和价值。创业团队的总目标是通过完成创业阶段的技术、市场、规划、组织、管理等各项工作，实现企业从无到有、从起步到成熟的发展。

(3) 定位。定位即团队要明确通过何种方式同现有的组织结构相结合，以及如何产生新的组织形式。定位涉及团队在企业或市场中的位置以及成员的角色分配，确保每个人都明确自己的职责和期望成果。

(4) 权限。权限是团队负有的职责和享有的权利。明确的权限可以避免权利冲突或决策僵局。创业团队成员应根据具体创业项目明确自己的职责范围，避免职权重叠和交叉，提高工作效率。

(5) 计划。计划是指将团队的权限具体分配给团队成员，并明确团队成员如何进行分工合作。创业团队应制订周密的创业计划，将总目标分解为若干可行的、阶段性的子目标，并研究如何实现这些目标。通过逐步实现这些阶段性目标而最终实现创业目标。计划是团队实现目标的具体行动指南。

以上要素相互关联、相互作用，共同构成了创业团队的基础框架。一个成功的创业团队需要在这五个方面都做出合理的规划和安排，以确保团队能够高效运作并最终实现创业目标。

2.2.3 创业团队的组建

创建公司，创始人最重要的决策，就是组建团队。创业团队可以集合多方智慧和力量，共同应对创业路上的各种挑战。各种实践案例表明，不合适的创业团队，无法形成有效的合力，无法达成创业的共同目标和愿景，甚至造成不必要的内耗。优秀的创业团队能抵御创业过程中的诸多风险，并促进目标的达成。

1. 组建创业团队的原则

创业团队组建是创业过程中的关键环节，面临着一系列问题，直接关系到团队的稳定性和未来的发展潜力，一个高效、协作的团队能够显著提高创业成功的概率。组建创业团队要遵循两个基本原则。

(1) 志同道合。团队成员需对创业项目有共同的理解和愿景，认同项目的长期目标和短期目标，确保整个团队朝着同一方向努力，这是组成创业团队的首要原则。同时，团队成员需秉持相同的核心价值观，包括工作态度、团队合作方式、对待失败的态度等，这有助于减少团队内部的冲突，增强团队凝聚力，并形成强大的内在动力。在此基础上，团队成员间能建立坚实的信任基础，相信彼此的能力。因为，信任能够降低沟通成本，提高决策效率。同时还要做到尊重团队成员的不同背景、观点和想法，促进创意的碰撞和融合。

(2) 互补协同。创业团队的组建需要根据团队需求和项目特点，招募具备专业技能、团队合作精神和创新能力的人才，注重评估候选人的综合素质和潜力，确保团队成员能够优势互补。创业团队结构合理，成员之间在专业技能、性格特点、工作经验等方面能高度互补，能形成强大的合力。团队成员应具备多样化的技能和经验，涵盖技术、市场、财务、法务等关键领域，确保团队在不同方面都能具备专业能力。此外，团队成员的性格和能力应相互补充，形成平衡的团队氛围。应寻求具有积极态度、自我驱动和适应能力的成员。团队内部应具备明确的分工和协作机制，合理分配角色和责任，确保团队成员对自己的工作有清晰的认识和责任感，使其在自己擅长的领域发挥最大价值。

2. 组建创业团队的流程

组建创业团队应按照一定的流程，结合组建团队的原则，开展创业团队的组建工作。

(1) 评估人才需求。创业者选择好创业方向，并下决心要创业之后，就需要根据创业方向和个人情况，确定创业团队的人才选择标准。对任何新创企业而言，资源都是稀缺的，未来都是不确定的。在这种情况下，创业者必须在对个人的优势和劣势进行分析的基础上，根据创业项目运营的实际需要，缺少什么资源和能力，就选择拥有这种资源和能力的人。比如，运作创业项目缺少市场营销方面的资源和能力，而创业者又缺乏这方面能力，那就需要寻找拥有市场营销方面资源和能力的人共同创业。

(2) 寻找合作伙伴。在评估完人才需求之后，创业者可以通过亲戚朋友介绍、媒体广告、互联网、各种招商洽谈会等形式，寻找创业合作伙伴。为了使创业合作伙伴了解创业项目和新创企业的未来发展，创业者应该认真准备一份创业计划书。创业计划书不但有助于吸引创业合作伙伴，而且能够帮助创业者更好地厘清创业思路。另外，在寻找创业合作伙伴过程中，创业者既需要考虑创业团队成员间的资源和能力互补，也需要考虑创业合作伙伴的人品，因为高尚的品德是创业团队成员相互信任的基础。

(3) 落实合作方式。在寻找到有创业意愿的合伙人后，双方还需就具体的创业计划、股份分配等合作事项进行全面深入的沟通，以确定创业团队成员之间的正式合作方式。具体来说，首先要妥善处理创业团队各成员之间的利益分配关系，注重用与长期绩效有关的利益分配方式，激励创业团队成员为了团队的共同目标而持续努力。其次要制定创业团队的决策机制和冲突处理机制，该机制需具有可操作性和前瞻性，不仅要考虑到创业初期团队管理的实际需要，也要兼顾未来企业壮大后的情况。

2.3 创业团队的管理

创业团队管理的策略是新企业在构建高效运作体系时必须深思熟虑的核心议题，它基于团队特性、市场环境、资源条件及企业愿景等多维度因素综合考量。创业团队管理策略的制定，始于对团队内部能力、外部环境、市场需求、可用资源及独特价值主张的深入分析，旨在通过优化团队结构、强化团队协作、明确角色分工、激发创新潜能等手段，实现团队从潜力挖掘到效能释放的过程。

2.3.1 创业团队管理模式

在创业实践中，因不同团队的目标、资源、行业背景及市场环境等因素各异，形成了多样化的创业团队管理模式。这些管理模式基于不同的管理理念、团队结构和运作方式，旨在最大化团队效能，推动项目成功。以下介绍几种比较典型的创业团队管理模式。

1. 扁平化管理模式

扁平化管理模式是在现代企业组织结构变革的背景下，针对传统层级式管理模式的弊端提出的一种新型管理模式。它强调减少管理层级，缩短决策链条，促进团队内部的直接沟通与协作，以提高团队的响应速度和创新能力。这一模式在创业团队中尤为适用，因为创业团队通常规模较小，且资源有限，需要快速适应市场变化并抓住机遇。扁平化管理模式层级简化，决策快速，沟通顺畅，同时责任明确。扁平化管理模式的优势具体体现在以下 4 个方面。

(1) 提高决策效率。扁平化管理模式能够缩短决策链条，加快决策速度，使创业团队能够快速响应市场变化。

(2) 增强创新能力。扁平化管理模式鼓励团队成员之间的直接沟通和协作，促进了新思想的产生和碰撞，增强了团队的创新能力。

(3) 降低成本。扁平化管理模式减少了管理层级和职位，降低了管理成本，使创业团队能够将更多的资源投入到核心业务和产品研发中。

(4) 提升团队凝聚力。扁平化管理模式通过强化团队文化和沟通机制，增强了团队成员之间的信任和协作，提升了团队的凝聚力和执行力。

【拓展阅读 2-1】华为的组织变革之路：扁平化管理如何赋能敏捷团队与创新文化

创新创业基础

2. 矩阵式管理模式

在早期的企业管理实践的探索中，矩阵式管理模式已崭露头角，尤其是在大型企业和多元化业务环境中，它成为一种有效的组织架构。传统上，企业往往采用直线职能制，各部门间界限分明，但随着业务复杂性的增加和市场环境的快速变化，单一的管理方式逐渐显露出其局限性。而矩阵式管理模式的出现，打破了这种局限，实现了资源的更优化配置和跨部门的高效协作。

在矩阵式管理模式下，团队成员不再仅仅归属于某一个固定的部门，而是根据项目需求、专业技能或市场区域等因素，被灵活地分配到不同的项目团队或业务单元中。这些项目团队或业务单元与原有的职能部门形成了一种交叉管理的结构，即“矩阵”。

矩阵式管理模式实际上构建了两段价值链。前一段价值链聚焦于团队的日常运营和职能管理，确保团队能在稳定的环境中持续成长。在这一阶段，团队可能会采用相对标准化的工作流程和绩效评估体系，维持团队的日常运作效率。而后一段价值链则聚焦于创新项目和快速响应市场变化的能力。在这一阶段，团队需要更加灵活和敏捷，能够快速组建项目小组，调配资源，以应对市场的快速变化。

矩阵式管理模式的关键点在于，前一段价值链的稳定运营为后一段价值链的创新提供了坚实基础。通过日常运营中的经验积累和技能培训，团队成员能够不断提升自己的专业能力，从而为创新项目提供有力的支持。同时，项目制的运作方式也激发了团队成员的创新意识和协作精神，促进了团队内部的知识共享和经验交流。

在矩阵式管理模式中，团队领导者的角色也发生了变化。他们不仅需要具备专业的技能和知识，还需要具备跨部门的协调能力和项目管理能力。领导者需要成为团队内部的桥梁，促进不同部门之间的沟通和协作，确保项目能够顺利进行。同时，他们还需要具备敏锐的市场洞察力，能够及时发现市场机遇，带领团队快速响应社会需要。

随着团队规模的扩大和项目的增多，矩阵式管理模式可能会进一步演变成平台型管理模式。在这种模式下，团队内部会形成一个或多个平台，为不同项目和部门提供共享服务和资源。这些平台可能包括技术研发平台、市场营销平台、人才培养平台等，它们能够降低项目成本，提高资源利用效率，促进团队内部的协同创新和知识共享。

3. 功能型管理模式

功能型管理模式指的是通过明确划分团队成员的职责范围，使成员专注于各自领域的专业能力和效率提升，以推动整体项目或业务目标的达成，进而促进团队长期发展和成员职业成长的一种创业团队管理模式。这种模式可以被视为“专业基石”或“协同拼图”模式。“专业基石”指的是团队成员在其专业领域内深耕细作，成为该领域的专家，通过提供专业价值来稳固团队的业务基础，并为后续的项目拓展和业务发展提供坚实的支撑。“协同拼图”则是指团队成员如同一块块拼图，虽然各自独立但紧密相连，共同构成了团队的整体图景。每个成员在各自的功能领域内发挥专长，同时与其他成员协同合作，共同解决项目中的问题和挑战，确保整体目标的顺利实现。

功能型管理模式通过明确的专业分工和高效的协同合作，实现项目目标、促进团队成长和创造业务价值。这种模式不仅有助于提升团队的专业能力和效率，还能增强团队的凝聚力和战斗力，为创业团队的长期发展奠定坚实基础。

4. 精益创业管理模式

当前，越来越多的创业团队倾向于采用精益创业管理模式，尤其是在资源有限、市场不确定性高的创业环境中，这一模式展现出了强大的生命力和适应性。像字节跳动、拼多多等企业，都是精益创业管理的典范。

精益创业管理，是创业实践中一种高效且灵活的管理模式，它强调以用户为中心，通过快速迭代、持续验证和最小化可行产品 (MVP) 等手段，不断优化产品和服务，以实现资源的最大化利用和创业目标的快速达成。该模式鼓励创业团队在不确定的市场环境中，采取小步快跑、快速试错的策略，以最低的成本和最快的速度获取用户反馈，不断调整和优化创业方向。

精益创业管理的核心在于“精益”二字，即追求极致的效率和效益。它要求创业团队在资源有限的情况下，通过精准的市场定位、高效的团队协作和灵活的项目管理来实现产品和服务的快速迭代和优化。同时，该模式还强调数据驱动决策，通过收集和分析用户数据，为创业团队提供科学的决策依据。

在精益创业管理模式下，创业团队往往能够迅速适应市场变化，及时调整创业策略，降低试错成本，提高创业成功率。同时，该模式还促进了团队成员之间的紧密协作和高效沟通，提升了团队的凝聚力和执行力。

精益创业管理的成功要素包括明确的核心价值主张、快速迭代与持续学习、高效的团队协作与沟通以及构建开放与共赢的生态系统。这些要素相互关联、相互促进，共同构成了精益创业管理的核心竞争力。只有具备这些要素，创业团队才能在激烈的市场竞争中脱颖而出，实现项目的快速发展和成功。

【拓展阅读2-2】以敏捷与效率著称的飞书：精益创业管理的典范

5. 平台化管理模式

平台化管理用来描述那些通过构建一个开放、灵活、可扩展的平台架构，将企业内部员工、外部合作伙伴乃至广大用户连接在一起，形成一个协同共创、价值共享的生态系统，从而实现对各类资源与能力的有效整合与优化配置，推动业务创新与持续增长的管理模式。

在平台化管理模式下，企业不再是简单的资源控制者和价值分配者，而是转变为平台的搭建者、规则的制定者和生态的维护者。员工和合作伙伴则成为平台上活跃的节点，他们基于自身的专业能力和兴趣爱好，在平台上寻找合作机会、分享知识与经验、共同创造价值。用户则成为平台价值的最终评判者和受益者，他们的需求与反馈成为推动平台持续优化与创新的重要动力。

【拓展阅读2-3】平台化管理驱动下的“智慧共享平台”战略：资源共享与团队协作的创新实践

2.3.2 创业团队的管理策略

创业团队管理关注的是如何有效地组织和协调一群志同道合的个体，使他们能够共同将创新想法转化为实际的产品或服务，特别是在充满挑战和不确定性的科技创业和新企业环境中。创业团队的管理策略如下。

1. 打造共同愿景

愿景与目标是团队前行的灯塔，是指引团队明确方向、构建协作机制、塑造独特文化和激励的机制。真正有效的管理能够激发人的内在动机，依靠人的主观能动性进行自我管理。创业者要带领创业团队取得成功，最有效的办法是打造共同愿景，即共同的愿望和追求，并通过共同愿景的力量，激发创业团队成员发挥自身潜能去实现创业目标。共同愿景不是空洞的口号，而是能够唤醒人的热情的壮美蓝图。因此，打造共同愿景不是由创始人闭门造车，而是由团队成员共同去编织企业的未来之梦。

确立共同愿景有一个最基本的前提条件，那就是要先搞清楚以下三个问题：我们的企业是什么？我们的企业将是什么？我们的企业应该是什么？如果仅仅是做一家抓住某个机会挣点儿钱的公司，根本不需要共同愿景，只要能“挣到钱，分好钱”就行。但是，要做成一番事业，就必须有长远打算，必须有共同愿景。而打造共同愿景的基础，不只是团队成员的物质欲望，更是其共同的理想信念和价值追求。换句话说，是团队成员必须有相同的价值观和人生追求，因为任何团队都不可能适合所有人。

2. 设计激励机制

建立有效的激励机制，设立合理的奖励和惩罚机制，可以更好地激发团队成员的积极性和创造力。制定合理的激励措施，包括物质奖励、精神鼓励、职业发展机会等，以此来激发团队成员的积极性和创造力，促进团队的持续进步。

培养团队成员学习力也是关键，通过持续学习提升团队成员的专业素养和综合能力，保持团队的竞争力和创新力。通过鼓励团队成员持续学习、勇于尝试、快速迭代，营造积极向上的团队文化，促进新想法和解决方案的涌现。建立团队学习成长体系，构建持续学习的文化，提供培训资源、学习平台，鼓励团队成员不断提升自我，适应市场变化，保持团队的竞争力。

同时，建立有效的反馈机制和激励机制，激发团队成员的积极性和创造力，为团队的长远发展提供不竭动力。

3. 建立管理规则

要处理好团队成员之间的权力与利益关系，创业团队必须制定相关的管理规则。创业团队管理规则的制定，要有前瞻性和可操作性，要遵循先粗后细、由近及远、逐步细化、逐次到位的原则。这样有利于维持管理规则的相对稳定，而规则的稳定有利于团队的稳定。创业团队建立管理规则可以从以下三方面入手。

(1) 明确角色分工。给团队成员分配明确的角色和职责，确保每名成员都清楚自己的职责范围和工作目标，有助于避免工作重叠和职责不清导致的效率低下。随着业务和团队的发展，适时调整成员的角色和职责，可以让团队保持灵活性和适应性。

(2) 建立约束制度。创业团队要通过组织条例、财务条例、纪律条例、保密条例等约束制度，指导其成员避免做出不利于团队发展的行为，对其行为进行有效的约束，保证团队的稳定秩序。

(3) 健全沟通反馈协作机制。创业团队可以建立开放、及时的沟通渠道和反馈机制，鼓励团队成员积极表达意见，从而及时发现问题并快速调整，维护团队的和谐与效率。通过各种积极、高效的沟通制度，以畅通信息流动，维护创业团队成员间的互信与合作关系，同时要采取必要措施，有效预防组织与组织、组织与个人和个人与个人间的矛盾冲突，从而真正实现团队整体效益大于团队个体效益之和。也可以通过定期的团队会议、项目讨论等方式，增进团队成员之间的了解和信任，形成紧密的团队合作关系，并设计高效的协作机制，包括任务分配、决策流程、信息沟通等，确保团队成员能够无缝配合，快速响应市场变化。

创业团队管理的策略是一个系统性、动态性的过程，它要求新企业根据内外环境的变化，不断调整和优化团队管理的各个方面，实现团队效能的最大化，以推动企业从初创阶段向成熟阶段稳健发展。

2.3.3 创业团队的股权设计

股权设计是创业团队内部构建稳定合作关系的基石，是创业团队成功的重要保障。天使投资人徐小平曾表示，创业的本质是带有金钱回报的自我实现，真正凝结创业公司的不是友情，而是公平合理能够调节的股权结构。合理的股权结构能够平衡团队成员之间的利益，激发团队成员的积极性，确保公司的稳定和发展。相反，不合理的股权结构可能导致团队成员之间的纷争，影响公司的决策效率和运营稳定性。

1. 创业团队股权分配的原则

创业团队的股权设计是一项复杂的工作，需要考虑股东构成、治理结构、权益分配、退出机制等核心要素，在具体操作方面各创业企业各有特色，但主要遵循以下原则。

(1) 公平合理原则。股权分配应基于团队成员的实际贡献、投入、风险承担等因素进行，确保每名成员都能获得与其贡献相匹配的股权份额，以维护团队内部的信任和合作关系，也有助于增强团队成员的归属感与忠诚度，减少内部矛盾与冲突。

(2) 动态调整原则。随着公司的发展，团队成员的贡献、角色及价值可能会发生变化。因此，股权结构应随之调整，以适应新的发展阶段。股权结构调整包括预留股权空间以吸引新投资者或团队成员，并设计合理的股权调整机制。这也要求创业者具备敏锐的市场洞察力和灵活的决策能力，确保股权结构始终与公司战略保持一致。

(3) 控制权集中原则。控制权集中原则强调创始人或核心团队成员应拥有足够的股权比例，以保障公司的战略方向和决策效率，避免股权分散带来的决策僵局或管理混乱。换言之，创始人或核心团队成员持有足够的股权，可以保证对公司的有效控制，这有助于防止外部资本的过度干预，确保公司的长期稳定发展。

(4) 激励与约束并重原则。股权设计还需遵循激励与约束并重原则，既要通过股权激励激发团队成员的积极性和创造力，又要设置相应的约束机制，为公司创造更大价值，防止权力滥用或损害公司利益。

(5) 法律合规原则。股权设计必须严格遵守相关法律法规，如《中华人民共和国公司法》《中华人民共和国证券法》等。这有助于确保所有操作合法合规，降低法律风险，为公司的长远发展提供法律保障。

以上股权设计的原则相互关联、相互制约，共同构成了股权设计的核心框架，为创业团队的稳定和发展提供有力保障。

2. 创业团队股权分配的关键要素

股权分配的关键要素涵盖了多个方面，确保股权分配符合相关法律法规的要求，避免税务、合同等法律风险，保障股权分配有效性，以确保团队的稳定。创业团队股权分配的关键要素如下。

(1) 创始人持股策略。创始人通常拥有最大的股权比例，以确保对公司的绝对或相对控制权，也反映了其承担的风险和对团队的影响。创始人应具备高度的政治觉悟和社会责任感，确保企业的战略方向符合党的二十大精神和国家发展大局中的战略定位。同时，创始人应关注团队成员的成长和发展，确保股权分配能够激励团队成员为企业的长期发展贡献力量。

(2) 合伙人股权激励。股权激励计划是吸引和留住人才的重要手段，通过为员工、顾问、合作伙伴等预留一定比例的股权，以奖励他们的贡献并激发其持续努力。对于核心合伙人，应根据其贡献、经验、能力等因素，给予相应的股权激励，以绑定核心团队，共同推动公司发展。

(3) 投资人股权安排。在融资过程中，应合理安排投资人的股权比例，既要保证投资人的利益，又要避免股权过度稀释，影响创始人对公司的控制权。

(4) 退出机制设计。设计合理的退出机制，如股权转让、回购条款规则等，以应对团队成员变动或团队解散时的股权问题，并确保股权结构的稳定性和连续性。随着团队和业务的发展，股权结构应动态调整，因此，建立灵活的调整机制是保持股权结构与团队战略和目标一致性的关键。创业者应具备法治意识，确保退出机制的设计符合国家法律法规的要求，避免因股权问题引发的法律风险。

当然，在股权分配的过程中，应保持一定的透明度，确保所有团队成员对公司股权结构有清晰的了解，减少误解和猜疑，并保持团队成员的充分沟通，确保各方利益得到平衡，减少内部冲突。随着公司的发展和市场环境的变化，股权分配应不断调整和完善，以适应新的挑战和机遇。

创业团队的股权分配是一项复杂而细致的工作，它要求创业者不仅要具备战略眼光，还要具备法律意识和沟通技巧。通过科学合理的股权分配，可以激发团队成员的积极性和创造力，为公司的发展注入持久动力。股权分配应秉持“与帮助你创造价值和财富的人一起分享财富”的理念，这将使创始人不再纠结于持股的百分比问题，而关注如何把企业做大做强。

案例思考与创新实训

案例与实训一：DeepSeek 创业团队，开辟 AI 时代的“中国式创新样本”

2023 年 7 月，一家注册资本 1000 万元、初始团队仅 4 人的小公司——深度求索 (DeepSeek) 悄然成立。彼时，AI 大模型赛道已被百度、讯飞等巨头公司垄断，动辄百亿级的投入让中小玩家望而却步，但 DeepSeek 的创始人梁文锋却开创了一条截然不同的道路。

梁文峰 17 岁考入浙江大学、30 岁创办千亿量化私募“幻方量化”，在金融领域功成名就后，毅然转身投入 AI 大模型的研发战场，用量化思维做 AI，用极致的效率优化和开源生态，挑战技术高墙和成本壁垒。

一、团队构成：一群“没包袱”的本土年轻人

DeepSeek 拥有独特的团队基因，团队成立初期仅 4 人，半年内增长到约 140 人，但团队始终坚持“小而美”的组织模式，保持扁平化管理。团队中，工程师占比超 90%，无冗余层级，决策链路极短。一名员工透露：“我们的周会只有技术讨论，没有 PPT 汇报。”

团队坚持纯本土化，不依赖海归人才，甚至刻意避免引入“大厂思维”。DeepSeek 对人才的核心标签是“年轻高潜”，极致偏爱没有经验的年轻人：1998 年左右出生，工作经验最好不超过 5 年。在这里，经验不足成为优势。DeepSeek 提倡用纯粹的技术热情对抗行业惯性，克服思维定式，敢于尝试非常规路径。

DeepSeek 从不要求员工全能，技术宅就专注敲代码，社牛就负责团队的资源整合和对外合作，注重细节把控的员工就去干确保项目的质量和用户体验的活。通过优势互补和团队合作，实现“1+1>2”的效果。

二、团队成长：认真鼓励创新

DeepSeek 这一创业团队代表了国内新一代年轻人的创新精神，他们通过各种方式突破思维局限，展现了更加开放和自信的视野。

创始人梁文锋在采访中谈道：“我们每个人对于卡和人的调动是不设上限的。如果有想法，每个人随时可以调用训练集群的卡，无须审批。同时，因为不存在层级和跨部门，也可以灵活调用所有人，只要对方也有兴趣。”

DeepSeek 团队有个变态的时间管理术，要求把通勤时间、排队时间、睡前 15 分钟都计划起来而不是只刷手机。利用碎片时间听书充电、进行灵感速记、复盘……比如，在等公交时听几页专业知识，排队买咖啡时构思项目方案，睡前 15 分钟总结一天得失并规划

第二天任务，让每分每秒都充满价值。通过充分利用这些碎片化的时间，他们能够在繁忙的生活和工作中不断汲取新知识，并提升自身能力。

团队的第一个 AI 模型曾经烂到被嘲“人工智障”，但他们仍然坚持每周迭代！梁文峰坚信：“完成比完美重要 100 倍！”你的急救方案就是制定 72 小时定律，想到就做，别超过 3 天，敢于第一时间发布“丑陋的初版”，供同伴们来批判。设置“摆烂额度”，允许自己每月有 3 次搞砸。这种勇于尝试、不怕失败的精神，让他们在快速的试错中不断成长和进步。通过接受不完美，才够更加勇敢地面对挑战，及时调整策略。

DeepSeek 团队开发 AI 时，把每个技术难关都设计成“BOSS 战”，通关就团建吃火锅，打怪攻略就是给自己设置“金币奖励”，比如完成目标买皮肤、找学习搭子、用 AI 工具提高效率。这种游戏化的激励机制，让枯燥的技术攻关变得有趣且充满动力。就像在游戏中不断挑战自我、突破极限一样，他们在 AI 的世界里披荆斩棘、勇往直前。这种寓教于乐的方式，不仅提高了工作的积极性，还能激发团队的创新思维。

DeepSeek“小团队 + 高潜力人才 + 极致效率”的模式改写了行业格局，一群年轻人用理想主义与技术信仰，开辟 AI 时代的“中国式创新样本”。正如梁文锋所言：“创新从来不是资源的堆砌，而是思维的解放。”

（资料来源：根据网络公开资料改编）

案例思考与实训：

(1) 创业者的素质与能力是如何养成的？

(2) 与传统创业团队相比，该创业团队有什么特征？

(3) DeepSeek 团队的管理有什么值得借鉴的地方？

(4) DeepSeek 团队有什么创新举措？为激发团队的创新，你还能想出哪些做法？

案例与实训二：长沙食材配送版“中国合伙人”的创业传奇

在长沙开福区四方坪街道，长沙树袋熊餐饮文化管理有限公司（简称树袋熊公司）的创业故事如同一部充满热血与梦想的励志电影，讲述着 3 名志同道合的伙伴如何在食材配送领域披荆斩棘，书写了一段令人赞叹的创业佳话。

一、创业之初：选择合伙人比投入资金更重要

故事的起点要从创始人夏进军说起。夏进军，一个祖籍辽宁的汉子，2003 年为了爱情，毅然决然地放弃了在北京的稳定工作，来到长沙警备区，开始了全新的生活。在这里，他结婚生子，扎根下来。2010 年，从长沙警备区复员转业时，夏进军再次做出了一个大胆的决定——放弃安稳的公职岗位，投身于充满未知与挑战的创业之路。

转业后，夏进军的第一份工作与粮油配送相关。2011 年，他带着满腔的热忱和转业费，在高桥大市场开启了粮油批发的生意之旅。出身农村家庭的他，历经 12 年部队的磨砺，骨子里满是吃苦耐劳的精神。他虚心向同行请教，穿梭在高桥的大街小巷，并且凭借部队后勤工作积累的丰富经验，很快便对食品的选择、储存和运输了如指掌。短短 5 年时

间，他销售的花生米年批发量高达1800多吨，成绩斐然。

然而，随着市场经济的不断发展，信息透明度不断提升，食品流通行业的利润空间被逐步压缩，实体店经营面临着前所未有的挑战。夏进军的事业也在这一背景下陷入了瓶颈期。他敏锐地意识到，在这样的市场环境下，唯有转型才是破局的关键。

2017年，一个偶然的契机，夏进军踏入了团餐行业，担任一家团餐公司的运营管理工作。在这里，他结识了陈锦和吴颖。3人初次见面，便如同相识已久的故交，彼此在交流中发现，他们不仅有着共同的志趣，还对未来有着相似的憧憬。这种难得的默契，让他们迅速成为挚友。

2020年，创业的浪潮在时代的风口翻涌。夏进军和陈锦怀揣着炽热的梦想，渴望干出一番事业。在这份壮志的驱使下，他们毅然决然地辞去安稳工作，背上行囊，勇敢地踏上了充满未知与挑战的创业征程。创业之路荆棘丛生，每一步都充满艰辛，但他们从未退缩。

2022年，这两名在风雨中并肩前行的创业者，怀着对未来的无限期许，诚挚地邀请吴颖加入他们的创业阵营。至此，3名志同道合的伙伴汇聚在一起，宛如3把利刃，合并成一股锐不可当的力量。他们3人优势互补，相得益彰：吴颖年轻有为，执行力堪称一绝；陈锦吃苦耐劳，总是面带微笑，为团队提供着无可替代的情绪价值；夏进军行事果断、雷厉风行，对所专注的领域有着深入的研究和专业的见解。

二、创业之路：披荆斩棘，共克时艰

公司成立后，迎来了第一单生意——承包雨花区环保科技园的一家企业食堂。尽管这单生意面临着就餐人数少、利润微薄的问题，夏进军也没有丝毫犹豫，坚定地接下了这个项目。他说："这不仅是对我们团队的一次历练，更是培育团队精神的绝佳机会。"

可谁也没想到，接单还不到一个月，疫情就如一场突如其来的暴风雨，席卷而来。受疫情影响，管理人员一旦离开园区便无法返回。但负责项目的陈锦没有丝毫退缩，她和工人们在库房内用几张椅子临时拼凑成床铺，一守就是两个多月。那段日子里，陈锦每天都忙得像个不停旋转的陀螺，不仅要协调食堂的日常运营，安排好每一顿饭菜，还要时刻关注工人的情绪变化，安抚大家焦虑的心情，更要保障食材的稳定供应。她每天天不亮就起床，仔细查看食材的储备和制作情况，只为确保每一道菜品的口味都能满足员工的需求。

在承包食堂的过程中，夏进军凭借敏锐的市场洞察力，发现了食材配送市场所蕴含的巨大潜力。2022年4月，他当机立断，将树袋熊公司的业务拓展至食材配送领域。团餐和食材配送，这两大业务领域通常是相互独立运作的，像他们这样既做团餐又做食材配送的企业并不多。夏进军解释，由于之前在团餐领域的丰富经验，他们对食材的品质和安全管控有着极高的要求。从甲方到乙方的角色转换，使他们更加了解甲方的需求，从而在这一领域占据了独特的优势。

创业之路并非一帆风顺。决定转行做配送的那一刻，团队成员内心充满了期待与压力。兴奋来自探索新领域的新鲜感，而沉甸甸的压力则源于对未知挑战的担忧。当时公司条件差，没有配送车，也没有专职配送员，3人便自己上阵，当起了司机、搬运工。每次食材配送到位后，他们还主动帮忙清扫仓库、整理食材，用真诚和热情赢得了客户的好感与信任。

吴颖负责商务接单工作。她每天的工作忙碌而繁杂，不仅要上传数百份食材检测报告，向客户展示食材的安全与品质，还要深入调研市场价格，时刻掌握市场动态，同时用心维护客户关系。2024 年底，湖南省教育电视台录制节目时，每天需要 500~700 份盒饭。吴颖带领办公室人员日夜坚守岗位，精心调度，确保食品安全零投诉。那段时间，吴颖每天都忙得不可开交，她不仅要与供应商密切沟通食材的供应情况，还要根据客户的反馈及时调整菜单，力求每一份盒饭都能让客户满意。

三、创业成果：稳扎稳打，屡创佳绩

经过团队的不懈努力，树袋熊公司在食材配送领域逐渐站稳了脚跟。2024 年 6 月，在芙蓉区教育局 A 区学校的食材配送招标中，树袋熊公司在 5 家强劲的供应商中脱颖而出，成功拿下 9 所学校的配送合同，年销售额达 260 多万元。

公司已经形成了以食材配送为主、团餐为辅的业务结构。在树袋熊公司承接的食材配送业务中，中小学和幼儿园占据了相当大的比重。在 2024 年 4 月芙蓉区教育局举办的食品安全评比中，由他们负责食材配送的 5 所学校中，有 3 所荣获食品安全优秀单位的称号，而树袋熊公司也被学校授予食材配送优秀企业。

夏进军深知食品安全的重要性。他强调，只有亲临一线，才能掌握最真实的情况。因此，每周一、周三，公司管理层都会深入长沙海吉星批发市场食材集采中心，忙碌于盘点库存、验收物品、排查问题。这种对食品安全的极致追求，赢得了客户的广泛赞誉和信任。

目前，公司已经发展成为年销售额超 3000 万元的全国优秀餐饮企业。回首往昔，夏进军感慨良多："正是军队的磨砺，锻造了我的意志，拓宽了我的视野，赋予我冲破难关的勇气。"而陈锦和吴颖的加入，更为团队注入了新的活力和动力。他们 3 人携手共进，共同书写了这段令人赞叹的创业佳话。

在树袋熊公司，老板和员工"在一起"，这里没有上下级关系。夏进军虽然有一间单独的办公室，但是他在那里待的时间很少，大部分时间都和员工在一起。公司有一间大办公室，进门第一个就是夏进军的工位。他十分珍视和同事的关系，认为能够和大家在一起工作是一种缘分。这种以人为本的管理理念，使得公司团队凝聚力极强，让大家愿意共同努力，为公司的发展贡献自己的力量。

（资料来源：根据网络公开资料改编）

案例思考与实训：

(1) 树袋熊公司创业者创业成功的关键因素有哪些？

(2) 树袋熊公司创业团队有什么特征？

(3) 树袋熊公司创业团队组建经历了哪些关键阶段？

(4) 你觉得目前模拟创业项目的团队有哪些改进的方向？可以采取哪些举措进行改进？

项目与创新体验

组建并管理创业团队

1. 项目依托

(1) 小组成员感兴趣的创业项目。

(2) 在历届中国国际大学生创新大赛比赛项目中，选择一个感兴趣的项目。

(3) 小组成员正在实践的创业项目。

2. 团队组建

学生根据自己的兴趣和对项目的理解，自由选择想要参与的创业项目，并在教室中自由走动，寻找志同道合的队友，组建3~5人的创业团队。

3. 团队任务

各团队拿到项目任务卡片，明确团队组建任务。

(1) 团队成员相互交流，介绍自己的优势、特长和经验。

(2) 根据项目需求和成员特点，确定团队成员的角色分工，如项目经理、技术负责人、市场负责人、财务负责人等，并填写团队成员信息表。

(3) 开展一次团队的头脑风暴活动，制定团队的管理规则，讨论团队的创业项目选择问题。

(4) 设计一份创业团队的简单股权方案。

【拓展阅读2-4】创新方法：头脑风暴法

4. 团队展示

团队进行5分钟左右的展示。展示内容包括团队名称、团队口号、团队成员介绍、团队组建的思路和理由，以及对所选创业项目的初步规划和愿景。

5. 活动准备

(1) 提前准备多个不同类型的创业项目主题，如餐饮、科技、文化创意等，每个主题附带简单的项目背景介绍和市场分析。

(2) 制作任务卡片，包括团队组建任务、角色职责介绍、时间节点等内容。

(3) 准备评分表，用于对各团队的表现进行评价。

练 习 题

一、单项选择题

1. 创业团队最有效的激励方法是(　　)。

A. 制定团队发展愿景　　B. 激发创业激情

C. 展示创始人的魅力　　D. 合理的股权设计

2. 创业团队是指（　　）。

A. 在创业过程中，能够技能互补、风险与收益共担、愿意为共同的创业目标奋斗并且能够创造价值的群体

B. 集体创业

C. 合伙创业

D. 一种特殊的群体

3. 初创团队最适合的管理模式是（　　）。

A. 扁平化管理模式　　B. 矩阵式管理模式

C. 功能型管理模式　　D. 平台化管理模式

二、多项选择题

1. 什么样的人适合一起创业？（　　）

A. 技能互补的人　　B. 同学或朋友

C. 有共同目标的人　　D. 能共担风险的人

2. 创业者的特征有（　　）。

A. 抗风险能力强　　B. 感性

C. 害怕失败　　D. 成就动机

3. 创业者的创业动机有（　　）。

A. 追求财富　　B. 自我挑战

C. 机会驱动　　D. 生存需要

4. 创业者应具备的素质有（　　）。

A. 风险意识　　B. 坚定的意志

C. 独立自信　　D. 领袖精神

5. 星状创业团队的特征有（　　）。

A. 核心人物个人魅力大　　B. 决策效率低

C. 决策程序简单　　D. 团队结构紧密

6. 网状创业团队的特征有（　　）。

A. 没有核心人物　　B. 决策效率低

C. 团队冲突容易发生　　D. 结构松散

7. 创业团队的构成要素有（　　）。

A. 人员　　B. 定位

C. 目标　　D. 权限

8. 创业团队的组建原则是（　　）。

A. 互补协同　　B. 不起冲突

C. 志同道合　　D. 开放创新

9. 创业团队股权分配的原则有（　　）。

A. 公平合理　　B. 控制权集中

C. 动态调整　　D. 法律合规

三、判断题

1. 均分股权有利于创业团队和谐发展。（ ）
2. 创业团队的冲突很少发生。（ ）
3. 一个人可以在创业团队中扮演多种角色。（ ）
4. 每个人在创业团队中只需要清楚自己的角色即可。（ ）

四、简答题

1. 为什么创业者与创业团队被认为是创业成功的关键因素？
2. 创业团队的管理模式有哪些？分析不同管理模式的优缺点及其适用场景。
3. 创业团队在合作过程中可能会遇到哪些冲突？如何通过有效的冲突管理机制来化解这些冲突？
4. 创业团队的股权设计应遵循哪些原则？请结合案例，分析股权设计在创业团队中的重要性。
5. 什么是平台化管理？平台化管理在创业团队中的应用有哪些优势？
6. 创业团队与普通团队的差异体现在哪些方面？

第 3 章 寻找创业机会

在新时代的征程中，创业不仅是推动经济社会发展的重要动力，也是实现个人价值、服务国家和社会的重要途径。同时，创新、协调、绿色、开放、共享的新发展理念，也为创业提供了鲜明的方向指引。创业机会作为创业过程的核心要素，其发现和开发正是这一理念的具体实践。识别与评估市场机会是创业过程的起点，也是创业过程中的一个关键阶段。本章将重点介绍什么是创意，什么是创业机会，创意与创业机会的关系是什么，真正的创业机会具有怎样的特征，如何从问题中寻找创业机会，如何从市场调研中寻找创业机会，如何评价创业机会。

学习目标

1. 理解创业机会的内涵和特征。
2. 掌握创业机会的来源。
3. 掌握从问题与市场调研中寻找创业机会的方法。
4. 掌握创业机会的评价方法。

【导入案例】

码尚的创业机会识别之路

码尚 (MatchU) 成立于2016年1月，主要从男士衬衫品类切入，为男士定制个性化服装。企业创始团队成员钱宝祥和刘祥是上海交通大学安泰经管学院同一级的同学，两个人的宿舍是斜对门。2015年，他们选择的第一个创业方向是老年人社交，结果发现老年用户其实微信玩得很好，项目无疾而终。有过一次创业经历后，他们共同的认知是，要选择大的赛道，一定不能是伪需求。于是两个人沿着衣、食、住、行的维度寻找合适的机会。

在“食”的方向上，饿了么完成了E轮融资，他们的校友张旭豪正是创投圈的当红新星；“住”在他们印象中是重资产行业，自然要排除在外；在“出行”领域，滴滴和快的刚刚合并，且与Uber的战争还在继续……一路分析下来，两个人觉得只有服装行业还没有被互联网更好地改造，新项目的方向便锁定在这里。刚好钱宝祥的母亲曾开过服装厂，刘祥又做过推广服装产品的淘宝客服，能力算是匹配。

当年创投圈很流行的一个词是“痛点”，钱宝祥和刘祥分析服装行业有什么痛点，他们找到的第一个痛点是搭配。2016年，围绕着搭配，团队先后尝试了两个方向。男生不会搭配，女生会搭配，最早做的“美丽搭配”项目就是把女生搭配好的方案推荐给男生购买。结果落地的时候发现，愿意花精力搭配男装的女生并不多，搭配出来的方案也并不专业。之后团队做“Hi Morning”则是每天早上根据天气情况，为用户推荐适合的搭配方案，但这很难触发消费者的购买行为。

这个过程中，因为涉及商品供应链，团队开始深入接触服装行业的从业者，逐渐认识到服装行业最大的痛点不是搭配，而是库存。2016年上半年，A股40家上市服装企业期末存货总量为348.5亿元，这一数据达到净利润的7倍有余。烯牛数据显示，2016年末，服装行业库存比年初增减率高达70.9%。当时一名服装企业高管表示，服装企业消化这些库存至少需要3年时间。2012年起，服装零售行业爆发了全面的库存危机。人口红利触达天花板，利润的高速增长难以为继，但企业的经营思路仍停留在规模化扩张的惯性上面。一边消费需求的增速已经放缓，另一边还想着开店、生产、跑马圈地，两者冲突导致的库存积压问题一直延续到近两年仍未完全解决。对于服装品牌来说，有两种模式可以从根本上解决库存的问题。一种是SPA模式，如H&M、Zara等国际品牌，把策划、生产、销售全部抓在手里，通过垂直纵向整合打通行业链条，从而实现对整个产业链的高效管理。另一种是C2M(Customer-to-Manufactory)，即用户订多少，工厂就生产多少。定制便属于这种模式。

2016年底，码尚团队开始尝试利用AI技术打造在线定制平台。此时，团队才算是找到了靠谱的创业方向。他们对于痛点的理解，一开始只局限于消费者的角度，后来慢慢扎进行业里面，站在整个产业链的视角思考生意的本质，终于拨云见日。即便是找到了靠谱的方向，团队在切入点的选择上还是出现了失误。

最初团队选择的切入点是西装，一边在线上做信息流广告的投放，一边在校园里向金融、法律等专业的学生推广。市场反馈的结果让大家心灰意冷，无论线上还是线下，西装都很难卖得出去。信息流广告没办法跳转到购买页面，只能先留客户资料，所以当时码尚有一名客服专门负责用微信联系用户。在操作中团队明显感受到用户并不信任这种AI量体的模式，需要客服费口舌去解释码尚是怎么计算尺码的，通常一串话解释完了，用户也就不再回信了。某天工作结束后，团队一起去吃烧烤，其间一个人弄脏了衬衫，他随口说了一句，晚上回去如果洗不干净，可能要再买新的了。这句话一下子点醒了在座的几个人，他们突然意识到，衬衫对于商务男士来说是一个巨大的消耗品。当即大家商量决定以衬衫作为切入点，试试市场的反馈如何。第二天，团队熬了一个通宵，将之前的产品页面推翻重做。那时公司还没有设计，团队匆忙找到供应商，挑选了几种面料，用手机拍出效果图就先放到平台页面使用。第三天，广告审核通过，产品上线，仅有的一名客服忙不过来了，几个创始人也上阵充当客服，顺带问用户："是什么吸引你来关注我们？"

之所以衬衫有人买，西装没人买，是因为即便用户依然不信任AI定制，但是衬衫199元的价格是他们愿意承受的试错成本，相比几百元、上千元的西装的购买决策，衬衫的购买决策自然变得轻松起来。到现在，衬衫依旧是推广中的敲门砖。码尚在初次获客时，主要呈现的都是199元的定制衬衫，等到用户复购时，再推荐休闲裤、羊毛衫、大衣等其他商品。顺着这个逻辑，直到2018年种拓展品类之前，码尚平台上只有衬衫一种商品。

（资料来源：杨泽华．从濒临倒闭到融资过亿，大学生创业如何靠AI定制实现日销售额100万元，见https：//baijiahao.baidu.com/s？ id=1628308572663366797&wfr=spider&for=pc）

思考题

1. 你认为什么是创业机会？码尚创业团队所识别的创业机会展现了哪些典型特征？
2. 如何理解"创业机会的识别并非是一蹴而就的"这句话，请结合案例谈一谈。

3.1 创业机会概述

创业机会，作为创业活动的核心驱动力，承载着满足市场需求、创造价值的使命。它不仅仅是一个简单的商业概念，更是一种对未知领域的探索和对新机遇的敏锐洞察。无论是传统行业的转型升级，还是新兴领域的崛起，都为创业者提供了丰富的创业机会。通过深入研究这些机会的来源和特征，创业者能够更好地把握市场脉搏，发现潜在商机，进而实现个人和企业的成功发展。

3.1.1 创业机会的内涵

创业机会隐藏在市场需求之中，等待着有识之士的发掘与利用。创意作为创业活动的起点，为创业机会的孕育提供了肥沃的土壤。然而，从创意到创业机会的转变并非一蹴而就，它需要经历一系列的验证、优化与实践过程。在这一过程中，对创业机会内涵的深入剖析，有助于创业者更加精准地把握市场动态，有效整合资源，从而开创自己的商业天地。

1. 创意与创业机会

创业机会源于创意。创意是具有创业指向同时具有创新性甚至原创性的想法。这种创业指向性是指在产生创意后，人可以很快甚至同时将其发展为可在市场上进行检验的商业概念。由此可见，创意并不是单纯的奇思妙想，而要源于实践，并具有一定的现实意义的思维。

一般来说，有价值潜力的创意主要具有以下特征：新颖性、真实性和价值性。新颖性主要表现为新的技术和新的解决方案、差异化的解决办法，或者更好的措施等，具有新颖性的想法不仅有利于在未来创业过程中吸引消费者和投资人，也将在一定程度上加大竞争者的模仿难度。真实性主要指有价值的创意绝对不会是空想，而要具有实用价值，会为消费者带来满足其真实需求的产品或服务。价值性则体现在好的创意不仅能够解决客户问题，为客户创造价值，也能够为创业企业带来利润，为创业者创造价值。

创业者常说："好的创意是成功的一半。"由此可见，创意是创业机会的基础。尽管创意都很有趣且能触发创业激情，但并非所有的创意都能提供让创业者追求的机会。也就是说，创业机会虽然常常来自一些富有想象力的创意或想法，但并不是每一个创意或想法都能带来投资回报，都能成为创业机会。

2. 创业机会的概念

创业机会是创业的核心与基础。熊彼特认为创业机会是通过创造性地整合资源，满足市场需求并创造价值的一种可能性。伊斯雷尔·柯兹纳指出，机会的最初状态是"未精确定义的市场需求或未获得利用/未得到充分利用的资源和能力"。本教材认为，创业机会是具有商业价值的创意，是预期能够产生价值的清晰的"目的—手段"组合。"目的"是指满足顾客的需求，解决顾客意识到或没有意识到的实际问题；"手段"是指创业者创造和提供的能够解决顾客问题的产品或服务。

创业机会是将"目的"与"手段"进行连接与匹配，即将消费者所遇到的问题或尚未满足的需求与创业者所提供的产品或服务联系在一起。不同的创业机会是"目的—手段"的不同组合。例如，摩拜单车的创始人胡玮炜正是识别到人们"最后一公里出行"的问题，进而匹配"共享单车"这一手段，最终发掘和转化了共享出行服务的新的创业机会。

3.1.2　创业机会的特征

在现实中，许多新创企业的失败并不是因为创建企业的创业者没有努力工作，而是因为从开始的时候就没有真正的机会。由此可见，创业者在因为找到好的创意而激动兴奋之前，了解创意是否满足了人的某种需求以及是否符合创业机会的标准至关重要。那么，到底什么样的创意才是真正的创业机会，即创业机会的特征是什么呢？

真正的创业机会往往具有以下四个特征：有吸引力、可利用性、时效性和经济性。

(1) 有吸引力。这种吸引力不仅体现在创业机会能通过解决问题、满足需求吸引顾客，也体现在其能够为创业者和投资人创造价值而吸引他们开发、投资这一创业机会。

(2) 可利用性。创业机会能够为消费者或终端用户提供有价值的产品、服务或业务，并且能够解决用户“痛点”。反之，一种产品或服务不能给用户带来价值，反而制造麻烦，那么肯定不能构成创业机会。

(3) 时效性。创业机会只有在机会窗口期内去开发，才能使创业者获得足够的市场收益。机会窗口描述了企业实际进入新市场的时间期限。通常，机会窗口只会在某一特定时间段内打开，且开放时间相对短暂。因此，需要创业者利用自身的机会开发能力，在机会窗口开放期内快速做出反应，整合资源并尽快形成解决方案。

(4) 经济性。开发创业机会，不但可以弥补在创业过程中所投入的成本，还可以使创业企业获取一定的利润。无论对于一般性的商业创业，还是对于以解决社会问题为首要目标的公益创业来说，创业者都需要注意项目本身的造血能力，是否能够实现一定的经济利益和价值。如果最终推向市场的产品或服务无人问津，或在销售之后使创业企业无利可图，那么这都不能称为创业机会。

3.1.3　创业机会的来源

创业机会源于未被满足的市场需求、日新月异的变化、创业者的个人兴趣爱好等，它们为创业者提供了无限的可能性，引导创业者发现商机、创新产品和服务。通过敏锐地捕捉这些来源，创业者能够开发出独特且有价值的商业模式，为市场带来新的活力和增长点。

1. 尚未解决的问题

顾客所面对的问题，即顾客尚未满足的需求是创业机会的重要来源之一。每个人在生活中都会遇到各种各样的问题，它们在日常生活中表现为人们的抱怨以及遇到的麻烦。在现实中，许多创业者的机会灵感都源于他们及其身边的家人、同学、朋友在生活中遇到的各种问题。例如，国内知名运动社交平台 keep 的诞生，源于其创始人王宁痛苦的减肥经历。同样，饿了么的创始人张旭豪，其创业想法源于大学期间，有一次和室友在半夜饿肚子的时候想打电话叫餐，却找不到餐厅的问题。生

【拓展阅读 3–1】饿着肚子一夜长谈出的创业梦

活中的问题有很多，关键需要做生活的有心人，在遇到问题的时候不要去抱怨，而是要多去思考这些问题、抱怨以及麻烦可能带来的创业机会。

2. 变化趋势

人们常说，当今时代唯一不变的就是变化。对于创业者来说，没有变化就没有机会。创业者不应逃避变化，而要把握机遇，创造性地利用变化。这些变化主要包括技术变革、政策和制度变革、社会和人口结构变革、产业结构变革。

(1) 技术变革。随着技术的不断进步和变化，新的创业机会应运而生。新技术和新功能的出现，不仅使得旧技术被替代，也催生了技术的全新应用方式，并且改变了企业之间的竞争格局，为创办新企业提供了更多可能性和更大空间。例如，近年来，随着 5G、人工智能、物联网等技术的迅猛发展，智能手机的功能和性能得到了极大的提升。这些技术变化不仅使得手机更加智能化、便捷化，也为创业者提供了丰富的创业机会。一些新企业利用 5G 技术的高速传输和低延迟特性，开发出各种创新应用，如远程医疗、虚拟现实游戏等。同样，人工智能技术的普及也为创业者带来了全新的机遇。通过应用人工智能技术，企业可以实现自动化生产、智能客服、个性化推荐等功能，提高生产效率和客户满意度。创业者开发出了各种智能产品和服务，如智能家居、智能穿戴设备等。

(2) 政策和制度变革。政策和制度变革打破了传统的禁区和障碍，为创业者提供了前所未有的广阔空间。首先，政策变革即政策的调整。例如，“双碳”政策为新能源开发、节能技术研发、碳捕捉和利用等领域创造了前所未有的发展机遇。其次，政府通过制度创新，不断适应时代的变化，为创业者提供了更加广阔的舞台。在数字经济时代，政府推动数据共享和开放，鼓励企业利用大数据、人工智能等技术进行创新，为科技创业者提供了难得的机会。最后，政策和制度变革还促进了市场环境的优化。政府通过简政放权、优化服务，减少了企业的运营成本，提高了市场的公平性和透明度。在这样的市场环境下，创业者可以更加专注于产品和服务创新，而无须过多担忧政策的不确定性和市场风险。

(3) 社会和人口结构变革。社会因素的动态演变，包括社会文化、社会习俗、社会公众的价值观念等，均深刻影响着创业图景。以社会文化变迁为例，当代健康意识觉醒正颠覆传统消费模式——中国 Keep 健身 App 用户量破 3 亿，印证了都市人群对健康生活方式的追求。中国“泡泡玛特”盲盒经济撬动千亿市场，这些案例共同揭示出锚定于社会变迁的经纬线，有助于创业企业在需求迭代中捕捉创业蓝海。人口结构变革也为创业提供了重要机遇。例如，老龄化社会的加速到来催生了银发经济新需求，65 岁以上群体对适老化智能设备、康养服务和老年教育产品的需求激增，这为创业者开辟了专业照护机器人、老年文娱社交平台等创业领域；家庭结构的小型化与多元化趋势显著，独居青年和丁克家庭比例持续攀升，推动“迷你经济”蓬勃发展，单人食预制菜配送、宠物情感陪伴服务和智能家居解决方案成为创业热点。

(4) 产业结构变革。产业结构剧变深刻重塑着商业生态，为创业者打开了多维突破窗口。行业巨头的消亡或并购常引发市场地震，其腾退的空间成为创业者切入的缺口。例如，传统零售巨头收缩时，社区团购和即时零售模式迅速补位。技术迭代与需求升级的双重驱动，正在瓦解传统竞争壁垒。互联网金融企业以 AI 算法重构风控体系，突破银行网点覆盖局限；新能源车企以换电模式创新，改写燃油车消费逻辑。此外，需求端的结构性转变更具爆发力。银发经济催生的智慧养老设备、辅助医疗机器人等赛道，已诞生多家独角兽企业。跨界融合创造了指数级增长的可能，生物技术与信息科技交叉孕育出基因测序新物种，消费级 MR 设备融合了娱乐与社交属性。创业者需在产业裂变中建立“生态雷达”，既捕捉垂直领域的断层机遇，又关注技术融合诞生的新物种，以跨界思维重构价值链条，方能在产业重构浪潮中占据潮头。

【拓展阅读 3–2】中国宠物行业发展潜力十足，未来市场空间广阔

3. 个人兴趣、爱好

当开始探索创业道路时，从自身出发寻找创业机会是一个自然且明智的选择。每个人都有自己独特的兴趣爱好、专业背景和职业经历，这些元素不仅塑造了人的个性和思维方式，也提供给个人丰富的创业灵感和机会。首先，兴趣爱好是个人内心真正热爱的领域，也是个人愿意投入时间和精力去钻研和探索的领域。因此，将兴趣爱好转化为创业项目，不仅可以让创业者保持对工作的热情和动力，还能使其在追求事业成功的同时，享受到工作的乐趣。其次，专业背景是经过系统学习和实践所积累的知识和技能。这些知识和技能不仅为创业者提供了在特定领域内的专业见解和独特优势，还为其提供了将知识转化为实际产品或服务的能力。最后，职业经历也是寻找创业机会的重要资源。在职场中积累的丰富经验和人脉资源，可以帮助创业者更好地了解市场需求、竞争态势和商业模式，从而使其开发出具有创新性和市场潜力的产品或服务。

【拓展阅读 3–3】创业之路：从摄影爱好到多面体公司的蜕变

3.2 从问题中寻找创业机会

创业过程始于寻找创业机会，如果没有创业机会，那么创业活动会变得很盲目。因此，寻找创业机会是创业活动的关键。

创业机会是创业活动的根本驱动力，其本质源于解决用户未被满足的需求。当用户面临问题时，往往意味着现有解决方案存在缺陷或空白，这为创业者提供了突破口。创业者需通过问题发现与梳理明确痛点方向，分析、挖掘需求本质，再以重构思维创新解决方案，最终评估创业机会可行性。这一过程要求创业者具备敏锐的问题洞察力与需求转化能力，将现实矛盾转化为商业价值。

3.2.1 问题发现与梳理

从某种意义上说，创业历程本质上就是识别问题、整理问题、深入剖析问题并创造性地寻求解决问题的方案的过程。要想有效地分析和解决问题，首要条件是能够敏锐地发现

问题，并对问题有深入透彻的理解和全面的把握。在本节中，我们将从问题的价值角度出发，阐述问题发现与问题梳理的心理过程及其影响因素。

1. 问题的价值

人类发明创造的历史与心理学研究均揭示了一个深刻的道理：那些取得卓越成就的发明家、发现者，其成功的秘诀在于他们能够洞察到常人所忽视的问题。在现实生活中，我们不难发现，按照上级指示解决问题的人比比皆是，但真正擅长发掘并提出新问题的人却寥寥无几。人们往往对习以为常的现象和既有的权威结论抱有盲从和迷信的心态，而这种心态则极大地束缚了我们的发现和创新潜力。因此，只有挣脱常规的束缚，不轻易相信权威，以怀疑和批判的眼光审视周围的一切，并且勇于发掘、敢于提出其中的问题，才能在创新的道路上取得突破。

2. 问题的发现

客观世界永不停歇地在变化，我们周围每天都涌现出新的情况、新的问题。关键在于，当这些问题呈现在面前时，我们是能够慧眼识珠、敏锐捕捉，还是视而不见、漠然处之。创新者与平庸者在意识上的最大差异，就在于后者对于奇异现象习以为常、浅尝辄止，而前者则勇于探索未知、追根究底。人类创新的最大障碍，其实往往来自我们自以为已经知晓的东西。古今中外无数事实都证明，机遇总是青睐那些具有强烈质疑精神的人。他们既拥有广博的知识，能够融会贯通、集大成者；又具备革故鼎新的胆识，敢于在常规中寻找突破，在偶然中捕捉必然，从而开创出崭新的天地。因此，问题的发现需要我们关注以下两方面：一是切勿忽视那些看似平常的反常现象，它们往往蕴含着创新的契机；二是要敏锐地抓住偶然事件中的必然性，从中发掘出创新的火花。

3. 问题的梳理

发现问题和提出问题固然重要，但当有大量问题出现之后，如何有效地梳理问题，更为重要。正如乔布斯所言，梳理各种问题，尝试各种组合，才能获得想要的结果。梳理问题的方法很多，其中，问题构想法是一种常用的梳理问题的方法，即着重于围绕现实情况提出问题，通过多次提问深入探寻问题，通过系统梳理优化和筛选问题。具体方法详见第四章产品开发与创新。

3.2.2 问题界定与分析

要想正确地分析和界定问题，首要的任务是迅速准确地对问题做出恰当的判断。通常，可以从以下几个方面进行：问题的现象是什么，问题发生的时间，问题的严重程度，以及问题发生的原因等。以下三种方法有助于正确地分析和处理问题。

1. Pareto 图

Pareto 图，又被称作排列图或 ABC 分析图，源于 Pareto 定律 (80/20 原则)，这一定律揭示了在创业过程中，绝大多数的问题或挑战往往源于少数几个关键因素。Pareto 图以柱状图的形式，按照问题发生的频率进行排序，直观地展示了这一规律。它将影响因素划分为三类：A 类因素占据问题总量的 70% ~ 80%，B 类占 10% ~ 20%，而 C 类则占 0% ~ 10%。在创业实践中，利用 Pareto 图能够帮助创业者迅速锁定关键问题，从而集中资源，精准施策。

2. MECE 分析法

MECE(Mutually Exclusive Collectively Exhaustive) 的中文意思是“相互独立，完全穷尽”。其中，“相互独立”意味着问题的细分，是指在同一个维度上，有明确区分且不能重叠；“完全穷尽”则意味着全面、周密，把该想到的问题都想到了。该原则的最大优势在于对重大问题能够有效把握问题的核心，并做到不重叠、不遗漏，找到所有可能的解决办法。该方法的操作方式有以下两种。

(1) 通过类似鱼骨图的方法，在确立主要问题的基础上，再逐个往下层层分解，直至所有的疑问都找到。通过问题的层层分解，可以分析出关键问题和初步解决问题的思路。

(2) 结合头脑风暴法找到主要问题，然后在不考虑现有资源限制的基础上，找到解决该问题的所有可能方法。

3. ST 模型

ST(Situational Thinking) 模型，即“情境思考力”，是我国学者吴晓义提出的一种思维结构图。ST 模型是一个由六边形构成的思维结构图，如图 3-1 所示。在这个六边形中，从下到上问题的复杂程度越来越高，解决问题的难度越来越大；从左到右随着问题的复杂程度越来越高，解决问题所允许的时间越来越长。

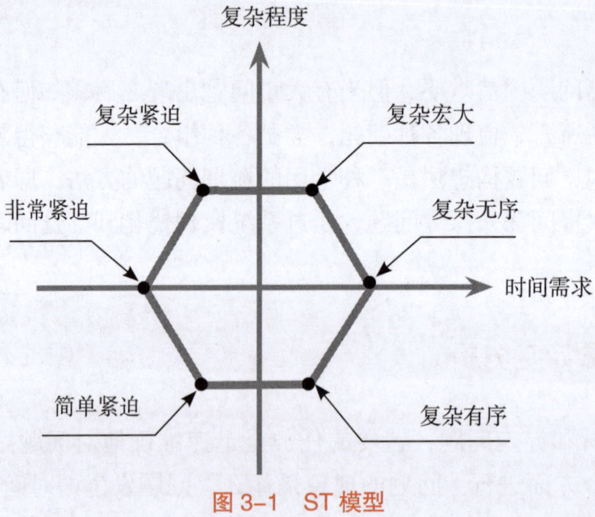

图 3-1　ST 模型

根据问题的复杂程度和解决问题所允许的时间长度，该模型提出了 6 种与之相适应的解决问题的思维方式，即类比化思维、结构化思维、发散性思维、系统化思维、模型化思维和直觉性。

3.2.3 问题重构与呈现

在创业的旅程中，要想高效地攻克难题，仅仅掌握问题的本质、明确其边界以及探究其产生的根源是远远不够的。创业者还需深刻理解问题的内在结构，并学会如何对它进行测量，即给出问题的操作定义，而这一过程实质上是对问题进行重构与呈现的过程。

1. 问题重构

心理学研究表明，整个问题解决过程与语言有着非常紧密的联系。而本部分探讨的问题重构，就是通过语言表达方式的重组，对问题进行重新构建。其主要目的是让问题变得清晰、直观和具体，从而更加有利于问题的理解和解决。

问题重构常用“HMW”提问法。“HMW”提问法是用3个英文单词，即How，Might，We作为开头提问。这种提问方法可以帮助人以简单的方式，提出易于让人理解的正确问题，还能在更大程度上激发人解决问题的信心。比如，当团队接到新项目时，大多数成员在谈论自己面临的挑战时，使用的语言表达方式都是：“我们团队可以做这个项目吗？”或“我们团队应该实施这个项目吗？”这是一种典型的抑制创新而非鼓励创新的方式。因为人们在使用“可以”和“应该”等词语时，措辞中隐含着一种判断：“我们真的可以做这件事吗？我们应该做这件事吗？”而采用HMW法进行提问时，将“可以”和“应该”替换成“怎样才能”，这个短语显然更加具有主动性。例如，“我们怎样才能拿到这个项目？”“我们怎样才能整合到我们需要的资源？”“我们怎样打开市场？”以这样的方式提出问题，不但十分清晰和具体，而且具有明确的指向性，能引导和激发团队成员去寻找解决问题的办法。

2. 问题呈现

无论在科学领域，还是在社会或生活领域，问题的呈现方式都会对问题的理解和解决产生巨大影响。具体来说，问题呈现包括如以下几方面。

(1) 问题描述。具体而准确地描述问题是问题呈现的基本要求，它可借助“5W”法进行，即“Who”，是谁遇到或发生了问题？“Where”，问题发生在什么地方？“When”，问题发生在什么时候？“What”，究竟发生了什么？“How”，问题的严重程度如何？

(2) 状态描述。状态描述即对现有状态和目标状态的描述，描述现有状态需要收集大量信息，如“和问题有关的人有哪些”“他们怎样影响这个问题”和“为什么问题还没有被解决”等。描述目标状态要简单、明确、具体，要有相关性、可达成性、可测量性和明确的期限。

(3) 问题说明。问题说明即说明问题的主要特征。具体包括说明随着时间的推移问题将产生哪些影响，说明问题的紧急程度和重要程度如何，说明这个问题应该由谁来负责，说明这个问题是属于常规问题还是特殊问题。

3. 问题画布

问题画布是一种用来呈现问题的通用语言和工具，它参照“5W2H”模型进行设计，包括 Who(谁的问题)、When(何时发生)、Where(什么地方发生)、Why(问题的产生原因)、What(问题是什么)、How urgent(问题的紧迫性) 及 How important(问题的重要性)，如图 3–2 所示。

<table>
<tr><td rowspan="2">谁的问题
(Who)

问题发生的对象</td><td>何时发生
(When)

问题发生的时间</td><td rowspan="2">问题是什么
(What)

“HMW”提问法重构问题</td><td>问题的紧迫性
(How urgent)

解决问题的紧急程度</td><td rowspan="2">问题的产生原因
(Why)

问题的深层次原因（可使用“5WHY”分析法）</td></tr>
<tr><td>什么地方发生
(Where)

问题发生的情景</td><td>问题的重要性
(How important)</td></tr>
<tr><td colspan="2">问题情境</td><td>问题重构</td><td colspan="2">问题分析</td></tr>
</table>

图 3–2　问题画布

问题画布左半部分是对问题情境的描述，通过陈述问题发生的时间、地点和对象，可以帮助团队清晰地聚焦一个问题。右半部分则是对问题的分析，包括问题的紧急性、问题的重要性和问题产生的深层次原因。中间部分是在前述基础上，对问题进行重构。其基本逻辑是：问题从哪儿来 (左半边)、问题怎么样 (右半边)、问题是什么 (中间)。

3.2.4　问题评估

面对潜在的问题，创业者需进行周密的评估，以确定这些问题中是否蕴含着值得探索的商业机会。这一评估过程涵盖了对问题的多维考量，具体如下。

(1) 评估问题的紧迫性与关键性。紧迫性聚焦于问题是否迫切需要解决，以及是否会对企业或个人造成即时的负面影响；关键性则评估问题对企业或个人长期发展的重要性。通过这两方面的评估，创业者能够明确问题的优先级，从而对资源和时间进行合理分配。

(2) 评估解决问题的复杂程度。这涉及技术实现的难易程度、市场接受度及法律法规的约束等。较难解决的问题往往伴随着更多的资源消耗和更长的解决周期，因此创业者需谨慎权衡，确保投资回报率符合预期。

(3) 评估问题的潜在效应。问题产生的效应包括经济效益、社会效益及环境影响等多个层面。通过全面预估潜在效应，创业者能更深刻地认识到问题的价值所在，进而精准判断其是否值得投入资源和时间。

(4) 评估资源、时间与风险。资源涵盖人力、物力及资金等；时间包括解决问题的周期和进度规划；风险则包括技术失败、市场波动、政策变动等不确定性因素。综合考虑这些因素，创业者能设计出更为实际且可行的解决方案。

(5) 综合评估问题的价值与潜在机会。这要求创业者深入分析市场趋势、竞争态势及用户需求，以精准定位问题的根源及可行的解决方案。同时，保持对行业动态与政策导向的敏锐洞察，以便灵活调整策略，及时捕捉市场机遇。

【拓展阅读 3-4】Keep：健身“小白”的创业之路

3.3 从市场调研中寻找创业机会

在当今日益竞争激烈的市场环境中，创业者可从市场调研中敏锐捕捉创业机会。市场调研不仅能帮助创业者更好地了解消费者的需求、偏好和行为，还能揭示行业的发展趋势和潜在市场空白，进而开发出更具有竞争力的产品或服务。此外，市场调研还能揭示竞争对手的优劣势，为创业者提供制定差异化战略的依据。本节将从市场分析、搜集信息并了解用户想法和用户需求洞察等深入探讨如何通过市场调研提炼信息，寻找创业机会。

3.3.1 PEST 分析法

PEST 分析法是一种宏观环境分析方法，可帮助创业者分析业务环境中政治 (political)、经济 (economic)、社会 (social) 和技术 (technological) 因素对企业发展的影响，进而了解企业所面临的变革“大局”力量，并利用这些因素所带来的创业机会。

(1) 政治因素，即政策、法规和法律对组织或企业的影响，具体包括政府的稳定性、政府干预的程度、贸易政策、税收政策、劳动法规等。

(2) 经济因素，即宏观经济环境对创业企业的影响，具体包括经济增长率、通货膨胀率、利率、货币政策、失业率等。

(3) 社会因素，即社会文化、价值观和消费者行为对创业企业的影响，具体包括人口结构、教育水平、消费习惯、生活方式、社会观念等。

(4) 技术因素，即科技发展和创新对组织或企业的影响，具体包括新技术的出现、技术的成熟度、技术的应用范围等。

【拓展阅读 3-5】电动汽车市场的 PEST 分析法

3.3.2 SWOT 分析法

SWOT，S(strengths) 是优势，W(weaknesses) 是劣势，O(opportunities) 是机会，T(threats) 是威胁，优势和劣势是内在要素，机会与威胁则是外在要素。SWOT 分析法是基于内外部竞争环境和竞争条件的态势分析，是将与研究对象密切相关的各种主要内部优势、劣势和外部的机会和威胁等，通过调查列举出来并依照矩阵形式排列，然后用系统分析的思想，把各种因素相互匹配加以分析，从中得出一系列相应的结论，这些结论通常带有一定的决策性。运用这种分析方法，可以对创业企业所处的情景进行全面、系统、准确的研究，从而根据研究结果制定相应的发展战略、计划及对策等。从整体上看，SWOT 分析法可以分为两部分：第一部分为 SW，主要用来分析内部条件；第二部分为 OT，主要用来分析外部条件，见表 3-1。

表 3-1　SWOT 策略分析表

<table>
<tr><th colspan="2">外部因素</th><th colspan="2">内部因素</th></tr>
<tr><td rowspan="3">外部机会 (O)</td><td rowspan="3">外部威胁 (T)</td><td>内部优势 (S)</td><td>内部劣势 (W)</td></tr>
<tr><td>SO：最大与最大策略</td><td>WO：最小与最大策略</td></tr>
<tr><td>ST：最大与最小策略</td><td>WT：最小与最小策略</td></tr>
</table>

PEST 分析法与 SWOT 分析法通常一起使用。这两个工具应用的重点领域不同。PEST 分析法着眼于可能影响决策、市场或潜在新业务的“全局”因素。SWOT 分析法侧重于业务、产品线或产品级别的影响因素。两个工具相互补充。

3.3.3　行业分析

行业分析对于创业者确定市场机会、评估竞争环境、预测未来趋势、制订商业计划，以及吸引投资者发挥着积极作用。其分析重点在于了解影响创业企业潜在盈利能力的要素和条件，是市场分析中最为重要，也是难度最大的内容。本部分主要从行业现状及产业链、行业生命周期和市场天花板 3 个维度进行分析。

1. 行业现状及产业链

分析行业现状需要了解所要进入的行业是什么、行业规模与细分情况、如何运作、标杆企业有哪些、竞争壁垒等。行业现状分析的具体方法包括 3 种定性方法，即 5W2H 方法、产业链绘制法和一种定量方法。

(1) 5W2H 方法。5W2H 即 Who (有谁在？)、What (给消费者提供的价值是什么？都在提供什么？)、Why (为什么这样做？)、Where (都在哪里做？)、When (何时做的？)、How to (如何配合与分工？)、How much (如何赚钱？)。

【拓展阅读 3-6】产业链绘制法具体步骤

(2) 产业链绘制法。行业的整体与细分可以通过绘制产业链地图通盘了解，公司标杆可以通过商业模式画布进行深入了解。

(3) 定量方法。这里的定量方法是指对市场规模进行预估，具体的做法是通过分解问题与收集一手和二手数据进行估算。市场规模可以理解为该行业的总交易额，推算方式包括自上而下和自下而上两种。

① 自上而下，是基于宏观层面的数据进行拆解的估算。其优点是速度比较快，缺点

是精度比较低。

② 自下而上，即将市场拆解成小区域市场逐一叠加测算。其优点是精度比较高，缺点是测算成本较高。

2. 行业生命周期

行业生命周期是指行业从出现到完全退出社会经济活动所经历的时间，主要包括四个发展阶段：初创期、成长期、成熟期、衰退期(图 3-3)。

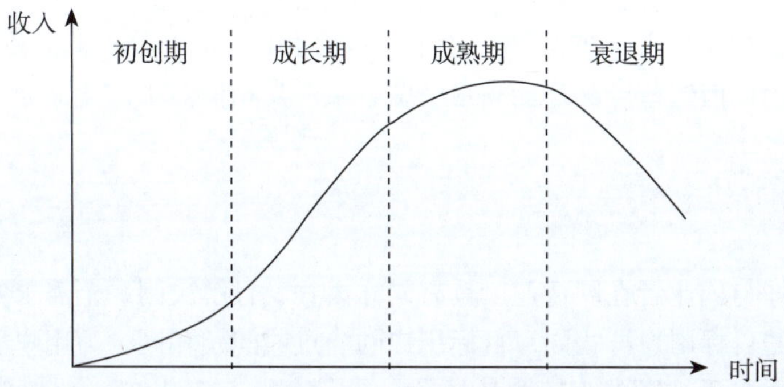

图 3-3 行业生命周期

识别行业生命周期所处阶段的主要指标有：市场增长率、需求增长率、产品品种、竞争者数量、进入壁垒及退出壁垒、技术变革、用户购买行为等，见表 3-2。

表 3-2 行业生命周期各阶段特征

指标	形成期	成长期	成熟期	衰退期
组织	企业少，集中度低	企业增加，集中度较低	集中度高	企业减少
产品	技术弱，产品单一	产品差异化	产品同质化	产品竞争力下降
规模	规模小，增长慢	规模增长快	增速减缓	规模降低
利润	利润微薄	利润高	利润最高	利润降低
竞争	壁垒低，竞争小	壁垒低，价格竞争	壁垒高，非价格竞争	壁垒高，竞争激烈

资料来源：兴业证券经济与金融研究院整理。

在行业进入时机方面，如果过早进入行业，这些企业往往是行业内的先驱者，但是也面临着巨大的风险。譬如，所提供的产品或服务并非市场所需、行业没有得到有效曝光及认可、没有一套行之有效的商业模式等。作为行业的先驱者，做得更多的工作是在为行业拓荒，并且很有可能为盈利担忧。如果在行业的成长期之后(包括成熟期和衰退期)进入该行业，企业往往面临着市场份额被瓜分、用户认知被占领、竞争者较多但没有有效护城河等困境。特别是在那些自身没有明显竞争优势的领域，企业的利润往往非常有限，甚至因为管理和经营不善，出现赢利困难。因此，创业最合适的“时机”是在成长期内。在这个阶段，市场上只有少量的竞争者，市场空间大，行业快速增长。

3. 市场天花板

市场天花板是指创业企业拟进入行业的产品或服务趋于饱和，达到或接近供大于求的状态。分析市场天花板需讨论市场空间大小，主要有三个指标：现有市场规模、市场增长速度和行业集中度。

【拓展阅读 3-7】
市场天花板三大指标的测量方法

3.3.4 竞品分析

竞品是指会产生竞争关系的品牌或产品，即竞争对手的产品。竞品可以是同行业的，也可以是跨行业的，但这些产品都能满足消费者某一类相似需求。竞品通常分为直接竞品和间接竞品。

1. 直接竞品

直接竞品，即与创业者在同行业、具有同样模式、且解决同一个需求的竞争对手的产品或服务，它们的目标用户群相同，目标用户的痛点或问题相同，为用户群解决问题的方案也相同。例如，腾讯视频的直接竞品是爱奇艺、优酷、芒果 TV、哔哩哔哩等，因为它们都是长视频类产品，满足的都是用户的影视需求。小米手机的直接竞品是 iPhone、华为、OPPO、vivo 等手机产品，它们满足的都是消费者对于手机的需求。

2. 间接竞品

间接竞品，即可能跟创业者在不同行业，通过不同模式但解决的却是同一需求的产品或服务。例如，腾讯视频的间接竞品是抖音、快手、小红书等短视频类产品。虽然一个是长视频，一个是短视频，但它们在本质上满足的都是用户的影视需求。

【拓展阅读 3-8】
间接竞品的分类

创业者通过深入了解不同类型的竞品，就可以在每一类里选 1~3 个比较出色的产品、行业头部产品等，作为自己主要的研究对象。需要注意的是，不要选择那些没有市场、没有起色的竞品，因为可能它在某些方面甚至在各个方面都没有跑通，可借鉴资料也很少，那也就不具备可研究的意义了。

3.3.5 搜集信息，了解用户想法

1. 区分需要与需求

日常生活中，人们经常使用“需要”和“需求”两个词，二者听起来相似，但却存在着较大差异。需要是心理学名词，指因缺乏或期待某种结果而产生的心理状态，它是人自身和外部生活条件的要求在头脑中的反映，是人与生俱来的基本要求。需求是经济学名词，是指在一定的时间内和在一定的价格水平下，消费者对某种商品或服务愿意并且能够购买的数量。需要通常是长期的，而需求可以是短期的。一个人需要食物来维持生命，这

是一种长期的需要。一家公司推出一种新产品，消费者可能会在短期内表现出对它的需求，但这种需求可能会在一段时间后消失。

创业者只有了解用户的需求，才能提供符合其需求的产品 / 服务。通常，用户需求可分为显性需求和隐性需求。显性需求是指能够明确表达的需求，如用户购买电脑时明确地指出自己需要的电脑品牌、型号、配置等，这些需求均为显性需求。但很多情况下，用户并不总是能够清晰地表达自己的需求，这就需要创业者通过不同方式挖掘用户的隐性需求。隐性需求指消费者虽然有明确的欲望，但由于种种原因还没有明确显示出来的需求。一旦条件成熟，隐性需求就将转为显性需求，引发消费者的购买行为。

2. 搜集用户信息

搜集用户信息主要有定量和定性两种方法。其中，定量是通过统计分析和建立模型等方法将搜集到的资料或信息进行量化处理、检验和分析，主要解决“是什么”的问题。定性则采用多种方法搜集资料，并通过归纳法进行分析和整理，主要用于挖掘问题，理解事件现象，分析用户的行为和观点，解决“为什么”的问题。通常，可以采用访谈、观察等方式获取用户信息，搜集资料。

(1) 访谈。客户访谈是企业理解客户需求、偏好、痛点及对产品或服务体验感受的重要方式渠道。客户访谈主要作用包括：企业可以直接从客户那里获得他们对产品或服务的看法和感受，用以优化产品；探索客户的行为模式、使用场景和决策链路及过程，充分了解客户，以便提供更符合客户需求的产品或服务；通过与客户的互动建立良好关系，增强客户的忠诚度和品牌的口碑；透过客户的真实经历，收集市场趋势，基于一手资料洞察市场规律，潜在需求，竞争对手和相关竞品的信息；通过了解客户需求未得到满足的痛点或蓝海，激发新产品或服务的创意和创新。

【拓展阅读 3-9】访谈技巧和注意事项

(2) 观察。通过观察受访者的行为特征来获取和判断受访者无法完全真实表达的一些信息，并根据相关信息来设计对问题的创新解决方案。可从人、行为、物品、情绪、信息和环境六个维度进行观察 (表 3-3)。

表 3-3　六个维度观察表

观察维度	观察维度
人	你观察的是什么样的人？描述他们的外形特征
情绪	他们在当时显示出什么样的情绪或情感？
行为	他们做了什么？有什么反常的举动或多次重复的行为？
信息	他们如何交流？他们说了什么或者传递了什么样的信息？
物品	他们接触或使用的是什么物品？什么时候使用？如何使用？
环境	描述周围的环境，他们依赖于哪些体验从而使工作更有效？

3.3.6 用户需求洞察

用户需求洞察是识别创业机会的关键环节。通过深入了解消费者的需求和痛点，创业者可以发现市场中尚未被满足的需求，尤其是那些消费者自己尚未明确表达出来的，但却在内心深处渴望得到满足的需求，这些都将成为潜在的创业机会。此外，通过洞察消费者的需求变化，创业者可以及时调整产品或服务，以顺应市场的不断变化。

1. 需求类型

一个真正的创业问题应该能够反映真实的市场需求，而市场需求是创业机会的核心之一。当创业者发现一个问题或市场需求时，首要任务是对其进行深入的调查和研究，明确需求类型，并判断这个需求是否真正存在且是否值得投入资源。这里介绍的是 KANO 模型，又称为狩野模型，是东京理工大学教授狩野纪昭 (Noriaki Kano) 针对用户需求分类和优先级排序发明的工具，体现了产品功能与用户满意度之间的非线性关系。

根据不同类型的用户需求与用户满意度之间的关系，狩野教授将产品需求属性分为 4 类。

(1) 基本需求。基本需求是用户对企业提供的产品或服务的基本要求，它是被用户认为“必须有”的属性或功能，当这种属性或功能不能满足用户需求时，用户则会很不满意；而当其满足用户需求时，用户的满意度也不会提高。

(2) 期待需求。期待需求是用户满意度与需求的被满足程度成正比例的需求。用户对这种需求有明确的意识，只是有的被明确表达出来，有的没有被表达出来而已。期待需求被满足得越多，用户的满意程度越高，反之亦然。

(3) 兴奋需求。兴奋需求是指处于用户的潜意识中，没有认识到和不能清楚描述的需求。一旦这种需求得到满足，用户便表现出非常高的满意度。比如汽车的出现，对于只想要一匹跑得更快的马的人而言，便是兴奋需求。

(4) 多余需求。多余需求是指那些对满意度没有明显影响的需求，这种需求是否得到满足用户都觉得无所谓。例如，对大多数职业女性来说，手机上的大喇叭和单机益智游戏等，便属于多余需求，花精力开发以上功能便是吃力不讨好。

基于 KANO 模型，我们能很好地理解：海底捞作为火锅店，为何要在顾客等位间隙，为其提供美味点心和美甲服务；星巴克在卖咖啡的同时，为什么要精心打造社交文化。这些企业在满足用户基本需求和期待需求的基础上，还满足了其兴奋需求，从而大大提高了用户的满意度和忠诚度。

2. 需求分析工具

在探索创业机会的过程中，深入理解目标市场和潜在用户的需求至关重要。为此，我们需要借助一系列需求分析工具，从纷繁复杂的市场调研数据中提炼出有价值的信息，准确把握用户需求，进而发现潜在的创业机遇。接下来，我们将详细介绍 3 种常用的需求分析工具：同理心地图、AEIOU 表和情境故事。

(1) 同理心地图 (Empathy Map)。作为用户需求分析工具的同理心地图，最早是由美国商业设计顾问公司 XPlaner 创始人戴夫 · 格雷 (Dave Gray) 提出来的。同理心地图是一种用于整理和提炼前期调研信息的工具，它可以快速并可视化地呈现用户行为，如图 3-4 所示。

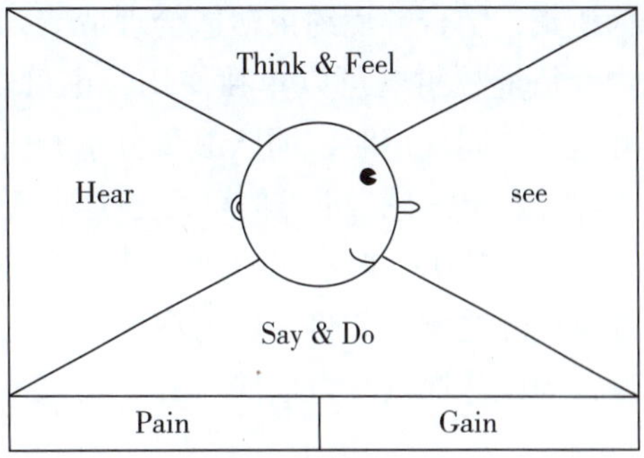

图 3-4　同理心地图

在同理心地图里，中间的小人儿代表人物对象，围绕小人儿的四周，左边是 Hear，用于记录“他听到周围的人说了些什么”；右边是 See，用于记录“他看到了什么”；下边是 Say&Do，用于记录“他说了或做了什么”；上边是 Think&Feel，用于记录“他的想法和感觉如何”。图最下方还有两个方框，左边是 Pain，用于记录“他感到的痛苦、挫败是什么”；右边是 Gain，用于记录“他期望获得什么”。

(2) AEIOU 表。AEIOU 表是一个清单式的用户需求分析工具，它能帮助你在观察中拥有一个可参考的结构。对于缺乏经验的创业团队，这种方法能保证创业团队有效地完成基本的工作任务。这个工具也可以帮助你在第一时间了解用户，并能够帮助你在环境中捕捉事件。AEIOU 表由 5 个部分构成 (表 3-4)。

表 3-4　AEIOU 表

构成部分	内容
活动 (activities)	发生了什么？ 他们在做什么？ 他们的任务是什么？ 他们实际上做了什么来完成任务？ 之前和之后发生了什么？
环境 (environment)	环境是怎样的？ 空间有什么样的特性和功能？
交互 (interaction)	系统彼此间是如何交互的？ 有接口吗？ 用户又是如何与其他人互动的？ 操作由什么组成？
物品 (objections)	什么物品和设备被使用？ 谁在什么环境下使用了物品？
用户 (user)	谁是用户？ 用户扮演了什么角色？ 谁在影响他们？

(3) 情境故事。情境故事是产品开发中用于推测用户行为的假想叙事，需兼顾内外因素：内部聚焦用户情感 (将心比心)，外部还原场景细节 (设身处地)。虽然故事中的很多场景源自用户经验，但由于产品尚未设计出来，它的所有情境，都是在设想用户使用这个“尚未设计出的产品”情况下，所做出的合理的推测。故事要生动有趣，通过情感驱动行

为逻辑，结合环境约束塑造合理情节，避免脱离语境的臆断。

情境故事既可以单独使用，也可以与同理心地图结合起来使用。当情境故事与同理心地图协同使用时，团队成员分享调研中真实用户的故事时，其他成员用便利贴实时捕捉“说 / 做 / 想 / 感”4 类信息，分类贴入地图四象限。随后进行 4 组 (言行 / 心口 / 言感 / 行感) 交叉对比，揭示矛盾点。建议在地图右侧增设“洞察区”，集中记录引发紧张感或意外反应的线索，并将其作为深度讨论的起点。通过持续追问，挖掘用户隐性需求与行为悖论，为设计提供有力依据。

3. 需求洞察策略

前面我们介绍了需求分析工具，运用这些工具可以找到用户的真实需求。从业界的反馈看，这些工具对理解用户需求虽然都有一定的作用，但对一些涉及因素较多的产品开发还略显不够。因此，可在运用上述工具进行分析的基础上，借助“用户画像”，即人物角色法来洞察用户需求。

(1) 人物角色法概述。人物角色又称为人物志，这个词来源于拉丁语，意思是脸谱，在产品设计领域常被称为用户角色模型，即用户画像。它指在对目标用户群体调查研究的基础上，对用户真实特性加以分析、综合与勾勒，借用虚拟的图形来代表一类人的特征、行为、价值观及需求的一种方法。

【拓展阅读 3-10】
人物角色法的特点

(2) 人物角色的构建。为了获得有效的人物角色，我们需要通过前期的设计调研和市场调查来搜集繁杂的用户信息，并对信息资料进行一定的分析推理。此时，我们需要站在使用者的客观立场，进行有效的分析和推理，发现各种本质与关联。本教材介绍的是尼尔森的人物角色创建流程。

【拓展阅读 3-11】
尼尔森的人物角色创建流程

尼尔森是用户画像专家，她在长期研究的基础上，提出了包括 10 个步骤的人物创建的理想的流程，具体为收集数据、形成假设、接受假设、建立数据、描述画像、准备场景、组织认可、传播知识、每个人都准备场景、迭代调整。

3.4 创业机会的评价

创业是一种干中学的高风险行为，创业者在反复多次的机会评价中，可能调整、修订最初的创业想法，甚至识别出其他更有价值的新的创业机会，从而改变创业路线。创业活动是创业者与创业机会的结合，并非所有的创业机会都适合每个人，也并非所有的创业机会都具有开发价值。此时，需要创业者对创业机会进行评价。尽管这一评价过程相对短暂，但它是创业者发现创业机会之后决定是否要创业的重要依据。

3.4.1 基于创业者的评价

1. 创业者与创业机会的匹配

不管创业机会是创业者自己识别到的还是别人建议的，也不管创业机会是偶然发现的还是系统调查发现的，兴奋之余，首先应该问自己的问题是：“这个机会适合我吗？为什么应该是我而不是别人开发这个机会？”

并非所有机会都适合每个人。例如，一名资深律师可能因为参与一场官司而发现一个高科技行业内的机会，但是他不太可能放弃律师行业而进入高科技行业创业，因为他缺乏必需的技术知识和在高科技行业内的关系网络。换句话说，即使看到了有价值的创业机会，个体也可能因没有相应的技能、知识、关系等问题而放弃创业活动，因此，更好地选择是把机会信息传递给其他更合适的人，或者是进一步提炼加工机会，将其出售给其他高科技企业。当然，创业活动往往不会拘泥于当前的资源约束，创业者可以整合外部的资源开发机会，但这需要创业者具备资源整合能力。

并非所有的机会都有足够大的价值潜力来弥补为把握机会所付出的成本，包括市场调查、产品测试、营销和促销、雇用员工、购买设备和原料等一系列与机会开发相关的成本，还包括为创业所付出的时间、精力，以及放弃更好的工作机会而产生的机会成本。研究发现，创业者的创业机会成本越高，所把握的创业机会的价值创造潜力也就越大，所创办的新企业的成长潜力也更高。

总体而言，创业活动是创业者与创业机会的结合，一方面，创业者识别并开发了创业机会；另一方面，创业机会也在选择创业者。二者相互匹配，创业活动才有可能发生，才可能取得成功。

2. 创业者对创业机会的初始判断

在确定创业机会与自身的匹配度后，创业者需要对创业机会进行评价。这种评价包括前期的初始判断和后续科学完善的系统评价。

在创业机会识别的初始阶段，创业者往往会根据先前的知识、经验，甚至是直觉对创业机会进行预判，既通过假设加上简单计算的方式初步评估此创业机会是否具有开发价值。原因在于机会转瞬即逝，创业者如果对于所有具有潜在价值的机会都进行细致周密的市场调查与分析，很可能会错失良机。同时，详尽的市场调研需要投入大量的金钱、时间和精力，调研过程中出现的诸多困难也会令创业者逐渐丧失创业的激情。

3.4.2 创业机会的系统评价方法

要开发一项创业机会，仅凭粗略的初始判断并不足以完成机会评价工作。在条件允许的情况下，创业者还应当对创业机会进行更加科学完善的系统评估。本教材主要介绍 3 种评价方法，即定性评价方法、定量评价方法、定性与定量相结合的评价方法。

1. 定性评价方法

定性评价方法是指创业者根据自身的经验、直觉和商业敏感等能力对创业机会进行“质”的分析。本教材主要介绍霍华德·史蒂文森 (Howard Stevenson) 的创业机会定性评价方法和贾斯汀·朗格内克 (Justin Longemecker) 的机会评价标准。

(1) 霍华德·史蒂文森的创业机会定性评价方法。霍华德·史蒂文森等认为，创业者在充分评价创业机会时，应当优先考虑以下问题：①机会的大小、机会存在的时间跨度和成长速度；②创业机会的潜在利润是否足够弥补资本、时间和机会成本；③该机会是否开辟了额外扩张、多元化或综合商业机会的选择；④在可能的障碍面前收益是否会持久；⑤产品或服务是否真正满足了市场的真实需求。

(2) 贾斯汀·朗格内克的机会评价标准。该评价标准包括：①清晰地了解关于产品的市场需求，能够准确把握向市场推广产品的时机；②创业项目能够形成持续的竞争优势，在未来一段时间内能够有效参与市场竞争；③创业投资具有高回报，能够抵消创业投资中出现的某些失误；④创业者与创业机会之间相互匹配；⑤创业机会中不存在致命缺陷。

2. 定量评价方法

定量评价方法是采用数学的方法处理收集的数据资料，得出量化结果，从而基于数量化的结果对于创业机会进行价值判断。以下内容主要介绍矩阵打分法和西屋电气法。

【拓展阅读 3-12】
矩阵打分法示例

(1) 矩阵打分法。首先识别影响创业成功的关键要素，即评价标准，然后由创业者或相关领域专家小组对每一个因素进行打分。3 分表示机会非常好；2 分表示机会比较好；1 分表示机会一般。基于分值分布情况，计算出每一个评价标准的加权平均分，并汇总得到此创业机会的总分。

(2) 西屋电气法。该方法通过将影响创业机会的相关因素的具体数值带入公式，计算出该机会的优先级，适用于创业者对多个创业机会进行横向比较。具体计算公式如下：

机会优先级 = 技术成功概率 × 商业成功概率 × 年均销售数量 ×(价格 – 成本)× 投资生命周期 ÷ 总成本

其中，技术成功概率和商业成功概率均由创业者或专家小组分析得出；年均销售量为企业年度内销售的产品数量；价格为产品投放市场的销售价格；成本为单位产品的成本；投资生命周期指预期的年均销售数量保持不变的年限；总成本指预期的所有投入，包括研发成本、生产制造成本、市场推广成本等。

创业者可将不同创业机会的各因素数值带入公式，计算结果越高，说明该创业机会的优先等级越高，创业成功的可能性就越大。

3. 定性与定量相结合的评价方法

蒂蒙斯教授提出了比较完善的创业机会评价指标体系。他认为创业者应该从行业和市场、经济因素、收获条件、竞争优势、管理团队、致命缺陷问题、个人标准、理想与现实的战略差异 8 个方面评价创业机会的价值潜力。

蒂蒙斯的创业机会评价指标体系是目前为止最全面的评价指标体系，该体系的设计更便于为风险投资者建立风投标准。创业者若要运用该评价体系对创业机会进行评估，还需要结合自身条件、创业机会所属行业特征及机会自身的属性等进行重新分类、梳理、简化，只有这样才能提高该评价体系的使用效果。另外，仅仅用该评价体系进行评价，还难以对创业机会做出科学严谨的分析，因为该体系并没有对每个层级的指标进行准确量化并设置权重，创业机会评价的实际效果会受到影响。

【拓展阅读3-13】
蒂蒙斯创业机会评价指标体系

案例思考与创新实训

案例与实训一：重回汉唐：以汉服为载体，做优秀传统文化的传承者

近年来，融合多种传统元素的"中国风"渐成文化潮流。汉服产业在此背景下蓬勃发展，从一个"小众爱好"成长为日益流行的大众风尚。根据中国服装协会、艾瑞咨询等共同发布的《2022年中国新汉服行业发展白皮书》，汉服消费者规模在2021年已达到1021万人，同比增长14.4%，汉服市场规模达105亿元。从小众爱好到百亿规模，"汉服热"的背后是汉服爱好者和从业者20多年的坚持，"重回汉唐"正是其中最具代表性的一支力量。

2006年，来自四川成都的吕晓玮和孙异创办了全国第一家实体汉服店——重回汉唐。创业十七载，重回汉唐如今已是全国很有影响力的汉服品牌之一。目前，重回汉唐旗下拥有重回汉唐、华小夏、小华小夏三个子品牌，汉服销量稳居行业前列，2016年被评为首批"成都传统文化保护品牌"，2017年挂牌深圳新四板。

一、从"爱好者"到"传承者"

重回汉唐的创立既是巧合，也是必然。2004年，音乐人孙异与"汉网"结缘，被汉网"华夏复兴，衣冠先行"的口号所打动。孙异开始研习汉服文化，并创作了一首以汉服文化为主题的歌曲——《重回汉唐》。孙异的妻子吕晓玮受到其影响，也开始接触汉服和相关传统文化。随着对汉服的了解逐渐深入，她愈发深刻地意识到，我国的优秀传统服饰文化正在被淡忘，甚至被误解。吕晓玮辞去了电视台的工作，决意投身汉服文化的传承与推广。但是，"复兴"汉服文化又该从何处入手呢？

"商业化推广是实现汉服广泛传播的有效方式和渠道，让普通大众都能接触到。"吕晓玮最先想到的是开设汉服实体店，她希望汉服店能与普通服装店一样，能够让顾客随时走进店中试穿、体验。2006年，全国第一家汉服店"重回汉唐"在成都文殊院开张，吕晓玮和丈夫孙异也成为最早一批汉服创业者，正式踏上了"汉服复兴"之路。然而，重回汉唐的创业之路并非一帆风顺。实体店开业后，孙异夫妻二人遇到了诸多创业前未曾预料的难题。

与众多汉服爱好者一样，吕晓玮和孙异都认为，汉服作为传统文化的一种载体，是我国汉民族独有的传统服饰，承载着我国数千年历史文化的积淀。以服饰为载体，传承、弘扬传统文化一直是重回汉唐的创业初衷，吕晓玮曾多次表示，希望以汉服为载体，激发人们对于中国传统审美、传统风尚的认同，从而进一步唤起人们对中国传统文化的兴趣，提升文化意识。

但是，文化传承之路崎岖坎坷。创业过程中，吕晓玮就遭遇了如何传承传统文化的难题。首先，由于中国服饰传统的传承已经中断了数百年，传统服饰的形制样貌、制作方式对当代人来说，都是极为陌生的，在汉服复兴早期，汉服商家需要进行大量的文物考古和文献搜集，进行多次汉服制作的实验，这些都增加了重回汉唐在创业初期的难度。其次，由于传统汉服的制作工艺与流程较为复杂，很少有工厂愿意承接汉服订单。最后，在市场方面，由于汉服复兴的理念尚未被大众所接受，汉服市场尚未建立，人们不理解为何要传承汉服，还会认为这是一种文化倒退。

2006 年 12 月 17 日，重回汉唐首家实体店开业。次年，重回汉唐汉服淘宝店铺正式上线。然而，实体店和汉服淘宝店铺内的汉服却无人问津，不少消费者认为传统汉服过于“奇特”，一时间无法接受这种“奇装异服”，也有消费者认为传统汉服不方便日常穿着、汉服的配色过于老气、纹样不够可爱等。由于复原历史服饰的成本较高，重回汉唐的汉服定价也较高。而且，在当时，重回汉唐缺乏宣传渠道，关注汉服的人少之又少。耗费大量心血复原的汉服无人问津，店铺门可罗雀，经营业绩惨淡，重回汉唐一度面临生存危机。如果随意向市场妥协，推出迎合大众审美偏好的汉服产品，产品的文化价值又将大大削弱，难以完成文化传承的初心。

随着对市场的进一步了解，吕晓玮和孙异意识到，重回汉唐必须兼顾文化传承与商业化发展，才有可能生存。只有开拓创新，价值变现，才可能实现文化传承的目标。商业化的发展方式看似与复兴传承汉服文化相悖，但实际上殊途同归。面对汉服文化传承困难、企业生存艰难等问题，重回汉唐决定从产品、工艺等多个层面入手，平衡“文化传承”和“商业经营”，实现双重目标，推动传统汉服文化的传承发展。面对文化传承的诸多难题，重回汉唐尝试从产品、工艺和文化传播等多个方面发力突围。

二、旁求博考：力求汉服复原

始于衣冠，达于博远，复原汉服需以历史考据为基础，这要求汉服企业在产品设计和开发上做到求真求实。重回汉唐在产品设计上考据古书、古画、壁画及出土文物，与科研机构合作推出多款复原款汉服。比如，唐代"临安乐"参考新疆阿斯塔纳女俑，复原联珠对鸟纹等织缎，展现唐时西域文化多样性；宋制洒金双凤裙以南宋黄昇墓出土丝织品为原型，融入传统洒金工艺。重回汉唐通过还原唐宋服饰，让消费者感受古代服饰审美，为汉服文化传播奠定基础。

三、精益求精：坚持传统制造工艺

汉服作为传统文化的载体，重回汉唐坚持采用传统制造工艺生产，并寻找能工巧匠合作。2020 年，其在四川彭州自建裁剪、绣花、缝纫工厂，严格把控走线、明暗线、袖形等微小细节，精益求精。

此外，重回汉唐曾与厂家耗时半年多复原宋代失传的“印金填彩”工艺——以凸版或镂空版印刷金边为基础，填充彩色后再以金边压彩，结合洒金、贴金等多重金工艺。该工艺工艺繁复，能使汉服色彩艳丽、花纹精巧，带来强烈视觉享受。相比于现代服装的制造工艺，传统汉服的生产制造工艺更为精细、烦琐，然而，正是这些极为严格且复杂的生产工艺，才造就了精美的汉服成品，保证了重回汉唐的汉服品质。

四、广开门路：多渠道传播汉服文化

目前，重回汉唐已在成都、北京、上海、杭州等20个城市开设实体店，逐步构建全国布局。实体店为消费者提供了接触汉服的直接渠道，让爱好者与潜在人群可实地体验穿戴、学习正确穿着方法及汉服知识；店员还能根据顾客气质推荐适合款式。同时，实体店助力品牌直接触达消费者，深入了解消费者需求与偏好，增强消费者黏性——许多消费者通过网络了解信息后，会到店试穿确认细节再购买，实现线上线下互补，构建流量闭环，扩大汉服文化辐射范围。

除实体门店外，重回汉唐积极通过媒体与社会活动提升汉服曝光。早期吕晓玮主动联系媒体采访，穿汉服参与传统节日活动；随着影响力提升，开始自主策划汉服展演、设计大赛等推广活动。2018年，重回汉唐参、共青团中央与B站发起的“中国华服日”，当晚直播观看峰值达2000万人次；2020年，吕晓玮和孙异受邀参与央视传统文化纪录片《了不起的决心》，讲述品牌传承初心；还连续多年参与中华礼乐大会，带领模特与数千同袍共展汉服，结合传统礼乐展演传承文明。其间，重回汉唐先后展示过独家定制面料、真丝系列及仿敦煌花纹印制面料的汉服，彰显文化创新与工艺特色。

五、多元创新，打好“组合拳”

产品创新。重回汉唐在传统纹样基础上设计改良款汉服，使纹样更可爱、贴合现代审美。针对传统汉服宽袍大袖不便日常穿着的问题，调整款式（缩短裙长、收紧袖子等），将马面裙改为七分长，根据现代服饰特点、现代人服装需求调整汉服的设计与风格，大大降低了汉服的准入门槛，增强了汉服的普适性。

定位创新。产品多样化方面，2016—2019年相继上线汉元素“华小夏”、男装“沐汉风”、儿童汉服“小华小夏”，实现“一站式购齐”；同时基于三国两晋南北朝、唐、宋、明等朝代特色建立多产品线，丰富文化体验。价格上，从原中高端调整为中低端简约款，以适应更多消费者需求。

渠道创新。宣传销售多元化，公司积极布局直播带货（淘宝、微信、抖音等平台），2022年重回汉唐的直播场数比2021年翻了一倍；并与李佳琦合作多次，2021年的两款汉服秒售罄，2022年的“子衿”女款汉服婚服一经亮相便引发热议。此外，跨界合作（魅族、敦煌研究院、《玉楼春》、游戏、彩妆等）破圈，如2021年与《玉楼春》联名款预售销售额超20万元；2022年为《国风遇见新春》提供汉服首饰，扩大了品牌影响力。

在以重回汉唐为代表的行业从业者和爱好者多年的坚持与共同努力下，汉服文化逐渐为人知晓和接受。重回汉唐作为汉服行业的领军企业，开辟了一条以商业化方式实现优秀传统文化传承的道路。在文化传承创业的过程中，重回汉唐不断平衡“文化传承”与“商业经营”双重目标。重回汉唐在产品、工艺和文化传播层面实施各类举措，以实现“文化传承”目标；为实现企业“商业经营”目标，重回汉唐立足于产品、定位和渠道方面进行创新，通过设计创新、用户细分、优化定位、渠道多元等多项举措推动价值变现。多年来，重回汉唐努力打好这套“组合拳”，逐步构建了一个多元化的汉服商业版图。

(资料来源：王斌，忻雨，樊晨.重回汉唐：以汉服为载体，做优秀传统文化的传承者[J].清华管理评论，2023(6)：122-128.)

案例思考与实训：

(1) 案例中重回汉唐选择汉服作为切入点，其早期对市场需求的判断依据是什么？这对其他传统文化领域的创业机会识别有何借鉴？

(2) 重回汉唐如何在坚守文化核心价值(如历史真实性、工艺传承)的前提下，通过产品创新、用户细分或渠道扩展，将“非刚需”的传统文化资源转化为可规模化的商业机会？这一过程中需权衡哪些关键因素？

(3) 基于本案例的启示，请完成下列训练项目。传统手工艺(如缠花、螺钿)因设计复杂、生产效率低、渠道封闭，面临“文化价值高但商业价值低”的困境，年轻用户难接触，非遗技艺濒临失传。

要求：

(1) 选择一种传统手工艺，描述其现代化困境的具体场景及影响。

(2) 分析问题根源(设计、生产、渠道、认知)。

(3) 提出创新解决方案(参考“重回汉唐”的复原款+改良款、工艺改良、场景拓展逻辑)。

(4) 设计简单商业模式(目标用户、盈利方式、成本结构)。

案例与实训二：小红书的产品定位与需求洞察

小红书于2013年创立，是一个专注于UGC(用户创造内容)的购物分享社区平台。它将海外购物分享与跨境电商巧妙融合，精准地把握住了“85后”和“90后”年轻群体的消费升级需求。在短短数年间，小红书迅速成长为全球最大的消费类口碑数据库和社区电商平台，成为200多个国家和地区、超过7000万年轻消费者必备的购物指南和“购物神器”。

一、让天使主动投怀的创业者

小红书的创始人毛文超，1985年出生，自幼便展现出过人的智慧。他在小学、初中、高中时期，总是能够轻松取得优异成绩，经常提前半小时完成考试交卷。2003年，他离开家乡武汉，踏入上海交通大学，攻读机械电子专业。在校期间，他表现优异，毕业前便成功获得两家国际顶尖投资机构——麦肯锡和贝恩咨询的实习机会。

实习结束后，2007 年，毛文超选择留在贝恩咨询继续他的职业生涯。两年后，他转战一家私募基金公司，开始涉足投资领域。工作了 4 年后，他深感需要进一步提升自己的学识，于是成功获得了斯坦福大学 MBA 的录取通知。于是，在硅谷的发源地——斯坦福大学，他度过了充实的两年学习时光。

2012 年夏天，毛文超迎来了他的事业转机。他参加了腾讯资助的暑期创业夏令营，并在这里结识了微信之父张小龙。当时，微信正以惊人的速度席卷中国大陆，每月新增用户高达 5000 万。因此，这次夏令营让毛文超萌生了创业的念头，他决定将方向定在跨境电子商务方面。因为随着中国人生活水平的提高，人们在旅游方面的支出也在不断增加，仅 2012 年一年，中国人在海外的消费就超过了 1000 亿美元。

当徐小平得知毛文超有意创业时，这位对斯坦福学子情有独钟的投资人毫不犹豫地送上了第一笔投资。拿到投资后，毛文超与他的好友瞿芳在武汉东湖听涛轩的小岛上，共同注册了行吟信息科技有限公司。2013 年 6 月，他们又在上海创立了“海外购物红宝书”——小红书。

二、“小红书”名字的由来

2013 年 12 月，一款主打购物分享功能的 App 小红书正式上线。对于创始人毛文超而言，“小红书”这个名字背后蕴含着深远的意义。他深感贝恩咨询和斯坦福商学院的经历对自己深远影响，不仅拓宽了他的知识视野，也塑造了他的格局观念和事业心。因此他对这两段经历充满感激。巧合的是，这两个组织的标识主色调都是红色，于是“小红书”这个名字应运而生。

三、崛起于跨境电商

2013 年的电子商务领域，淘宝、京东、聚美优品已经形成了稳固的三足鼎立格局，优势难以撼动。而此时，跨境电子商务正蓬勃发展，方兴未艾。当时，许多用户对海外购物流程尚不熟悉，担心买到假货，因此海淘市场潜力巨大。毛文超敏锐地捕捉到了这一机遇，提前布局了跨境电子商务领域。

对毛文超来说，小红书的诞生，正是顺应了中国消费者日益增长的生活品质需求。他们不仅关注国内商品，更对海外商品和海外生活方式充满兴趣。面对海量的海外商品，消费者可能会感到迷茫和不知所措。而小红书，正是致力于解决这一巨大需求中的痛点，为消费者提供便捷、可靠的海外购物指南。

四、问路 UGC 社区

对于一个新平台而言，积累客户是首要任务，但毫无知名度的新平台要获得客户关注却异常困难。为了解决这个问题，毛文超选择了一条当时并不被看好的道路——打造 UGC（用户生成内容）社区。他将小红书定位为 UGC 产品信息分享平台，目标锁定“90 后”群体，致力于打造一个真实的海外商品口碑平台。在这里，用户可以发现全球各地的好物，将线下的购物体验迁移到线上，并且得到真实购买用户的推荐和背书。

2013 年 12 月，小红书上线仅一周后，毛文超就亲往香港，回来后分享了他为朋友代买 iPhone5s 的经历。这条分享迅速引发热议，收到 100 多条留言，大家询问各种问题，如限购政策、排队情况、金色款式是否有货、能否刷信用卡等，内容五花八门。仅仅两个月后的春节期间，小红书社区里挤满了从美国、日本、韩国等地海淘整箱 iPhone5 的心得分享。那个春节，小红书的系统几乎被挤爆，7 天假期里用户数量激增了 7 倍，而这一切都是在没有花费任何推广费用的情况下实现的。

2014 年 10 月，小红书福利社正式上线，旨在解决海外购物的另一个痛点——买不到的问题。通过分析已累积的海外购物数据，小红书找出了最受欢迎的商品和全球购物趋势，并在此基础上以最短的路径、最简洁的方式将全世界的好物提供给用户。

五、小红书电商的独特性

首先，小红书注重口碑营销。在提升转化率方面，真实用户的口碑无疑是最有力的武器，就像用户在淘宝购物前总会查看其他用户的评论一样。小红书构建了一个基于真实用户口碑分享的社区，这个社区本身就是一个庞大的口碑宝库。

其次，小红书利用结构化数据进行选品。社区中积累了大量的消费类口碑信息，仿佛有几千万用户在这个平台上不断探索、分享全球各地的好物。同时，用户的浏览、点赞和收藏等行为也产生了海量的底层数据。通过这些数据，小红书能够精确分析出用户的需求，从而确保采购的商品都是深受用户喜爱的。

这一时期，尽管小红书仍处在市场探索阶段，但作为一个 UGC 产品，其社区氛围非常健康，已经沉淀了大量优质海外购物和全球好物的分享笔记。围绕着旅行购物分享，社区的边界已经逐渐拓展到了生活的方方面面，为未来拓展到生活和电商领域奠定了坚实基础。

六、探索商业模式

2014 年 12 月至 2016 年 10 月，是小红书发展的黄金时期。随着国内海淘市场的兴起，小红书凭借其积累的海外购物分享笔记和用户使用心得，顺势进军海淘电商市场。在这一阶段，小红书不仅取得了显著的业绩，还成功塑造了自己的商业模式。小红书没有依赖商家的宣传和推销，而是依靠用户口碑形成的“消费笔记”来推动销售。这些笔记不仅让产品介绍更加真实可信，还传递了美好的生活方式。小红书启动电商模式后，仅在 5 个月内就实现了 2 亿多元的销售额。2015 年，小红书的百度指数在一年内飙升了 20 倍，在苹果 App Store 的排名也在 3 天内攀升到总榜第 4 名、生活类第 2 名，超越了当时的电商巨头京东、唯品会等。

与其他单一平台相比，小红书的“社区 + 电商”模式具有显著优势，其核心在于“优质的社区”。2013 年，中国就已超越德国和美国，成为全球最大的海外消费国。然而，由于语言和文化障碍导致的信息不对称，大多数用户并不清楚国外哪些产品值得购买。因此，跨境电商通常主推一些常见品牌，缺乏特色。而小红书的“社区 + 电商”模式则解决了这一问题。用户在社区中分享购物心得、使用体验，其他用户从中发现心仪的产品（“种草”），然后通过小红书的电商平台购买这些产品（“拔草”）。这一模式的成功关键在于“种草”和“拔草”的转化过程。

为了实现这一过程，小红书的技术团队需要利用后台数据，深入了解用户的喜好、分享内容和点赞情况，并通过数据分析预测哪些商品可能成为爆款。因此，小红书不仅可以被定义为内容电商平台，还可以被视为一家信息挖掘公司。小红书的所有行动都围绕着两个核心价值展开：一是信息端的价值，即利用中国与全球商品信息不对称带来的机遇，将信息发布渠道开放给广大用户，从而最大化小红书信息价值；二是将信息端价值转化为商品流通端的价值，通过不断优化购买过程和情感体验，实现理性与感性的完美结合。在信息端，小红书利用数据和技术不断结构化挖掘用户喜好；在商品端，则注重购买过程的优化和情感体验的提升。

七、走向高速发展

自 2016 年 10 月起，小红书进入了高速发展阶段。经过商业模式的探索与沉淀，小红书更加明确了自己的市场定位。作为在互联网上半场就入局，并坚持到下半场的参与者，小红书迎来了发展的黄金时期。到 2017 年 5 月，小红书的用户数量已突破 5000 万人次，每天新增用户约 20 万人次，成长为全球最大的社区电商平台，营收接近 100 亿元。在 2017 年 6 月 6 日小红书周年庆当天，仅开卖 2 小时，销售额就达到了 1 亿元，并且在苹果 App Store 购物类下载排名中位居第一。

到了 2018 年 5 月，小红书的月度销售额已突破 10 亿元，成为国内最大的海外购物平台，估值超过 150 亿元。这本原本深受女性喜爱的购物宝典小红书，正在悄然发生变化：用户总数已达 7000 万，其中 70% 的新增用户是“95 后”且用户群体从一、二线城市向三、四线城市拓展，年龄和地域的边界都在不断被突破。

随着年轻用户的加入，电商品牌也从海外品牌逐渐拓展到本土品牌，更多第三方开始入驻小红书。同时，小红书社区笔记的内容也变得越来越多元化，从美妆时尚扩展到健身、娱乐、旅行、艺术等其他领域。此外，随着用户群体的变化，小红书上的品牌也在悄然发生变化：越来越多年轻化的品牌受到追捧，这些品牌既符合年轻用户的消费力，又展现出越来越个性化的特点。现在国内有很多新兴的中小品牌，在小红书上备受欢迎。

小红书的逻辑是让用户帮用户找商品，作为平台和工具，小红书希望能在用户导向的市场中发挥最大价值。在当前的中国市场，消费升级正在从炫耀型转变为体验式，小红书在这种升级转换中发挥了重要作用。进入 2020 年，受疫情影响，小红书加速了直播业务的进程，不断在直播领域开启新举措。疫情期间，餐饮品牌捞王作为企业号参与了小红书的直播公测；2020 年 3 月 26 日，奢侈品品牌 LV 首次以官方账号在小红书上进行线上直播。

展望未来，小红书将像一个大型游乐场，其任务是不断完善技术和产品等基础设施，就像迪士尼建好游乐场等待大家来玩一样。小红书需要保持社区的活跃和健康，让用户停留时间更久，并鼓励用户发布更多内容。

（资料来源：作者整理）

案例思考与实训

(1) 毛文超看到的创业机会是什么样的？

(2) 小红书是如何洞察用户需求的？

(3) 小红书分析用户需求的算法有何独特之处？

(4) 基于本案例的启示，请完成下列用户画像构建与需求挖掘训练项目。

假设你将开展“校园文创”的创业项目，请通过校园调研、社交媒体观察及访谈等方式，构建目标用户的详细画像，涵盖年龄、性别、兴趣偏好、购买文创产品的习惯等。

① 校园文创产品的主要受众有哪些特征？他们的兴趣点何在？

② 目标客户对于校园文创有哪些具体需求？他们在购买时更看重哪些方面？

③ 若目标客户是Z世代学生，请问校园文创项目应如何设计以满足他们的社交需求，增强他们的归属感？

项目与创新体验

利用 5WHY 分析法深入挖掘校园二手书交易平台项目的用户需求

目标：通过运用5WHY分析法，深入挖掘校园二手书交易中用户的痛点与需求，为开展校园二手书交易平台提供依据。

具体要求：

1. 问题定义

选择一个具体的校园二手书交易问题（如交易效率低、信息不对称、信任度不足等），明确用户需要解决的问题。

2. 5WHY 分析

按照5WHY分析法的步骤，对选定的问题进行深入分析：

第一个“为什么”：列出可能导致该问题的直接原因。

第二个“为什么”：针对每个直接原因，进一步挖掘更深层次的原因。

重复上述步骤，直到找到问题的根本原因。

3. 原因分类与评级

将分析得到的原因进行分类（如平台功能、用户体验、用户行为等），并根据对问题的影响程度将原因进行优先级评级。

4. 根本原因总结

总结分析结果，明确问题的根本原因，并用简洁的语言描述根本原因。

5. 需求提炼

根据根本原因，提炼出用户的核心需求，并说明这些需求如何帮助用户解决问题。

6. 报告撰写

撰写一份完整的分析报告。

练 习 题

一、选择题

1. 创业机会是(　　)。
A. 创意和资源　　B. 预期能够产生价值的“目的—手段”组合
C. 市场需求和资金支持　　D. 技术和政策支持

2. 以下哪一项是创业机会的重要来源？(　　)
A. 现有企业的成功模式　　B. 尚未解决的问题、变化趋势、个人兴趣
C. 政府补贴政策　　D. 竞争对手的失败案例

3. 根据KANO模型，用户对“必须有”这一属性的需求类型是(　　)。
A. 兴奋需求　　B. 基本需求
C. 期待需求　　D. 多余需求

4. SWOT分析法中“S”指的是(　　)。
A. 机会　　B. 威胁
C. 优势　　D. 劣势

5. 根据创业机会的不同来源，“饿了么”的创业机会来源于(　　)。
A. 技术变革　　B. 个人兴趣
C. 问题　　D. 社会人口结构变化

6. 行业生命周期中，最适合创业者进入的阶段是(　　)。
A. 初创期　　B. 成长期
C. 成熟期　　D. 衰退期

7. “PEST分析法”中“E”代表(　　)。
A. 经济因素　　B. 社会因素
C. 技术因素　　D. 政治因素

8. 以下哪项属于直接竞品？(　　)
A. 腾讯视频与抖音　　B. 小米手机与华为手机
C. 星巴克与海底捞　　D. Keep与滴滴出行

9. “用户画像”在需求分析中的作用是(　　)。
A. 替代定量分析　　B. 虚拟化用户特征以优化产品设计
C. 降低市场调研成本　　D. 获得人口统计学信息

10. 蒂蒙斯创业机会评价指标体系包含的一级指标是(　　)。
A. 用户满意度　　B. 行业与市场、经济价值、竞争优势
C. 品牌知名度　　D. 社交媒体影响力

二、填空题

1. 创业机会的四个特征分别是有吸引力、(   )、时效性和经济性。
2. SWOT 分析法中的“T”代表(   )。
3. PEST 分析法中的“S”指(   )。
4. 从问题中寻找创业机会的步骤包括问题发现、(   )、(   )和问题评估。
5. 市场天花板的三个评估指标分别是(   )、(   )、(   )。

三、判断题

1. 创业机会的时效性意味着机会窗口永远开放。 (   )
2. Pareto 图基于“80/20 定律”，用于分析问题的主要原因。 (   )
3. 间接竞品是指与创业者处于同一行业且解决方案相同的产品。 (   )
4. “HMW 提问法”通过“How，Might，We…”句式激发创新解决方案。 (   )
5. 用户需求中的“需求”和“需要”是同一概念。 (   )
6. 市场天花板指市场规模已达饱和状态，无法继续增长。 (   )
7. “同理心地图”主要用于分析竞争对手的策略。 (   )
8. 行业生命周期中，成熟期的特点是企业数量减少、利润下降。 (   )
9. “西屋电气法”通过公式计算机会优先级，适用于创业项目的横向比较。 (   )
10. “人物角色法”要求完全基于真实用户数据构建角色。 (   )

四、简答题

1. 请结合码尚案例，分析创业团队如何从失败中调整方向并找到正确切入点。
2. 请用 SWOT 分析法评估一个共享充电宝项目的可行性。
3. 如何通过 KANO 模型设计一款针对大学生的校园社交 App？
4. 假设你要开发一款智能垃圾分类产品，请用 PEST 分析法分析其市场环境。

第 4 章

产品开发与创新

创业机会需最终体现为具体的产品或服务，在识别创业机会之后，需要将抽象的机会转化为具体的产品或服务，并通过 MVP 的验证，此时创业者面临的首要问题是产品或服务的开发、设计与创新，而这也是创新、协调、绿色、开放、共享新发展理念的具体延续。本章结合创新创业的两个重要方法论——设计思维和精益创业，来介绍产品开发与创新的思想、流程。同时，它们不仅可以应用于产品的开发与创新，还可以应用于创新创业的整个过程。

学习目标

1. 理解产品的定义和内涵。
2. 了解不同的产品类型。
3. 理解设计思维的基本流程。
4. 掌握设计思维在产品开发中的应用。
5. 理解精益创业的基本逻辑和核心思想。
6. 理解最小可行性产品的概念和开发要领。

【导入案例】

蕉下的产品线发展与多品类布局

国内硬防晒产品的发展最初可追溯到伞。1996年，老品牌“天堂伞”创新性地推出中国第一把太阳伞，率先成为女士的防晒利器。值得注意的是，天堂伞一直坚持“大而全”的品类布局以及亲民的价格，至今保持着“物美价廉”的品牌形象，年销售额早已突破20亿元，曾一度占据伞具市场份额的80%以上。

而随着“遮阳”理念不断深入人们生活，消费者需求变得多元，防晒产品市场开始细分，行业格局也呈现出新的气象。

成立于2013年的蕉下，品牌名称立意为“芭蕉叶下”，创立之初以单品一把“小黑伞”切入防晒伞细分领域，满足了年轻女性消费者对城市户外防晒的需求。当时防晒伞市场并没有特别突出的头部品牌，天堂伞这样的传统雨伞品牌虽然有一定知名度，但是产品特征并不明显。市场上同质化产品过多，价格战也比较严重。而蕉下的定位非常清晰，作为一家城市户外高端防晒品牌，以“高科技”“高颜值”“高端化”抢占市场，2013年推出的第一款产品“小黑伞”就敢卖200元，远超当时的市场认知。为了与市场定位相称，蕉下在产品中采用双层伞布结构和L.R.C黑胶涂层，打造“防晒黑科技”的产品口碑。再加上在产品外形、伞面、包装袋等细节上的精美设计，其产品特征明显，蕉下在目标市场中塑造出了时尚防晒单品的品牌形象，从而享受到品牌溢价。

4年后，蕉下开始布局多品类，比如防晒服、防晒帽、袖套等。与此同时，新一代消费者审美觉醒，蕉下顺势将轻巧便携、设计美观的胶囊系列伞等产品推向市场，向大众表达自己的美学理念。2018年，蕉下打败天堂伞，成为天猫“6·18”当天的伞具销售额冠军。硬防晒市场需求从单一的功能需求扩展到功能、便携、审美等多元的需求，而蕉下在市场需求变化中抓住机会快速成长。

在国内的硬防晒市场中，防晒服、防晒帽、防晒面罩、冰袖、手套等在近几年的销售额都出现猛增，这背后是消费者对多场景防晒产品的需求不断涌现，从伞到帽子再到全身。为了深入到更多场景，众多入局者匹配用户需求，不断扩充自身产品线，将市场推向新的繁荣。沿着防晒这个大需求场景，蕉下对自己的产品进行了品类拓展。针对有防晒需求的品质及颜值党，蕉下进一步推出了防晒衣、防晒帽和防晒口罩等一系列产品来强化防晒心智，提升防晒用品市场渗透率。比如防晒帽，除了采用黑胶防晒涂层材质，还采用了独特的贝壳形大帽檐设计，并且可以卷起来成为一个发箍，既好看又便携，同时大量KOL内容种草以及“自来水”传播，使得这款防晒帽成了2021年夏天的一个大爆款。相似产品层出不穷，但这并不妨碍蕉下巩固其高品质、高颜值防晒用品的心智，成为这类用品的头部品牌。

魔镜市场情报数据显示，2021年，在天猫“6·18”防晒服饰销售额榜单中，蕉下以

GMV1.45 亿元夺得榜一，位列第二的是 VVC，第三是 OhSunny，这三家均为 2011 年以后创立的新一代专业硬防晒品牌，它们既追求技术研发和应用，讲究设计创新，也擅长电商运营和社会化营销，这些新生代品牌在竞争中呈现出独特优势，并主导着行业格局。

蕉下的高端定位在品类扩张过程中始终一致，既保持了品牌价值的稳定，也顺利完成了从单品策略向多品类发展的过渡。2021 年，蕉下的服装超过其伞具的营收，成为营收第一的品类。

防晒场景具有明显的季节性特征，通过防晒伞切入市场、防晒场景拓展品类之后，蕉下如何继续增长呢？特别是在秋冬季节。防晒用品这个赛道季节性太强，蕉下想要继续扩大市场规模，就一定要有跨季节性的新品类。

于是在 2021 年，蕉下推出了女鞋和其他服饰产品。其先后推出板鞋、马丁靴、雪地靴甚至是内衣，每个产品的操作方式基本是一种款式只出一款，采用最经典的版型作为基础，配以多种颜色，这些产品都突出了轻便、柔软等卖点，比如，其马丁靴采用了非常规的纺织布面料，跟市面上皮质硬挺的马丁靴相比，“柔软轻便”就是其主要卖点，同时结合大量社交传播引流，推出市场后这款马丁靴的销量就排在了马丁靴类目的前列。对于蕉下而言，防晒品类受季节性影响很大，将触角伸到市场更广泛的户外领域，无疑也会拓宽品牌全季节商业化市场。

自从 2023 年 3 月蕉下以一支《惊蛰令》全网刷屏以来，它就开始逐渐颠覆大众印象——接连发布品牌三部曲，官宣代言人周杰伦，联合艾瑞咨询发布《轻量化户外行业白皮书》，推出新品全地形户外鞋、气绒冲锋衣、骑行头盔、滑雪服、露营车，把门店开到近 300 家……一系列动作，描绘出蕉下“做大众户外生活方式品牌”的大致轮廓。

蕉下在提出轻量化户外品牌战略后，希望推出秋冬能够代表品牌轻量化户外精神的大单品。一开始，蕉下考虑了很多品类，比如滑雪服和羽绒服，但羽绒服已经是大众标品，是一个很成熟细分的市场，增量空间不是很大，户外心智也不够强，而滑雪服是个过于垂直细分的品类，全民化难度较大。因此，最终蕉下选择了市场规模正在迅速增长的冲锋衣赛道，重点发力“全天候（风雨冷暖都能穿）”“全季节（一衣穿三到四季）”的三合一冲锋衣，因为它既能部分取代羽绒服城市保暖功能的需要，又具备户外防护功能。

2023 年 9 月，蕉下上新了冲锋衣产品线——气绒冲锋衣。所谓轻量化户外，并非局限于专业的徒步、登山，还可以是露营、飞盘、钓鱼等多个户外场景。这意味着，蕉下切入的是更贴近日常生活、对新手更友好的户外产品。比如，在冲锋衣面料上，蕉下采用了 Jech LTShell 轻量化新硬壳。

蕉下认为，目前冲锋衣品类存在“过于顶部、底部两极分化”的痛点——在品类底部市场，各商家售价便宜的冲锋衣，很多并不符合新国标对冲锋衣品类的规范，不够耐磨，也不能够在户外起到防护作用；而在品类顶部市场，冲锋衣的设计为了满足极限户外的防护需求，牺牲了部分穿着舒适度。这制约了冲锋衣成为全民大单品，在这两极之间其实有大量未被满足的空白的消费者需求。蕉下瞄准的就是这个空间，它想做千元内的专业户外冲锋衣，并解决传统冲锋衣的痛点，在城市、户外实现跨场景使用，兼具硬壳的防护力和软壳的舒适轻量，集合羽绒和抓绒内胆的优点。

蕉下以防晒为切入点，通过自主研发防晒面料和黑胶涂层技术推出小黑伞，成功占据消费者防晒心智。随后推出的“轻量化户外”品牌核心理念，将产品线从防晒扩展至全季节、全场景的户外装备，其成功离不开一系列的创新举措，更是对市场机遇的把握和用户需求的深度洞察。

（资料来源：作者参考相关资料编写）

思考题

1. 创业之初，蕉下是如何凭借单品切入市场的？
2. 蕉下为何从单品策略向多品类发展？
3. 以户外日晒防护品牌起家的蕉下为何进入冲锋衣市场？
4. 蕉下是如何实现产品差异化的？

4.1 产品开发与创新概述

产品是企业给市场的交付物，是企业的价值所在，是企业得以存在的基础。而新产品则是企业创新给市场的交付物，是技术创新、产品创新、服务创新、商业模式创新乃至管理创新或营销创新的载体或结果。企业通过不断地改进和创造新产品来满足用户不断变化的需要，并最终获得市场回报，形成良性循环，使企业实现可持续成长。

4.1.1 产品的定义与内涵

人们对产品概念的认识是一个不断发展的过程。人们最早认为产品就是有形的，其实不然。在商业领域，产品是由企业生产出来的可出售事物，包括有形的（如针、可乐、房子等实物产品）和无形的（如股票、理财、保险等产品）。现今比较流行的互联网产品，是指网站为满足用户需求而创建的用于运营的功能及服务，它是网站、App、工具应用、软件系统与服务的集成，是运行在智能硬件上的软件产品。因此，产品是能够提供给市场，被人们使用和消费，并能满足人们某种需求的任何东西，包括有形的物品、无形的服务、组织、观念或它们的组合。

虽然产品有多种表现形态，但其共性是能满足用户需要。产品满足用户需求的程度，是一个用户感知或者体验的过程，用户需要将其感知到的价值与感知到的成本进行比较和权衡，才能进行购买决策。企业深刻、准确地洞察用户的显性和隐性需求，是新产品开发的关键所在。

产品可以划分为 5 个层次：核心产品、基本产品、期望产品、附加产品、潜在产品。通常，产品开发需要构思并交付的是一个围绕核心产品的完整的产品。

(1) 核心产品：用户真正购买的或真正需要的，代表了产品最基本的层次。例如，酒店，客户购买的是休息和睡眠。

(2) 基本产品：满足核心产品必须具备的有形内容，代表了产品对核心产品的基本支撑。例如，一家酒店的房间要有床、卫生间、毛巾、书桌和衣柜。

(3) 期望产品：用户在购买产品时对产品属性（特性、功能）的期望。例如，顾客期望一家酒店要有干净的床、新的毛巾、亮度足够的台灯和安静的环境。

(4) 附加产品：产品所提供的服务和承诺，代表了用户对服务的期望。

(5) 潜在产品：尚未提供的或尚未想到的内容或定义，能够给用户带来惊喜，并使得产品从众多竞争产品中脱颖而出，代表了产品未来可能的发展趋势。

产品的 5 个层次，体现了产品满足用户需求的核心内涵，特别是核心产品需求；也体现出产品通过有形载体、无形服务等，满足用户的基础需求、期望需求、惊喜需求等逐级提高附加值的过程；同时体现出产品是未来如何满足用户潜在的、无法说出的需求的内涵。

【拓展阅读 4-1】美团外卖的产品层次

用户购买产品不仅是购买产品的物质形态，也是购买该产品所提供的总体价值，对 5 个层次清晰而深刻的认识，树立产品的整体概念，更好地满足用户需求。

4.1.2 产品的类型

了解不同的产品类型有助于我们更深度地理解产品的内涵及外延，在进入产品开发环节前形成基本认识。

1. 基于耐用性和有形性的分类

基于耐用性和有形性可将产品分为以下 3 种类型。

(1) 易耗品。易耗品是有形商品，通常有一种或几种用途，如啤酒和洗发水。

(2) 耐用品。耐用品是可长久使用的有形商品。例如，电冰箱、机械工具和服装。耐用品通常需要更多的人员推销和服务，应获得较高的利润和更多的卖方保障。

(3) 服务。服务是无形的、不可分割的、多样化的和不能储存的商品。因此服务更需要质量控制、可信性和适应性。例如，美发、法律咨询和家电维修。

2. 基于用途的分类

基于用途可将产品分为两种类型：消费品和产业用品。

(1) 消费品。消费品包括便利品、选购品、特殊品、非寻求品等。便利品通常是消费者频繁的、不费工夫就能立即购买到的产品。便利品还可以进一步分类：日用品是消费者有规律购买的商品；冲动品是那些事先没有计划，也不用费力寻找而购买的商品；应急品是在急需的情况下购买的商品。选购品是指消费者对适用性、质量、价格和款式等进行有针对性比较而购买的商品，如家具、服装和大型家电。特殊品具有独一无二的特征或品牌识别，并且有足够数量的消费者愿意为之付出特别的购买努力。非寻求品是那些消费者未曾听说过或通常不会想到要买的商品。

(2) 产业用品。产业用品包括材料和零部件、资本项目、补给品和商业服务等。材料和零部件，是最终要完全转化到生产商所生产的成品中去的商品，它们进一步分为两类：未加工的原材料和已加工的原材料及零部件。未加工的原材料包括农产品 (如小麦、棉花、水果和蔬菜等) 与天然产品 (如木材、原油、铁矿石等)。已加工的材料和零部件包括成分材料 (如铁、纱线、水泥、五金等) 和组成部件 (如小型马达、轮胎、铸件等)。资本项目是帮助开发和生产最终产品的长期持久的商品，包括两类：设施和设备。补给品和商业服务是促进开发或管理最终产品的短期产品和服务。补给品包括维护和修理品 (如油漆、小五金、扫帚等) 以及操作补给品 (如润滑油、煤炭、书写纸、铅笔等)，商业服务包括维护和修理服务 (如擦玻璃、复印机维修等) 以及商业咨询服务 (如法律咨询、企业管理咨询、广告等)。

4.1.3 产品创新及其分类

从创业的角度来看，产品创新是受用户驱动和市场检验的，而不是受发明驱动和专家检验的。开发新产品是对用户需求和愿望的综合回应，一款成功的新产品需要将技术作为可以被使用、被渴望并且有用的产品或服务，完整地传递给用户。

产品创新，既包括企业提供某种新产品或新服务，也包括企业生产和传输产品或服务的新形式。新产品开发是指把任何一种新的生产要素或生产条件引入生产系统，使产品的核心价值、形式或者附加价值发生改变，为企业创造新的市场需求的过程。因此，产品创新是一个包含新产品开发的更广泛的概念，它既包含新产品的开发，又包括对现有产品的改进。产品创新可以分为突破性创新和改进型创新两大类。

1. 突破性创新

突破性创新是指基于突破性技术的创新，使产品、工艺或服务具有前所未有的性能特征，或者具有相似的特征但是性能和成本都有巨大的提高，或者创造出一种新的产品。突破性创新是做世界上没人做过的产品，它并不是按照企业主流用户的需求进行改进的创新，可能是暂时还不能满足企业主流用户需求的创新。突破性创新是基于工程和科学原理上的突破性技术而产生的创新，此类创新往往推动产品性能主要指标发生跃迁，促进市场规则、竞争态势，甚至整个产业发生变革。突破性创新的最初提出以及后来更多地反映在诸如产品、技术层面，其实质是“采用破坏性方法和力量产生突破性创新和思想的一种方法”。

2. 改进型创新

改进型创新是将有人做过的产品做得更好，是基于现有技术、生产能力、市场和用户，对现有技术的改进所引起的渐进的、连续的创新。改进型创新通常是在创新“领导者”的基础上进行快速的逆向工程研发，并适当改进、优化领导者产品的部分不足之处。进行改进型创新的企业通常是“快速跟随者”，比如智能手机领域的三星、华为、荣耀、OPPO、vivo、小米等。

【拓展阅读 4-2】戴森 (Dyson) 无叶风扇

改进型创新根据改进幅度的不同，又可以分为两类：

(1) 重大改进型创新：在现有产品的基础上改进幅度在 30% 以上的新产品。

(2) 微小改进型创新：在现有产品的基础上改进幅度在 30% 以内的新产品。

创新型企业要由微小改进型创新走向重大改进型创新，由重大改进型创新走向突破性创新，不能停留在微小改进型创新“不能自拔”(图 4–1)。

图 4–1　三种产品创新方式

4.2 设计思维与产品开发

设计思维是一种以用户需求为核心、通过系统性流程解决复杂问题的创新方法。它起源于 20 世纪设计领域，经 IDEO、斯坦福 D.school 等机构推广，成为全球企业、教育及社会创新的通用工具，设计思维为产品的开发与创新提供了可靠的思维与流程。

4.2.1 设计思维：像设计师一样思考

设计思维的最大贡献，在于它能帮助普通人像设计师一样思考。

设计思维是一种以人为本、迭代创新的问题解决的方法论，它融合了设计师的敏感性、工程师的严谨性及商业策略家的洞察力。这种思维方式强调从用户的角度出发，深入理解他们的需求、痛点与期望，通过跨领域的团队合作，运用一系列创造性工具和技术，不断进行试验、原型制作与测试，以期找到既满足用户需求又具备可行性和可持续性的解决方案。

设计思维不仅仅是一种方法论，更是一种文化和心态，它鼓励团队合作、快速学习和持续创新，使得组织能够灵活应对市场变化，创造出真正满足用户需求的产品和服务。在快速变化的今天，设计思维已成为许多行业和企业提升竞争力、推动创新的关键驱动力。

1. 设计思维创新三要素

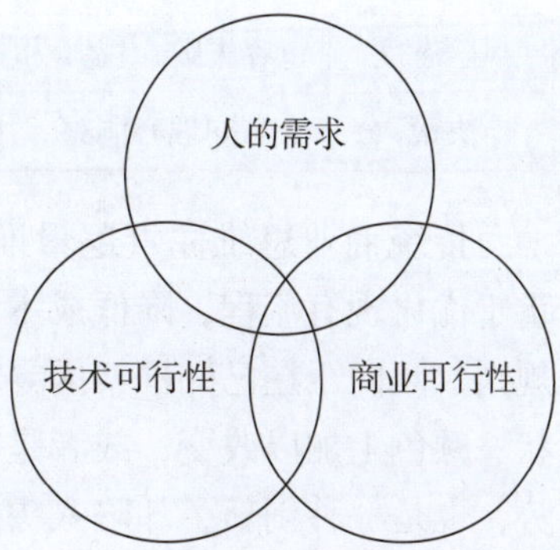

图 4–2　设计思维创新三要素

设计思维的核心目标是创造用户愿意用、技术可实现、商业能持续的解决方案。在设计师眼中，一个好的设计目的地一定是在满足人的需求、商业可行性和技术可行性三者交合的地方 (图 4–2)。只有需求，创意无法落地；只有技术，产品无人问津；只有商业，便会陷入短视逐利。人的需求、技术可行性与商业可行性构成创新的三个重要维度，三者相互制约又彼此赋能。

设计思维的出发点是人的需求，它强调必须深入了解用户，找到用户的痛点，并据此设计出满足用户需求的产品或服务。满足人的需求是产品创新的关键，只有用户真正想要的产品或服务，才能在市场上取得成功。

商业可行性要求产品创新必须符合企业的战略规划和业务目标，具备商业可行性。在设计过程中，团队需要考虑产品或服务的成本、收益、市场潜力等因素，确保其能够为企业带来持续的利润。此外，商业可行性还涉及对市场竞争、政策法规等方面的考量，确保产品或服务能够在市场上立足并持续发展。

技术可行性是产品创新的基础。它要求产品或服务的设计必须符合企业当前的资源和能力要求，具备技术上的实现可能。在设计过程中，团队需要对现有技术进行评估，了解技术限制和潜在的技术挑战，以确保设计方案能够在技术上得到实现。同时，技术可行性还涉及对未来技术发展趋势的预测和把握，以便及时调整设计方案，保持产品或服务的竞争力。

2. 设计思维与传统商业思维的区别

设计思维与传统商业思维属于两种不同的思考问题和解决问题的方式。设计思维聚焦用户价值创造，传统商业思维则侧重商业价值捕获。传统商业思维是站在现状的基础上考虑问题，寻找出问题并发现解决方案。设计思维是站在客户需求或者潜在需求的基础上考虑问题，寻找如何实现客户渴望的解决方案。表 4–1 列出了设计思维与传统商业思维的主要区别。

表 4–1　设计思维与传统商业思维的主要区别

维度	设计思维	传统商业思维
根本假设	主观感性的	理性、客观的
出发点	以人为本，关注人的需求和体验	基于现有产品或业务，关注市场机会和价值取向
思维模式	发散性思维优先，非连续性的，跳跃性的	收敛性思维优先，逻辑推理和分析为主
流程特点	非线性迭代	线性规划
风险态度	包容失败，视其为学习机会	规避风险，追求可预测结果
决策	依靠同理心洞察、用户行为数据	依靠逻辑推理、数学模型

传统商业思维注重逻辑推理与分析，基于现有市场趋势和业务模式进行决策。它侧重于优化现有流程，降低成本，提高效率，以实现利润最大化。传统商业思维强调执行与规则，倾向于在已知框架内寻求最佳实践，而非突破创新。基于此的产品设计在产品的形状、颜色上加以改变，或者是在某些功能上加强或增加，有成本控制、效率提升方面的优势，也是一种创新，却陷入头痛医头，脚痛医脚的“打补丁”式创新。这种创新的优点是成本低、风险小，缺点是需要的时间比较长，而且很难产生让人惊叹的、有震撼力的、颠

覆性的产品。

而设计思维以用户为中心，强调深入洞察用户需求，通过同理心理解用户痛点，进而激发创新解决方案。它鼓励跨领域合作，融合多学科知识，采用迭代原型的方式，不断测试、反馈与优化，直至找到最佳设计。设计思维不仅关注产品的功能性，更重视用户的体验与情感连接，旨在创造超出用户预期的价值。

设计思维与传统商业思维在核心理念、方法论及目标导向上的不同，使得设计思维在应对复杂多变的市场环境、激发创新潜能方面具有独特优势。一般来说，当问题或机遇尚不确定，且人们需要突破性创意或概念时，如开辟新市场或者实现显著的收入增长，就是应用设计思维的最佳时机。在商业领域，运用设计思维取得成功的案例已有很多，如新创企业、设计业务模型、流程改善等。而近年来，设计思维在新产品开发和创新领域的普及度有了显著提高。

3. 设计思维的主要特征

设计思维从客户日常的活动、行为、习惯、想法、情感、碰到的难点问题以及周边环境等出发，进行探索，发现客户隐藏的需求；从客户偶然的一个行为，或者痛点，进行探索发现，寻找新的技术，利用设计思维方法，实现产品、服务等颠覆性的创新；最后实现企业的价值，超越客户的需求，获得和别人完全不同的产品或者服务。这些正是新企业为满足市场需求，进行产品开发与创新所亟需的。设计思维不仅仅是工具，也是一种思维范式，具有其独有的特征。

(1) 图像思维。图像思维也称视觉思维，简单地说就是用地图、图解等方式来表达想法、概念、流程及关系等。图像思维的关键是“视觉化”。心理学研究表明，人类大脑50% 以上的信息处理能力，都是用来处理视觉信息的。由此表明，图像表达的好处在于：直观，有趣，便于沟通。

(2) 情景思维。情景思维也称场景思维，它是一种以“场景中的人”为思考对象，以交互关系为思考核心的思维方式。情景思维的本质是从用户的真实需求出发，以人为中心的思考。其好处在于：首先，基于场景去观察人，能够更好地理解场景中人的需求；其次，转变单一的以物为中心的局限思维，能够为他人营造更好的体验。使用情景思维需要掌握 3 个技巧：一是基于情景的观察，在尊重事实的基础上，避免加入主观判断和理解。二是讲故事，故事会使我们所要了解的人物和事件变得鲜活，同时还能够打动听故事的人，由此而引发情感的共鸣。情景故事有 3 个基本要素：人、场景和活动。三是造景，即设计和布置一个场景，通过物理环境的变化，改变物、人与场景之间的关系，营造一种“身在其中”的体验。

(3) 关联思维。关联思维是指将看似不相关的一组事物、问题或想法关联起来思考的思维方式。这种思维方式能够帮助人们看到事物内在的关联性，有助于启发新的视角和创造力。最常见的关联首先是概念之间的关联，其次是事件之间的关联，最后是领域之间的关联。在现今的社会环境下，市场竞争已经不再是行业内的竞争了，看似完全没有竞争关系的行业，都可能在未来某个时刻颠覆本行业。关联思维可以用于解决复杂问题和在不确定的环境中发现机会，如果说图像思维关乎注意力、情景思维关乎感知力，那么关联思维则是关乎想象力。提高关联思维能力，最重要的是保持好奇心和开放的心态，多学习，勤思考，尽可能多地与不同领域的人接触或合作，从他们身上学习新鲜的视角和不同的思维方式。

(4) 用手思维。用手思维是一种在做的过程中去探索和发现的思维方式，这种思维方式具有敢于试错、善借原型和重视反馈等特征。用手思维可以让具体的道具成为思考的跳板，也能让设计更好地得到检验。另外，把想法具象化的过程可以让人发现更多，不但可以使人看到某些不可行的地方，更有助于激发人更多的灵感。

4.2.2 设计思维的操作流程

经过长期的检验和完善，设计思维已经形成了一整套坚实的方法体系，也形成了多种流程框架，设计思维不是一种线性流程，所以不会按照线性顺序来进行。设计思维的目的是尽快生成潜在解决方案，即使我们的知识还不完备，得出的解决方案仍然存在欠缺，但也能从这些初始的解决方案中获取更多知识，得到更明确的想法和更好的解决方案。设计思维比较典型的且具代表性的结构化步骤是斯坦福大学 d.school 所采用的 5 步骤模型，容易为人所理解和接受，成为理论界和实践界应用更为广泛的框架 (图 4–3)。

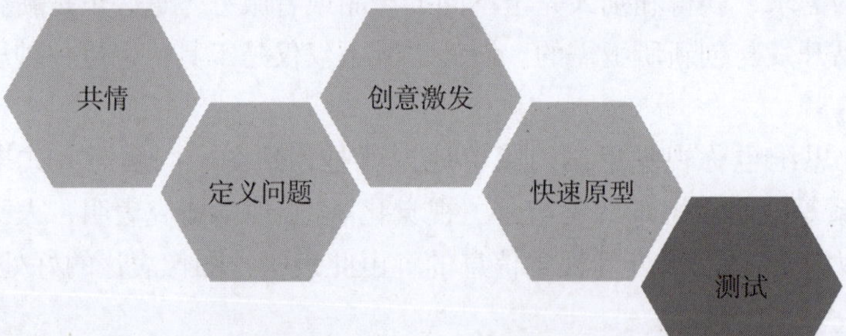

图 4–3 设计思维 5 步骤模型

【拓展阅读 4–3】
斯坦福大学案例：
婴儿保育设备

1. 共情

共情，意思是要有同情心、同理心，指的是对用户进行研究，采用访谈观察等各种同理心洞察的工具把握用户工作生活实践中的痛点、忧虑与期盼等。

共情是以人为中心的设计思维流程中最核心的环节，它是定义和解决问题的基础。共情的突出特征，就是尽一切可能站在利益相关者的角度去想问题，并以此出发去解决问题。

共情的一个重要方法是观察，不仅要观察行为本身，还要结合被观察者的生活场景去观察，看他做了什么、怎么做的，思考他为什么这么做，目的是什么，还要思考他这个行为所带来的连带效应是什么。共情的另一个重要方法是访谈，即通过与用户“邂逅”，可以进一步地了解用户行为背后的真实想法。

【拓展阅读 4–4】
常见用户访谈方法

除了观察和访谈，还可以亲身体验和尝试，让自己模拟对方，细细去体会这种感觉。比如，我们要为老年人或者行动不便的人士设计更便捷有效的生活方式：更加合理的红绿灯设定、更易推开的门、更易上下的楼梯……不如找把轮椅自己坐上去，尝试穿越两条马路，推开商店的大门，用夹板固定膝盖尝试上下楼梯，在这个过程中转换视角去体会和观察，总有意想不到的收获，而这些都是找到用户真实痛点和需求入口的好办法。

在此阶段，我们也可以使用 APOEM 观察表、同理心地图、用户旅程地图、用户画像等工具协助完成对用户需求进行探索。

【拓展阅读 4-5】
APOEM 观察表

2. 定义问题

定义问题是在洞察用户的基础上，对其未满足的需求予以明确界定。当上一流程中大量共情信息展露出来之后，接下来要做的就是信息整合的工作。这一环节会用到大量右脑思维，如关联思维、直觉思维等，当然，也要用到逻辑推理思维。在看似混杂、无序的信息碎片中经过一系列巧妙的思维加工，才能定义出要解决的问题是什么。如果说在“移情”中扮演的是人类学家的话，那么在“信息整合”中就要扮演艺术家的角色。

这个步骤的一个重要产出就是一个有意义且可行的对问题定义的表述。一个完整的问题表述由三部分组成：利益相关者 、需求、洞察。简单说就是：我们的客户是谁？我们想解决的是什么问题？对于这个我们想解决的问题，我们有哪些已有的假设？有什么相关联的不可控因素？我们想要的短期目标和长远影响是什么？我们的基本方法是什么？

总的来说，定义问题就是定义出自己的立足点，让人清楚地知道你想干什么。

【拓展阅读 4-6】
星巴克的第三空间概念

3. 创意激发

创意激发阶段是针对前期已界定的用户需求，通过群策群力开展尽可能多的创新性想法，产生众多的创意点子并进行筛选凝练，在此基础上形成解决方案。

想要找到好的解决方案，前提是先拥有大量可供选择的方案。因此，在创意激发阶段，首要任务是寻找尽可能多的创意和可能性，先不用考虑创意实现的可能性，也不用考虑哪个想法是最佳的，这是一个做加法的过程。在这个过程中，需要通过集体智慧获得众多的想法，头脑风暴是一个可行的方法。头脑风暴可以多次在多种场合使用。六顶思考帽的创新工具可以帮助团队成员从不同角度审视问题，促进全面思考和达成共识。思维导图创新工具也可以用于创意激发阶段，通过整理和展示用户需求、问题定义和初步想法等信息，从而帮助团队成员更好地理解和分析问题，并激发新的解决方案。另外，类比思维、逆向思维等也可以在这个环节帮助产生更多高质量的创意。

4. 快速原型

快速原型通过制作原型能够将一个抽象的想法或概念变成人们可以感知的东西，借由它直接跟用户沟通并寻求反馈，它是介于创意与产品之间的一个过程。当我们得到了大量的创意概念，要将之付诸产品时，可以通过快速制作廉价原型让创意变得可见、可感，在你爱上自己的创意之前，让其他人来进行评价。

快速原型的优势就是能够让设计师快速且低成本试错，而制作原型的过程也是一个思考的过程，通过不断地测试和迭代，会越来越接近最终的解决方案。原型的形式有很多种，可以是贴满纸的一面墙、一个简单的装置、几幅手绘草稿、一块故事板或者一段视频等。制作原型的关键要点就是快速，不要花太多时间去思考和寻找材料，身边任何一种材料都可以被拿来制作原型。

【拓展阅读 4–7】原型的呈现方式

【拓展阅读 4–8】原型的不同用途

5. 测试

测试强调的是把开发出的产品或设计出解决方案原型不断地送到用户情景中，听取用户的反馈意见并不断优化，直到达到用户满意为止。

测试环节提供了一个很好的机会，让设计师可以更深入地去了解利益相关者，并且为修正解决方案提供依据，但这并不意味着即将成功，在测试之后，很有可能需要重新制作原型，然后反复测试、不断迭代；还有可能发现当初的需求点没找对，需要重新定义问题，于是从定义问题开始又进入了一个再循环的过程。

【拓展阅读 4–9】测试的方法

4.2.3 设计思维的通用原则

设计思维的流程很重要，且每种模式都有经过验证的特定工具及投入、产出和固定活动。但同时，设计思维是一种方法论，用于为寻求未来改进结果的问题或事件提供实用和富有创造性的解决方案。它是一种以解决方案为基础的，或者说以解决方案为导向的思维形式，它不是从某个问题入手，而是从目标或者是要达成的成果着手，然后通过对当前和未来的关注，探索问题中的各项参数变量及解决方案。在这一方面，设计思维有一套通用原则。

1. 以人为本原则

以人为本原则要求设计师从以产品和技术为中心，转变为以价值、体验和人们的需求为中心；尽管产品和技术也是满足客户需求的重要手段，但是它们的作用应该是推动解决方案的生成，从而满足客户需求。以人为本重要的是换位思考，换位是指站在他人的角度看待和理解事物，在精神和情感上与对方产生共鸣，真切体会到他人的情感和感受，并做出符合对方期望的回应。

无论是生活中与人相处，还是工作场合管理他人和为客户解决问题，换位思考都是非常重要的一项能力。因为只有通过共情、换位思考，以及更多地用他人的眼光发现、经历、理解和感知这个世界，才能更好地做到“以人为中心”。换位思考必须做到以下5步：

(1) 对他人的关注。

(2) 放下自我。

(3) 倾听、观察和感知，真正做到进入对方的内心。

(4) 真正理解对方的感觉和需求，并能够准确描述出来，使双方的情感融为一体。

(5) 做出符合对方期望的回应。

2. 跨学科协作原则

设计思维中的跨学科协作原则要求，融合不同学科的知识、技能和视角，共同解决复杂问题。在协作中，设计师、工程师、市场营销专家等来自不同领域的专业人士紧密合作，共同探索出新的设计理念和解决方案。跨学科协作促进了创意的碰撞和融合，有助于打破传统思维定式，发现新的设计可能性。同时，它还能够确保设计作品既具有创新性，又具备实用性和市场价值。通过跨学科协作，团队成员可以相互学习、共同成长，提升个人和团队的创新能力和竞争力。这种协作模式不仅适用于产品设计领域，还可以广泛应用于教育、医疗、城市规划等多个领域，推动社会创新和进步。

在跨学科合作中，需要拥有不同背景和培训经历的团队，团队成员应该对不同的观点和能力持包容态度。虽然团队构成在整个项目进程中应该尽量保持不变，但是有时在特定的模式或活动中吸收一些组织外的成员，未必是一件坏事，如客户、供应商，或者其他学科的专家。

3. 失败中学习原则

失败中学习原则强调从失败中汲取教训，不断迭代和优化设计方案。在设计过程中，失败是不可避免的，关键在于如何对待失败并从中学习。设计思维鼓励团队成员积极面对失败，将其视为一种宝贵的反馈机会，而不是终点。如果失败被视为知识的来源，那么经常和早期的失败也会促使团队内部加速学习过程。

设计思维希望在项目的快速迭代中能尽早引发失败——特别是那些常见的失败。通过分析失败的原因和过程，团队可以深入了解用户需求、市场趋势和技术限制等方面的信息，为下一次设计提供有价值的参考。同时，失败中学习也促进了团队成员之间的沟通和协作，增强了团队的凝聚力和创新能力。在设计思维中，失败被视为一种成长的机会，它激励团队成员不断挑战自我，勇于尝试新的设计理念和解决方案。通过不断迭代和优化，团队可以逐渐逼近最佳设计，创造出更加符合用户需求和市场趋势的产品或服务。因此，在设计思维的失败中学习是推动设计创新和提升设计质量的重要手段。

4. 可视化思考原则

设计思维中的可视化思考原则是将抽象概念、数据和流程转化为直观图形的过程，旨在促进理解和创新。通过绘制草图、制作原型、构建流程图等手段，设计师能够将复杂问题具象化，揭示隐藏的关系和趋势，从而更深入地理解用户需求。可视化思考不仅有助于团队内部的有效沟通，还能激发新的创意和解决方案。它使设计师能够迅速识别并调整设计中的不足，通过迭代优化来提升产品或服务的体验。此外，可视化思考还能帮助设计师更好地理解用户反馈，从而做出更加精准的决策。可视化思考是设计思维中不可或缺的一部分，它促进理解、沟通和创新，是提升设计质量的关键工具。

4.3 最小可行性产品开发

与设计思维一样，精益创业的出现为创业思维及产品开发提供了有用的范式。两者有诸多相似之处，它们都要求以人为本，关注迭代优化和实践反馈，并鼓励创新。设计思维在以用户为中心的基础上，为产品开发提供了可具体操作的框架与流程，而精益创业可以衔接设计思维的产出，同时为最小可行性产品 (Minimum Viable Product，MVP) 开发提供了方法体系。

4.3.1 精益创业背景下的产品开发

创业的过程，是发现并验证用户的需求与痛点，提供相应的创造性解决方案，从而创造新的价值。如何发现并验证用户的需求与痛点？如何尽可能保证创造性的解决方案得到市场的认可？精益创业为产品开发提供了高效且灵活的方法论。许多成功的企业都采用精益创业背景下的产品开发方法。精益创业背景下的产品开发方法强调以用户为中心、快速试错和持续改进。这种方法论有助于降低市场风险、提高产品开发成功率，并满足不断变化的市场需求。

1. 传统产品开发模式的弊端

传统产品的开发按照一系列固定的阶段顺序进行，首先基于初步的市场调查，或者开发者自己的直觉灵感，形成一个新产品的概念，然后进行产品设计和开发，在经过内部测试、公开测试之后，正式发布产品投放市场。这种传统的瀑布模式是一种线性的产品开发方法。很多大公司推出新产品基本按照这样的流程和思路。

这种传统的瀑布式产品开发流程，花大量的资源、精力将产品投放市场以后，才知道用户是否喜欢。在当今快速变化的时代，产品开发的过程中，用户的需求也在不断发生变化，如果产品到最后才发现不是用户真正需要的，此时弥补为时已晚。

传统的产品开发模式，有两个基本的假设：一是用户的痛点已经确定，二是除了痛点解决方案也是确定的。它比较适合竞争不太激烈，对新产品开发周期要求不太紧迫的情况，以及一些已经比较成熟的大公司，因为这些大公司的商业模式已经确定。而对于新企业来说，用户是谁？用户在哪里？这些基本的问题都是未知的，如果初创公司按照这样的模式来引入新产品，可能是致命的错误。

2. 精益创业的兴起

传统的创业模式通常聚焦在创业者个人特质、能力和资源禀赋上，认为成功的创业活动主要依靠创业者的天才创意和风险投资。创业者将创意进行封闭式的产品开发，经过内部或外部测试，把最终产品投放到市场。这种创业模式速度快，能够在短时间内营造出声势浩大的阵仗，吸引众多风险投资者参与，被称为“火箭发射式”创业。这种创业模式忽略了用户和市场的动态反馈，缺少持续的试错、验证和迭代过程，在实践中导致了大量的失败和浪费。

硅谷创业家埃里克·莱斯 (Eric Rise) 对“火箭发射式创业”进行了反思，于 2012 年在其著作《精益创业》(*Lean Startup*) 中提出了精益创业的概念，并将其定义为：在不确定和复杂的创业环境中，通过投放最小化可行性产品进行主动试错和科学验证，以最低成本进行产品迭代优化，适应市场的需求和变化。

精益的意思是“精瘦的”，和常规“肥大版”的创业相比，精益创业舍弃了大量的外部资金投入、精心编制的商业计划书以及打造完美的产品的思想，而突出如何通过科学有效的方法论，尽可能快速低成本试错，缩短产品的开发周期，避免不必要的资源浪费。许多创业者在创业初期处于一种无序的状态，精益创业形成了一套科学化的方法论，可以帮助创业者快速低成本试错。精益创业不能保证创业一定成功，但无疑将会大大降低创业的失败率。精益创业的概念不仅仅是适合创业者学习，也适合应用在日常的工作、生活、学习中，帮助正在探索未知任务的个人和团队小步快跑、快速迭代，更低成本、更快速试错，验证一些假设，提升成功率。

精益创业核心思想是低成本快速验证商业假设。用户的需求和痛点是未知的，先基于假设尽快提供一个最小可行产品，然后通过不断学习和收集有价值的客户反馈，对产品进行快速迭代、优化以期适应市场。精益创业者通过用户探索和用户验证来定义用户痛点和解决方案，并对其进行新一轮验证。如果验证的结果不能满足用户需求，就及时调整，回到精益创业的起点。在经过反复快速探索、验证后，便可进入用户生成和积累阶段。而在后期的企业运营阶段，企业可以将快速验证聚焦于强化产品的价值主张、树立竞争门槛和拓展用户。

3. 精益产品开发

基于精益创业思想的产品开发，可以克服传统产品开发模式的弊端，更适合需求多变、快速发展的创新型项目和激烈的市场竞争环境。

在精益创业的思维框架下，产品的开发不用等待完美，而是迅速将创新的想法变为最小可行性产品，在尽可能短的时间内把它呈现到用户面前，观察实际的市场行为，基于用户的反馈调整市场战略，或对产品进行快速迭代优化，以较低的商业风险实现预期的商业目标。因此，精益产品开发聚焦以下要点。

(1) 快速。精益创业模式下，所有的创新想法和行为都在极短的时间内呈现出来，通过抛弃其他附加功能，把最主要的、极简的产品展现给用户。无论成功或失败，企业都能以最快的速度验证产品。

(2) 低成本。采用“十年磨一剑”式传统、长期的研发方式，可能会错过最佳的产品投放时间。花费了大量人力、物力和时间所开发出的产品可能已经不是市场所需要的。这种巨大的浪费不仅会给创业者、企业带来经济损失，还会对团队的士气造成沉重打击。精益产品开发采用的“最小可行性产品验证 + 频繁迭代”的策略，确保不会在用户认可前投入过高的成本。

(3) 高成功率。精益产品开发从最小可行性产品出发，过程中的每一次迭代都可以通过用户试用，了解用户对产品的看法，获取用户反馈的意见和建议。根据用户想法进行多次快速迭代后，不断优化的产品成果会越来越符合用户的心理期待，创新的成功率也会因此大大提升。

4.3.2 最小可行性产品的设计与验证

1. 理解最小可行性产品

最小可行性产品作为精益创业理论中的核心概念，指在产品设计和开发当中只具备最基本功能的产品，用于验证创业团队的商业假设，并能够为产品及其后续开发提供足够且有效的研究基础。如果假设得到了验证，再投入资源大规模进入市场；如果没有通过，那这就是一次快速试错，尽快调整方向。与常规产品不同，最小可行性产品侧重于对未知市场的勘测，用最小的代价来验证你的商业可行性。最小可行性产品的显著特点是：体现项目创意、能够测试和演示、功能极简、开发成本最低甚至是零成本。

最小可行性产品的概念最早由弗兰克·罗宾逊 (Frank Robinson) 提出，旨在解决产品开发，尤其是在产品的初次发布中的问题。在很多产业中，减少产品功能会让开发、测试和生产成本大幅降低，因此，将产品功能简化会让投入和产出的比例更加合理。但是，产品功能过少，可能会导致其日后投向市场的失败；而产品功能过于繁杂，则会导致收益回报率降低，甚至有亏损的风险。所谓的“最小可行性”到底需要小到什么程度，也是需要开发团队仔细斟酌和把握的。

在这里需要指出的是，最小可行性产品不是用于回答技术难题的，而是用于验证商业假设能否实现盈利目标的。因此，最小可行性产品可以是制作和销售产品的策略，也可以是在创意产生阶段、产品原型阶段、产品演示阶段或产品展示阶段等方面运用的概念。

在产品开发阶段，一个最小可行性产品可以让技术人员或工程师用最短的时间、花费最小的精力完成技术突破和成型优化。在开发最小可行性产品的时候，迭代和认知的过程是加速的，所以这个过程中投入的时间和精力其实并不少。这也就是需要减少不必要的功能从而做到“最小可行性”的原因。在验证商业假设的时候，创业者可以考虑多种方法并用的方式来达到目的。对于不同的商业模式和市场，所选的验证方法也有所区别。

2. 设计最小可行性产品

创业最忌讳的就是贪大求全，任何伟大的公司都是从一个细分市场逐渐成长起来的。比如，亚马逊最早只是一个网上书店，京东最初只是在论坛上卖光盘。创业的初期通常是从客户的一个小痛点出发，逐渐迭代成最终想要的功能。最小可行性产品的设计符合以上实践要求，可以参考以下流程开展。

(1) 定位天使用户，理解用户需求，定义关键假设。通过市场调研、用户访谈、竞品分析等手段，深入洞察客户需求和痛点，形成明确的产品需求文档。

(2) 构建最小可行性产品。基于用户需求，开发一个能展示核心功能、满足用户需求的最小可行性产品版本。首先进行功能排序，从最重要的痛点开始，先做减法，剔除可有可无的和暂时不必要的功能点。只保留最核心的功能，服务最小范围的天使用户。再做最低程度的开发，不需要完全成熟和完美，它甚至可能有一定的缺陷，但能够迎合天使用户的核心需求。比如，你想制造一辆汽车，那最小可行性产品不能只是一个轮子，因为仅凭一个轮子无法测试这辆汽车全部的核心功能，也不能是只是两个轮子或者只是一个车架，至少应该是一个外观即使不美观，但是能够动起来的样子。从图 4–4 可以直观感受最小可行性产品构建的核心点。

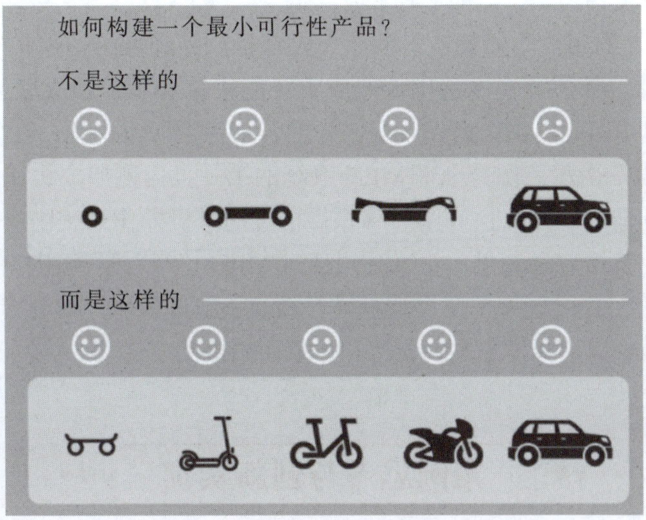

图 4–4　最小可行性产品的迭代思维

来源：张乐飞 . 独具匠心：做最小可行性产品 (MVP) 方法与实践［M］. 北京：人民邮电出版社，2021.

(3) 用户测试与反馈。先将最小可行性产品进行内部测试和评审，确保产品功能的可行性和用户体验的友好性。尽快将最小可行性产品推向市场，邀请目标用户进行测试，收集用户反馈，了解用户对产品的满意度和改进建议。

(4) 快速迭代。重复“构建→测量→学习”流程，根据用户反馈，对产品进行迭代优化，包括功能改进、界面优化、性能提升等，以提高产品质量和用户满意度。

3. 验证最小可行性产品

最小可行性产品的验证是产品开发中的重要一环，企业能基于此及时调整方向，避免资源浪费，确保产品满足市场需求，提高成功概率。验证最小可行性产品与设计思维中的测试环节有些类似，其常见的方法和途径如下。

(1) 用户的深度访谈。与真实的用户进行面对面的沟通，关注对方的表情等真实反应。向用户解释产品能解决的核心需求，询问用户对于产品不同部分的重要性的排序。根据收集到的信息概率，对产品进行调整。需要注意的是，用户访谈应该着眼于发现问题和解决问题，而不是一开始就向受访者推销产品，做到主动倾听。

(2) AB 测试，AB 测试是通过对比两种或多种不同版本的方案来评估它们表现差异的实验方法。其核心思想是在用户群体中随机分配不同的版本，然后通过数据分析判断哪个版本表现更好。

(3) 投放广告。投放广告是验证市场对应的产品反应的比较直接有效的方法。可以选择一些社交媒体平台，如百度、小红书、今日头条等，将产品投放给特定人群，关注访客对于早期产品的反馈。

【拓展阅读 4-10】
拼多多：社交裂变验证下沉市场

(4) 众筹。众筹网站是创业者测试最小可行性产品的很好的平台，创业者可以发起众筹，根据人们的支持来判断人们对产品的态度。众筹还可以帮助创业者接触到一群对他的产品有兴趣的早期用户，他们的口碑以及持续的意见反馈对于产品的成功非常关键。

(5) 建立社会性的用户沟通渠道。发挥人人都是产品经理的精神，建立天使用户或者种子用户的 QQ 群、微信群，这是比较低成本且能快速和用户建立联系的一种方式。比如，小米创业初期开发了 MIUI 操作系统，为配合第一个版本内测，在各大论坛寻找对科技产品深度热爱的发烧友，作为小米 MIUI 系统的第一批内测用户，深度参与 MIUI 系统的设计、研发、反馈等工作。这些用户率先将自己的手机操作系统刷成 MIUI 系统，进行深度体验，并实时反馈各种意见。小米公司通过 MIUI 论坛与这些用户保持紧密沟通，解答问题，征询想法，并根据用户反馈快速迭代改进 MIUI 系统。微电影《100 个梦想的赞助商》便是小米为感谢这些发烧友的支持和贡献而拍摄的。

案例思考与创新实训

案例与实训一：利用奥斯本检核表法进行产品创意激发

我们可以对日常生活中的产品进行微创新，奥斯本检核表法为这种微创新提供了一个大胆设想的示范。用制式提问表对某一主题进行研究，以防止思考角度的疏漏，更利于突破旧框框的束缚，从而发掘出解决问题的大量设想，按拟定的问题来开展全面、周密、多方位的思考，从而完善地解决问题。

以日常使用的普通闹钟为例，来看看奥斯本检核表法对于产品创新的变革意义，见表 4-2。

表 4-2　闹钟的创新检核表

序号	检核类别	新设想名称	新设想概述
1	能否他用	健康检测闹钟	闹钟内置传感器，监测用户睡眠质量（如呼吸、心率），结合起床时间推荐最佳唤醒时段
2	能否借用	非起不可闹钟	借用游戏设计，用户必须完成简单数学题或体感动作（如摇晃手机）才能关闭闹铃，避免赖床
3	能否扩大	家庭共享闹钟	联网闹钟可同步家庭成员日程，自动协调起床时间（如父母与孩子的不同作息）

（续表）

序号	检核类别	新设想名称	新设想概述
4	能否缩小	便携旅行闹钟	设计纽扣大小的磁吸闹钟，直接贴在行李箱或手机上，方便差旅使用
5	能否改变	柔性闹钟	用柔性材料（如硅胶）制作的闹钟，可折叠或吸附在任意表面，适应不同场景
6	能否替代	新能源闹钟	用太阳能或动能充电替代传统电池，实现环保供电
7	能否调整	智能闹钟	闹钟的设置参数是否可以重新调整，以满足不同用户的个性化需求？如调整铃声大小、音量渐变等
8	能否颠倒	反向激励闹钟	用户提前支付押金，按时起床可返还金额，赖床则扣款（如 Alarmy App）
9	能否组合	智能控制闹钟	与智能家居、其他智能设备相连接，如闹钟响铃后自动打开窗帘、启动咖啡机

案例思考与实训：

(1) 以上产品创新方法和实践对你有何启发？

(2) 依据以下步骤进行产品创新实训：

① 明确产品现状：选择一款感兴趣的产品。

② 应用奥斯本检核表对其进行创意激发。

③ 创意筛选与评估：收集所有创意，进行初步筛选，排除不可行或者低价值的想法，对剩余的创意进行评估，同时兼顾技术的可行性、成本效益、市场需求等因素。

④ 原型设计与测试：根据评估结果，选择最有潜力的创意进行原型设计，制作最简原型并进行用户测试，收集反馈意见，进行迭代优化。

【拓展阅读 4–11】
创新方法：奥斯本检核表法

案例与实训二：方太洗碗机——设计思维下的厨房革命

在繁忙的现代生活中，洗碗这一看似简单的家务活，却常常成为许多家庭的烦恼之源。方太通过其独特的设计思维和创新精神，成功地将洗碗机这一产品打造成了家庭厨房的理想助手，不仅解决了消费者的痛点，更引领了洗碗机行业的潮流。

一、需求洞察：从生活细节中寻找灵感

在无数中国家庭中，洗碗往往是一项烦琐而枯燥的家务，它不仅消耗大量的时间和精力，还常常因为油污难以清除而让人感到头疼。方太的研发团队从这样的生活细节中，捕捉到了消费者的真实需求。

2011 年，方太决定组建一支自主研发团队，专注于洗碗机的研发。他们深知，要想在竞争激烈的市场中脱颖而出，就必须打造出真正适合中国家庭的产品。为此，研发团队开始了长达 5 年市场调研和概念方案的探索。他们走访了 25 个城市，深度调研了 1000 多

个家庭，行程超过10万千米，只为更深入地了解中国家庭的厨房环境和洗碗需求。

在这个过程中，他们发现，中国家庭的厨房空间普遍较小，而传统的洗碗机往往体积庞大，安装复杂，且使用不便。此外，中餐的油污较重，普通的洗碗机往往难以清洗干净。这些痛点，成为方太研发团队需要攻克的首要难题。

二、定义问题，明确研发目标

通过同理心阶段的观察与倾听，方太的研发团队明确了洗碗机研发的核心问题：如何打造一款既适合中国家庭厨房空间，又能有效清洗重油重污餐具且功能多样的洗碗机？

为了解决这个问题，方太的研发团队进行了大量的市场调研和技术研究。他们发现，传统洗碗机采用的是纯水喷淋的清洗原理，其技术潜力已挖掘殆尽，难以满足中国家庭的需求。于是，他们决定打破常规，寻找全新的清洗技术。

三、激发创意，颠覆传统，开创水槽洗碗机

在创意阶段，方太的研发团队提出了一个大胆的想法：将洗碗机与水槽结合起来，打造一款水槽洗碗机。这样不仅可以节省厨房空间，还能让洗碗机更加贴近用户的日常使用习惯。

然而，将洗碗机与水槽结合并非易事。方太的研发团队遇到了诸多挑战：如何确保洗碗机与水槽的兼容性和稳定性？如何设计一种既能有效清洗餐具，又能去除果蔬农药残留的清洗系统？

为了解决这些问题，方太的研发团队进行了无数次的试验和改进。他们最终决定采用“开放式水泵、无管路结构”的设计，让洗碗机和水槽共享一个水路系统，从而避免交叉污染的问题。同时，他们还研发了高频超声和湍流冲击技术，用于去除果蔬表面的农药残留。

四、快速原型，实现从概念到实体的跨越

有了创意之后，方太的研发团队开始着手制作快速原型。他们利用3D打印技术，快速制作出洗碗机的各个部件，并进行组装和测试。在这个过程中，他们通过不断发现问题、解决问题，逐步完善洗碗机的设计和功能。

其中，最大的挑战在于无管路清洗系统的实现。国内外没有可以借鉴的先例，行业内有名的专家也认为无管路的清洗系统是不可能实现的。没有参考，所有的部件方太都要进行从无到有的自创。这个难题一度让方太洗碗机产品线总经理、系统工程师徐慧想要放弃。

然而，正是在这个关键时刻，徐慧在开车时突然由汽车的涡轮增压发动机获得灵感。增压可以提高水的扬程和流量效率，如果将这一原理应用到洗碗机中，或许可以解决无管路清洗系统的难题。于是，方太着手开发“开放式双泵”系统，以此解决传统洗碗机的二次污染问题。

经过无数次的试验和改进，方太终于成功研发出了第一台水槽洗碗机的快速原型。这个原型不仅具有洗碗和洗果蔬的功能，还采用了无管路设计，避免了交叉污染的问题。

五、测试效果，不断优化

在测试阶段，方太的研发团队对水槽洗碗机进行了全面的性能测试和用户反馈收集。他们邀请了拥有不同家庭背景的用户进行试用，并收集他们的使用体验和意见。

测试结果显示，水槽洗碗机在清洗效果和节水性能方面都表现出色。高频超声和湍流冲击技术能够有效去除餐具和果蔬表面的污渍和农药残留；无管路设计避免了交叉污染的问题，让用户更加放心使用。

然而，从用户反馈中也发现了一些问题。例如，有些用户反映洗碗机的噪声较大；有些用户则希望洗碗机能够具有更多的智能功能。针对这些问题，方太的研发团队进行了进一步的优化和改进。他们采用了更加静音的电机和降噪技术，降低了洗碗机的噪声；同时，还增加了智能互联功能，让用户可以通过手机远程操控洗碗机。

六、从“0”到“1”：水槽洗碗机的诞生与普及

经过数年的不懈努力和持续创新，方太终于成功研发出了第一台水槽洗碗机，并正式推向了市场。这款洗碗机不仅具有洗碗和洗果蔬的功能，还采用了无管路设计、高频超声和湍流冲击等先进技术，为用户带来了前所未有的清洗体验。

水槽洗碗机的诞生，迅速引起了市场的关注和认可。短短几年内，其市场占有率就攀升到了40%以上。越来越多的中国家庭享受到洗碗机带来的便利和舒适。

然而，方太并没有止步于此。他们继续深入研发和创新，不断推出更加智能、更加高效的洗碗机产品。例如，他们研发了“高能气泡洗”技术，利用空化效应产生的气泡破裂能量来清洗餐具，进一步提升了洗碗机清洗效果。

同时，方太注重用户体验的提升。他们采用了嵌入式设计、隐藏式把手等细节设计，让洗碗机更加美观、易用；还增加了长效保洁存储功能，有效避免了细菌滋生和二次污染的问题。

如今，方太洗碗机已经成为中国家庭厨房的必备神器之一。它不仅让洗碗变得更加轻松、高效，还提升了家庭生活的品质和幸福感。而这一切的背后，都离不开方太用设计思维进行产品开发的不懈努力和持续创新。

方太洗碗机的开发历程，始终坚持以用户为中心、以仁爱为源的创新理念。正是这份坚持和创新，让方太洗碗机成为中国家庭厨房的革命性产品，也为中国的洗碗机市场带来了新的活力和机遇。

（资料来源：根据网络资料整理）

案例思考与实训

(1) 结合方太洗碗机诞生的案例，谈谈设计思维各操作流程的意义。

(2) 请分析案例中的产品是如何实现用户需求性、科技可行性及商业延续性的有效整合的？

(3) 尝试以团队合作的方式开发一款产品，根据产品创意制作一个或多个产品原型，并完成团队交叉测试。

项目与创新体验

棉花糖塔

1. **项目目标**

在限定时间内，用提供的材料搭建一个独立站立的结构，顶端需支撑一个完整的棉花糖，高度最高者获胜。

2. **物品准备**

干意大利面20根或吸管20根(替代品)、胶带1卷(约30厘米)、棉线1米，棉花糖1颗，剪刀1把。

3. **体验过程**

(1) 分组与准备。每组4~5人，分发材料(确保棉花糖最后放置)。明确规则：结构必须独立站立，不可借助外力；棉花糖必须完整置于顶端。

(2) 各小组18分钟内完成搭建任务。

(3) 测量高度。

4. **反思与总结**

(1) 小组成功的技巧有哪些？

(2) 小组失败的教训有哪些？

(3) 如何平衡“稳定性”与“高度”的目标？

(3) 你能从这个体验中得到什么启示？

练 习 题

一、单项选择题

1. 设计思维的出发点是(　　)。

A. 商业可持续性　　B. 人的需求
C. 解决实际问题　　D. 创新性

2. 图像思维的好处是(　　)。

A. 以人为本　　B. 直观、启发思考
C. 尊重事实　　D. 线性思考

3. 精益创业的核心思想是(　　)。

A. 低成本快速验证商业假设　　B. 以人为本的产品理念
C. 开发最小可行性产品　　D. 提高创业成功率

4. 设计思维的核心目标是（　　）。
   A. 创造用户愿意用、技术可实现、商业能持续的解决方案
   B. 创造高技术高性能的产品
   C. 创造以人为本的解决方案
   D. 创造符合当前资源和能力的设计

二、多项选择题

1. 设计思维创意激发阶段可用的创新工具有（　　）。
   A. 六顶思考帽　　B. 头脑风暴
   C. 思维导图　　D. 奥斯本检核表法
2. 设计思维的主要特征有（　　）。
   A. 图像思维　　B. 情景思维
   C. 关联思考　　D. 用手思考
3. 设计思维的通用原则有（　　）。
   A. 以人为本　　B. 失败中学习
   C. 可视化思考　　D. 跨学科协作
4. 精益产品开发的主要特点有（　　）。
   A. 快速　　B. 低成本
   C. 高成功率　　D. 高风险
5. 验证最小可行性产品的方法与途径有（　　）。
   A. 深度访谈　　B. AB 测试
   C. 众筹　　D. 社交性沟通
6. 精益创业的基本假设是（　　）。
   A. 用户痛点未知　　B. 解决方案未知
   C. 用户痛点已知　　D. 解决方案是确定的

三、判断题

1. 设计思维只能用于产品开发。（　　）
2. 最小可行性产品需迎合天使用户的核心需求。（　　）
3. 设计思维鼓励团队合作和持续创新，但不能让组织能够灵活应对市场变化。（　　）
4. 精益创业的高成功率依赖其低成本产品开发。（　　）

四、思考题

1. 谈谈设计思维与商业思维的区别。
2. 谈谈设计思维的主要流程。
3. 结合案例谈谈你理解的突破性创新和改进型创新。

第5章

构建商业模式

在组建团队、寻找创业机会并开发产品之后，需要思考企业如何尽快盈利，并获取正的现金流，这时就需要进行商业模式的构建。不同学者对于商业模式的定义和构成要素的理解有所差异，本章主要解读商业模式的内涵，并介绍构建商业模式通俗化和可视化的九要素模型——商业模式画布。商业模式的构建与创新是创新精神和可持续发展价值观的体现过程，需要在价值主张中平衡经济价值与社会价值的考量，也需要在盈利模式的设计中遵循商业伦理。因此，本章介绍了几个典型的商业模式类型——长尾型、免费型、平台型等，以促进读者对数字经济下商业模式构建的进一步理解。

学习目标

1. 理解商业模式的内涵。
2. 了解商业模式的构成要素。
3. 掌握商业模式设计的可视化工具。
4. 理解典型商业模式的逻辑。

【导入案例】

Keep 的盈利秘诀

2023 年 7 月 12 日，Keep 在港交所挂牌上市，成为“运动科技第一股”。Keep 是目前国内运动科技赛道规模最大、营收最多的公司，月活用户在 4000 万上下，主要是上班族和在校大学生。

招股书显示，Keep 总营收连续三年增长，由 2020 年的 11.07 亿元增长至 2021 年的 16.19 亿元，再增长到 2022 年的 22.12 亿元。这些收入来自哪里呢？

Keep 从 2015 年创立开始就一直在摸索自己的盈利模式，它卖过会员，卖过付费课程，卖过健康产品，还做过智能健身设备、运动装备，如智能单车、智能手环等，也卖过运动服饰和装备，还开过健身房。在 2022 年，它的业务线里突然蹿出一匹黑马：Keep 光是卖给用户奖牌，收入就达 5 亿元。简单来说就是，Keep 把运动奖牌做成了潮流玩具，卖给了自己的用户。这个业务走向，估计也是 2015 年的 Keep 没想到的。

Keep 从 2015 年起，就在自己平台上组织不同主题的在线运动挑战赛，鼓励健身爱好者们参加。Keep 的挑战赛其实更接近马拉松，鼓励用户完成对自己的超越，而不是像运动会那样去争夺唯一的金牌。

不管多少用户参加，几千人还是几万人，只要完成自己的挑战，比如慢跑了 3 千米，徒步了 8.4 千米，骑动感单车 4 千米，或者跳绳跳了 1000 个等，都算挑战成功。至于你花了多长时间才能完成，或分了几次才完成，没关系，都算赢。

一个用户只要在一场挑战赛里报了名，在 Keep 里记录了相应的运动足迹，Keep 就会把他心仪的奖牌快递到家。这些挑战赛是要付费报名参加的，报名费从十几元到几十元不等，最便宜的 19 元这一档只有 App 里的虚拟奖章。如果你想要拿到一块实体奖牌，你得交贵一点的报名费。

对专业的健身爱好者来说，汗水和运动数据本身就已经是最大的情绪和奖赏。但对更多的健身小白来说，比起跑完 5 千米的数据截屏，显然是一块可以拿在手里的，像潮流玩具一样的实体奖牌，更能起到激励效果。

这事本来是健身圈的小众趣味。但到了 2021 年，Keep 组织了一场 520 线上马拉松，并推出了“丘比特之箭”奖牌。用户完成赛程，再加十几元钱，就能获得一块实体奖牌。活动本意是鼓励用户多参与，没想到，活动没火到哪去，奖牌倒在小红书上火了，据说很多人是冲着奖牌去参加活动的。

有用户参加完比赛，把自己跑了 5.2 千米的奖牌送给了伴侣，伴侣在抖音上一发，Keep 奖牌马上成了这一年 520 最高级的情侣礼物。Keep 的赛事一下破圈了。社交少女们纷纷燃烧了起来，把男朋友和自己都卷进了 Keep 的赛事。

Keep 乘胜追击，在 2021 年底又找日本动画公司三丽鸥授权，推出了大耳狗造型奖牌，每块奖牌 39 元。结果一场活动吸引了 20 多万新用户，奖牌收入过千万元。后来，Keep 陆续推出了 HelloKitty、柯南、玩具总动员等各种奖牌类型。2022 年，Keep 虚拟体育赛事所得收入，其实大部分是奖牌收入，同比增长超 500%。

Keep 的奖牌赛事一破圈，整个 2021 年它的线上付费内容，尤其是虚拟赛事的收入，同比增长超过了 5 倍。到了 2022 年，Keep 的虚拟赛事收入继续猛增，它发行的各种奖牌，也变成了抖音和小红书这类主流社交媒体上的主流社交货币。

根据招股书，Keep 近三年的收入，超过 50% 都来源于智能健身设备和运动装备，但毫无疑问，奖牌对于 Keep 的破圈和用户增长功不可没。很多时候，决定成败的，是自己都没想到的细节。

（资料来源：《得到 APP · 情绪价值 30 讲》，有删改）

思考题

1. Keep 的盈利来源有哪些？
2. Keep 为什么能成为“运动科技第一股”？

5.1 商业模式及其内涵

德鲁克说，当今企业之间的竞争，不是产品之间的竞争，而是商业模式之间的竞争。中国著名风险投资家、红杉资本创始人、曾投中将近 20 家中国在纳斯达克上市企业的沈南鹏说，我投中的十几家企业，没有一家是以技术创新闻名的，而全部是以商业模式创新著称。究竟什么是商业模式呢？商业模式的构成要素有哪些？如何进行商业模式的设计与创新？

5.1.1 商业模式的发展脉络

商业模式的概念于 1957 年正式出现在文献中，但直到 20 世纪 90 年代，随着互联网技术的发展和普及，特别是随着大量以互联网和大数据为依托的新兴企业形态的出现，商业模式才开始受到理论界和企业实践领域的广泛关注。随后关于商业模式的理论研究和管理实践逐渐流行并蓬勃发展。对商业模式的探讨大致可以分为三个基本阶段。

1. 概念提出阶段（20 世纪 40—90 年代）

1957 年贝尔曼 (Bellman) 在其研究中提及商业模式；1960 年，乔恩 (Jone) 在其发表的论文中第一次将“商业模式”列为正式标题。尔后，“商业模式”一词大量出现在计算机系统的著作中。在这些著作中，信息条件、计算机技术或计算需求被要求建立在相应的商业模式上。一些知名商业杂志也开始出现零星的“商业模式”词语，至于什么是商业模式，相关著作并没有给出明确的解释和定义。

该阶段的“商业模式”概念不具有实质性意义，还没有成为一种较为普遍的商业术语，大多被视为引导企业技术升级、实施互联网化的手段。企业商业模式的理论研究还未引起相关领域研究者的重视。

2. 描述阶段 (1996—2005 年)

随着互联网的兴起和电子商务的出现，学者们用商业模式来描述电子商务的经营方式，尤其是网络企业的盈利方式。在互联网经济环境情境下，国外学者首先通过对早期互联网企业成功路径的探讨，引入商业模式的议题。随后，商业模式被企业家广泛谈论，也开始得到经济学和管理学领域学者的关注，学者们逐渐认识到，商业模式的概念并不局限在电子商务领域，任何企业都存在商业模式。

随后形成了具有普适意义的关于商业模式的描述性定义。在这个时期，各种描述企业商业模式的研究和出版物大幅增加，此阶段的探讨大多聚焦于对商业模式的概念构建以及商业模式的要素组成。

3. 分析阶段 (2005 年至今)

随着数字经济的蓬勃发展，数字化转型对企业运营带来了深远的革命性影响。商业模式的创新和变革受到了前所未有的关注，成为企业持续保持竞争优势的关键。众多关于商业模式的著作纷纷问世，商业模式的设计和创新也频繁出现在了各类商业和学术论坛的议程中。企业家与学者不仅深入探讨商业模式的内在价值，还将其应用于更广阔的领域，力图揭示企业如何通过商业模式的创新来获取竞争优势，并实现长期的盈利和增长。

当前阶段，商业模式的研究已经超越了对基本要素的简单梳理，转而深入探讨商业模式的详细分析以及其构成要素之间的内在逻辑。研究者不再仅仅满足于定义“商业模式”的内涵，而是更加关注其背后的“为什么”——商业模式之所以如此设计的原因。他们探讨商业模式的各个组成部分是如何相互联系的，以及这些联系如何与相关的组织和个人相互作用。此外，研究还涵盖了商业模式在特定情境下的因素，如市场环境、技术条件和社会文化等。整体而言，对商业模式的逻辑分析正变得更加细致和深入，以期揭示其成功的关键因素和潜在的改进空间。

5.1.2 商业模式的内涵

“商业模式”这一概念最初是为描述新兴企业，尤其是互联网企业的经营和盈利基本逻辑而提出的。如今，无论是在企业界还是学术界，商业模式都已成为一个热门话题。然而，对于商业模式的确切含义，人们的看法并不完全一致。一些人将其视为一种盈利的途径，而另一些人则认为它是一种做生意的方法。随着对商业模式在理论和实践领域的不断研究和探索，其内涵也在不断发展和深化。这一过程不仅丰富了人们对商业模式的理解，也推动了商业模式创新的实践，使之成为企业在激烈的市场竞争中寻求突破和持续发展的重要工具。

【拓展阅读 5-1】
国内外学者对商业模式的定义描述

在当前商业环境中，商业模式的理论研究呈现出多样化的态势，全球的学者提出了超过 20 种不同的理论框架来阐释商业模式的内涵。不同学者对商业模式内涵的理解、定义和描述方法也不同。

纵观商业模式的各种定义和描述，大致有四种视角：运营视角、战略视角、价值创造视角和系统视角。

1. 运营视角

运营视角关注企业内部流程及其构造问题，认为经营系统是商业模式的实质性内容，应从企业作为整体提供产品和服务并获利的经营系统角度出发，是一种侧重运营模式的商业模式观，关注企业的价值创造和价值传递活动及活动相应的支撑系统，并把企业的价值活动放在社会价值网络进行审视，强调企业嵌入商业生态系统的方式。Magretta 和 Amit 等学者是这类视角观点的代表，他们认为商业模式是说明企业如何运营的概念，是一系列相互依存的运营系统。

2. 战略视角

战略视角认为商业模式是企业战略布局的关键体现，它涉及企业在市场中的定位、组织架构的界定、竞争优势的构建以及可持续性的发展。按照传统战略的观点，企业战略的精髓在于精准定位，这包括基于产品种类的定位、基于客户需求的定位以及基于接触渠道的定位。战略视角则认为企业需寻找并确立一种独特且有利的市场定位，这种定位的核心在于企业的价值主张，即企业通过其产品或服务向目标客户提供的独特价值。Chesbrough 的观点指出，一个清晰的商业模式必须向目标客户明确传达其价值主张，这是技术商业化过程中必须解决的关键问题。因此，企业在构建商业模式时，必须将价值主张作为核心要素，以此为导向来设计和实施其战略，确保企业能够在激烈的市场竞争中脱颖而出，实现拥有长期的竞争优势和可持续发展。

3. 价值创造视角

以价值创造为核心的视角在商业模式研究的众多流派中占据了显著的地位。这一视角基于一套综合的价值创造逻辑，通过多个要素的相互作用和整合，共同推动了价值的生成。Osterwalder 是这一视角观点的典型代表，超越了单一的运营模式、盈利模式或战略定位的范畴，提出商业模式应当是这些要素的有机融合。他认为，商业模式的核心在于系统层面的整合，即企业如何通过整体的视角来创造和捕获价值。

4. 系统视角

系统视角将商业模式视为一个复杂的系统，由多个部分组成，这些部分之间相互关联、相互影响。在系统视角下，商业模式需要从整体上考虑来理解商业成功的关键要素。例如，Amit 和 Zott 认为商业模式是以用户价值创造为核心的活动系统。商业模式的系统视角强调商业模式的整体性和协同性，各要素间需随外部环境，如技术、政策、竞争等进行动态调整。这种视角有助于把握商业模式的整体运作和各个方面之间的相互作用，为商业决策提供有力的支持。

综上所示，商业模式是创业企业为实现战略发展目标而精心构建起来的商业系统，这一系统不仅体现了企业如何创造价值的内在逻辑，也揭示了企业如何将这些价值转化为实际的商业成果。

【拓展阅读 5-2】商业模式与管理模式

5.1.3 商业模式的逻辑

创业者构建商业模式，主要需要回答以下三个方面的问题：

(1) 用户是谁？需要什么？

(2) 创业者凭什么创业？如何才能创业成功？

(3) 创业活动如何获得经济收益，即企业能够为用户提供价值的潜在逻辑是什么？

【拓展阅读 5-3】彼得·德鲁克的经典五问

对以上三个方面问题的思考与回答，就是企业价值创造的主要逻辑过程。也就是说，商业模式需要阐明：如何通过相关商业活动为用户创造价值、为企业创造价值，并将价值在企业和顾客之间进行传递。

企业价值的创造从根本上源自顾客价值的创造，它以满足和实现顾客价值为出发点和基础。在这一过程中，顾客价值的创造逻辑成为商业模式构建的主导思想。因此，商业模式的内在逻辑可以被理解为一个连续的价值创造过程，它包括价值发现、价值匹配及价值获取这三个相互关联的阶段。这一逻辑过程在图 5-1 中得到了直观的展示，它揭示了企业如何通过精准识别顾客需求、有效匹配市场供给以及合理获取商业价值，从而在商业模式中实现价值创造的完整循环。

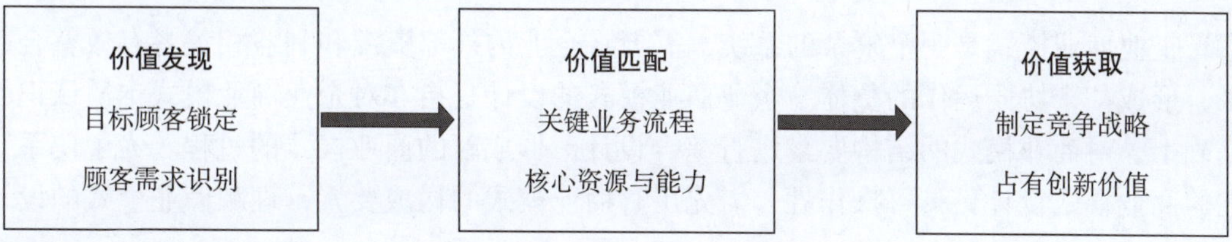

图 5-1 商业模式的价值创造逻辑

1. 价值发现

价值发现是商业模式的起点，是企业的价值定位。价值发现需要明确价值创造的来源，锁定目标客户，识别客户需求，明确价值主张，这是对创业机会识别的延伸，是商业模式开发的关键环节。一家企业要想在市场中赢得胜利，首先需要发现市场需求，而价值主张是企业为满足需求向顾客承诺并交付的一系列特定利益组合，通过提供利益吸引意愿客户购买，这种价值发现是价值获取的先决条件。

让客户体验到产品价值对创业的成功至关重要。企业通过其产品或服务向消费者传递的价值，决定了企业在消费者心中的实用意义，是创业企业实现生存和发展的重要法宝。因此，在价值发现环节，需要做到以下几点。

(1) 进入细分市场，锁定特定目标顾客群体。

(2) 集中精力和资源，深入探索市场趋势，理解顾客行为和需求特征。

(3) 建立细分市场的深刻认知，通过提供满足差异化需求的产品和服务设计，构建相对竞争优势。

2. 价值匹配

价值匹配即确定价值的源泉是什么，它是价值创造的过程和支撑。如何创造并提供符合顾客期望的价值，是创业企业在顾客价值匹配环节需要回答的关键问题，企业需要明确其合作伙伴，识别并整合其核心资源和能力，以实现价值创造。

商业模式的价值匹配主要在于便捷性、成本低廉、新颖性、用户黏性、锁定、创新性。众多电子商务企业能脱颖而出，正是凭借其方便快捷和成本低廉的优势。

3. 价值获取

价值获取是指企业创造的价值被市场认可并接受，完成从要素投入到要素产出的转化，并最终实现价值的获取。价值获取对于新企业的生存和竞争优势至关重要，它要求企业制定明智的竞争策略，占有创新所创造的价值。在这一活动环节中，涉及最多的就是盈利模式，即企业自身如何获得利润。

5.2 商业模式的设计

企业商业模式是一个复杂的系统，需要将企业内外部资源和利益相关者有效整合起来，形成一个协同运作的整体。企业商业模式的设计是指在对企业商业模式本质认识的基础上，对商业模式的结构要素进行综合设计，形成新的商业模式的过程。为了使系统性的商业模式设计更具可操作性，需先了解商业模式的构成要素，理顺商业模式的设计思路。

5.2.1 商业模式的构成要素

深入分析商业模式的构成要素，有助于我们更清晰、深入地理解其运作机制，让商业模式的设计有迹可循，不至于盲目。分析商业模式的构成要素也有利于对商业模式进行直观而深入的理解。

尽管商业模式的核心问题和逻辑相对稳定，商业模式有其要解决的基本问题和逻辑，但不同学者对其构成要素的解读存在差异，形成了多种理论模型观点。在广泛的研究中，比较有代表性的有商业模式的四要素观点、六要素观点和九要素观点。

商业模式的四要素观点是由哈佛大学的马克·约翰逊(Mark W. Johnson) 2010年在《攫取商业机会：面向成长和革新的商业模式创新》一书中提出的。马克·约翰逊将商业模式定义为一种商业设计图，它通过四个要素：顾客价值提供、盈利模式、经营资源和业务流程来持续创造并实现顾客价值和利润。

商业模式的六要素观点是由我国学者魏炜和朱武祥在大量梳理国内外既有企业商业模式的基础上，于2009年提出的。该模型认为一个完整的商业模式应包含6个要素：定位、业务系统、关键资源能力、盈利模式、自由现金流结构和企业价值，商业模式的六要素模型，着重强调各要素之间的内在关系。

商业模式的九要素观点是由亚历山大·奥斯特瓦德 (Alexander Osterwalder) 和伊夫·皮尼厄 (Yves Pigneur) 在《商业模式新生代》一书中提出的；该模型通过一个可视化的工具——商业模式画布来表达，使得商业模式的学习和设计更加便利。商业模式画布如图5-2所示。

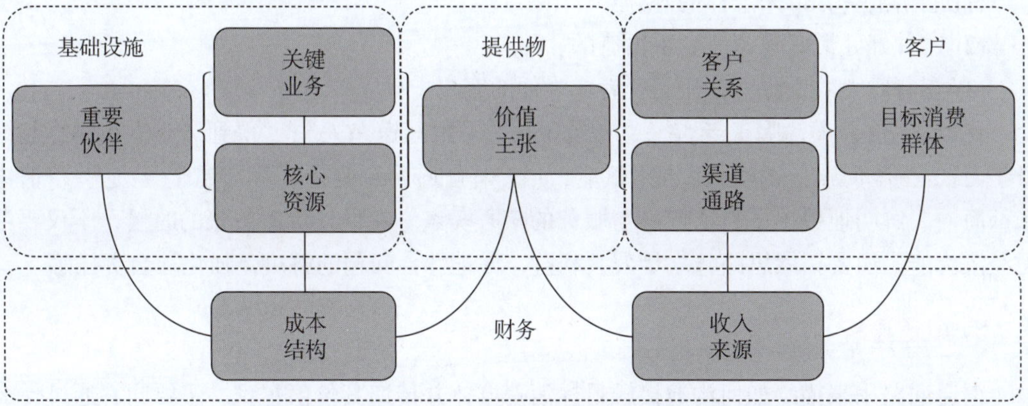

图5-2 商业模式画布

商业模式画布从为谁提供、提供什么、如何提供、盈利情况4个视角将商业模式分为9个要素，分别是目标消费群体、价值主张、渠道通路、客户关系、收入来源、核心资源、关键业务、重要伙伴、成本结构。商业模式画布的9个要素，比较清晰地描述商业模式从价值发现、价值创造到价值获取的价值逻辑。

商业模式画布的构成要素虽然繁多，但并非杂乱无章。画布各要素之间相互关联，构成了层级或网络结构，并在企业内部协同作用，形成一个有机系统。无论采取何种组合方式，要素之间都存在紧密的逻辑联系，彰显出了商业模式的系统性和整体性。更重要的是，它提供了一个可视化的商业模型架构和分析工具，让大家用统一的语言来描述和讨论商业模式，操作性很强。以下详细介绍商业模式画布中的各要素。

1. 目标消费群体

目标消费群体描述的是一个企业想要接触和服务的不同人群或组织，主要回答企业正在为谁创造价值。该问题决定了企业的目标用户群体，这些群体在某些方面具有共性，企业可以探索这些共性并针对这些共性创造价值。比如，小米手机在创业初期，其目标用户就是手机发烧友。创业初期的拼多多，其目标用户是注重商品高性价比的家庭主妇、退休老人等群体。

目标消费群体是商业模式的核心和起点，是企业实现精准营销的基础。不同类型的客户，其需求是不同的，创业者需要知道自己无法满足所有客户的所有需求，创业企业需要提供有针对性的、符合特定客户需求的产品和服务，以更好地提升客户的满意度。

2. 价值主张

价值主张是指企业为特定目标消费群体提供产品或服务时所实现的价值，主要回答提供了哪些特定价值的产品或服务。价值主张体现了企业对于消费者的实用意义，这一主张不仅涵盖了产品或服务为消费者带来的直接利益，还包括企业或产品对整个社会产生的长远意义和愿景。因此，企业必须清晰界定其产品或服务的关键价值和独特卖点，以明确传达其使命和目标。

独特价值主张的设计，一般满足以下三点。

(1) 能给消费者带来怎样的好处？

(2) 这种好处最好是竞争对手没有的。

(3) 能有巨大的说服力，让消费者成为你的客户。

比如，“怕上火，喝王老吉”；“Roseonly，一生只送一人”；“得到 App，和你一起终身学习”；“熊爪咖啡，为残障人士赋能，用一杯咖啡传递社会平等与温暖”。这些价值主张都简洁、鲜明地提出了自己产品与服务的核心卖点。在设计价值主张的时候，不仅要考虑经济价值，还要拓展思路，立足公共利益，促进社会问题的解决，强化社会责任感。

3. 渠道通路

渠道通路用来描绘如何沟通接触目标消费群体并传递其价值主张，主要回答通过什么样的渠道接触客户并销售产品或服务，以提升产品和服务在客户中的认知，帮助客户评估公司价值主张，协助客户购买特定产品和服务，并提供售后支持。比如，同为国产智能手机，vivo 和 OPPO 运用深度分销策略，依靠步步高打下的线下渠道，在三、四线城市获得了市场成功。而小米手机主要采用全线上售卖的方式，省去了中间环节的成本，大大降低了营销费用，为小米手机的高性价比提供了保障。

在思考渠道通路的过程中，一般需要考虑以下几个问题。

(1) 企业能通过哪些渠道接触到目标客户群体？

(2) 渠道通过怎样的整合变得更为有效和通畅？

(3) 还有哪些渠道有可能突破从而使企业能更有效地与目标客户接触？

4. 客户关系

客户关系用来描绘企业与特定目标消费群体群体建立的关系类型，它对于培养顾客忠诚度、保持市场份额及获得社会认可都至关重要。

【拓展阅读 5-4】小米“用户参与感”式的客户关系

不同的客户有不同的特征，有些客户具有消费的引领性，对新生事物和新技术比较敏感，喜欢新的尝试，对价格不敏感；有些客户具有典型逐利性，对价格敏感，追求性价比；有些客户注重品牌形象，且对品牌忠诚度强，容易成为优质老客户。企业会根据不同客户的特征和需求，建立从战略伙伴关系到紧密贸易关系，再到市场协同合作关系等多种客户关系。

鉴于客户需求的多样性，企业需要建立不同类型的客户关系，如个人助理服务、专属客户支持、自助服务、自动化服务、社区参与和共同创作等，以满足不同客户群体的期望和需求。

5. 收入来源

收入来源是指如何从客户群体中获取的收入，主要回答企业如何盈利的问题。稳定且能覆盖成本的收入，是商业模式得以成立的基础，是创业企业持续成长的前提，也决定了企业的盈利能力。比如，腾讯的 QQ 上市之初，用户量持续增长，服务器等成本也持续增加，但没有稳定的收入，一度难以为继，直到推出 QQ 会员和游戏业务这一重要收入方式，才成就了 QQ 和腾讯未来的发展。

在商业模式的设计中，必须思考：什么样的价值能让客户愿意付费？客户如何支付费用？何时支付费用？如何能为企业带来持续的收益？如果短期内没有收益，企业还能收益什么？

6. 核心资源

核心资源是企业实现其商业模式所必需的重要资源或能力，涵盖人力、物力、财力等，主要回答哪些核心资源能支撑企业的产品和市场的问题。

每种商业模式都需要依赖核心资源，这些资源使得企业组织能够创造和交付价值主张，与目标消费群体建立关系，并赚取收入。核心资源包括实体资产、金融资产、知识资产或人力资源，不同商业模式所需要的核心资源是不同的。

7. 关键业务

关键业务是指那些对商业模式成功至关重要的活动，它们能够使核心资源得到充分利用并发挥最大效用。

不同商业模式的关键业务各有不同，同为电商平台，淘宝主要是平台型的轻资产运营模式，其关键业务是搭建平台为买卖双方提供在线交易的机会和条件，围绕电商平台提供支付、云计算、营销以及金融等服务。而京东主要是在线直销模式，重资产运营，赚取买卖差价，其关键业务是在线直销，仓储、配送，售后服务等，这种模式虽然在早期会导致较大的财务亏损，但为其后期的核心优势和市场竞争力奠定了基础。

8. 重要伙伴

重要伙伴用来描绘商业模式有效运作所需要的供应商和合作伙伴网络，如重要的供应商、资金供给者等。比如，拼多多的快速发展，离不开重要伙伴腾讯，腾讯的微信给予拼多多大规模的推广和流量支持。

优质的合作伙伴能够为企业提供宝贵的外部支持，有助于完善商业模式并降低运营风险。在商业模式中，重要的合作伙伴需明确企业与哪些实体进行合作，以及如何利用合作伙伴的力量来补充和增强企业资源。

在经济全球化的背景下，企业之间普遍存在各种形式的联系，以实现合作与共赢。企业发展也都需要合作伙伴的支持。一般来说，重要伙伴包含以下四种类型。

(1) 非竞争者之间的战略联盟关系。

(2) 竞争者之间的战略合作关系。

(3) 为开发新业务而构建的合资关系。

(4) 确保可靠供应的购买方—供应商关系。

9. 成本结构

成本结构用来描述商业模式运转所引发的所有成本。企业获得创业资源、维护客户关系、营销运作等创造价值的过程都会产生成本。

一般来说，商业模式的成本结构可以分为以下两种类型。

(1) 成本驱动，即创造和维持最经济的成本结构，采用低价模式，最大限度实现价值创造。比如西南航空公司、瑞安航空公司等价格低廉航空公司就是以成本驱动商业模式为特征。

(2) 价值驱动，即专注于创造价值，不太关注特定商业模式设计对成本的影响，如豪华酒店的设施及独到的服务便属于这一类。

运用商业模式画布设计商业模式是一种按图索骥的流程和工具，具有内在的系统性和动态性，商业模式画布中任何一个要素的改变，都意味着企业商业模式的改变。因此，可以通过改变商业模式的某些要素来进行商业模式的创新。在利用商业模式画布设计商业模式的过程中，需要充分关注各要素之间的支撑和相互作用，并用发展的眼光看待商业模式中各要素的演化和迭代。

虽然理解了商业模式的内涵，也清楚了商业模式的构成要素，但设计商业模式绝非易事，特别是新企业，缺乏前期经营数据和市场经验，其商业模式的设计在实践中具有一定的特殊性。在商业实践中，尽管不同企业的资源禀赋、需求偏好等存在差异，但商业模式的设计是有规律可循的。

5.2.2 商业模式的设计思路

不同的商业模式决定了企业不同的发展路径，如何设计合理的商业模式是每个新企业都必须面对的问题。商业模式设计是基于企业战略产生的，从内外部环境、市场、资源、产品 (服务)、价值主张等开始，有关企业的产品或服务能力、价值网络关系、价值要素等资源整合和价值匹配，是企业从价值发现到价值实现过程的形象表达。

根据商业模式价值创造的逻辑，商业模式设计主要包括价值发现、价值匹配和价值获取三大模块，在此逻辑的基础上，可按照以下思路和步骤进行商业模式的设计。

1. 确定业务及市场定位

商业模式从价值发现开始，对企业业务范围的定义是价值发现的第一步，创业企业首先需要清楚企业具体业务，并在此基础上进行行业及市场的分析。这一过程需确定以下事项：

(1) 具体业务是什么？

(2) 聚焦在哪个市场细分领域？

(3) 业务所处行业的市场空间有多大？

(4) 细分领域中头部公司的市场占比是怎样的？

2. 锁定目标客户的独特价值主张

价值发现的重点是分析和把握顾客需求以锁定目标客户，并发现具体客户群体的独特价值主张。这一步直接关系到产品或服务能否在市场上脱颖而出，吸引并留住目标客户。

首先，需要对客户进行细分并锁定目标客户。通常可以根据人口统计、地理、心理和行为等因素对客户进行划分。在客户细分的基础上，深入研究目标客户群体，了解他们的需求、痛点、购买行为及偏好，通过市场调研、客户访谈、数据分析等手段，收集并整理目标客户的相关信息，为制定独特价值主张提供基础。比如，国内知名连锁酒店如家，它的市场定位在二星级和三星级酒店之间的标准，并锁定了目标客户——对价格敏感的中小企业商务人士、自助游和休闲游客，因而取得了巨大的成功。

其次，在锁定目标客户的基础上，分析自身产品或服务与市场上同类产品的差异，提炼出自身独特的卖点或优势。这些优势可能源于技术创新、品质保证、成本效益、用户体验等方面，将核心优势与目标客户需求相结合，形成独特的价值主张。例如，茑屋书店通过“生活方式提案”满足用户对文化体验的深层需求，而非单纯卖书。

最后，在确定目标客户的价值主张过程中，需要考虑经济价值与社会价值的融合，如在价值主张中嵌入文化传承、环保、普惠等元素。

3. 构建业务系统

业务系统反映的是企业与其内外部各利益相关者之间的交易关系，业务系统的构建首先需要确定的就是企业与其利益相关者各自分别应该占据、从事价值网中的哪些业务活动。比如，以用户旅程为中心，绘制从需求触发到交付的核心流程，识别从产品研发到交付渠道的各关键节点。

为支撑业务系统的开展与完成，企业需要掌握和使用一整套复杂的有形和无形资产、技术和能力。因此，在构建业务系统过程中，需充分发掘企业的关键资源能力，包括金融资源、食物资源、人力资源、信息、客户关系和公司网络等，合理安排资源布局，以形成核心竞争优势。

4. 发掘盈利模式

盈利模式是企业利润来源及方式，它关乎企业价值的实现，通俗来说是企业赚钱的渠道或方法。在盈利模式的设计中，需识别并分析各利息相关者，坚持互利共赢的原则，思考所创造的价值应当在企业、客户、供应商、合作伙伴之间如何分配。同时设计多元化的收入来源。常见的收入来源及模式如下。

(1) 产品与服务销售。通过销售产品或提供服务直接获取收入，这是最基本的盈利模式。

(2) 增值服务。在基础产品或服务之外，提供额外的增值服务，如技术支持、定制化服务等，以增加收入来源。

(3) 广告收入。通过在自己的平台上展示品牌广告或产品广告，将流量变现。

(4) 订阅模式。定期向用户提供产品或服务，并收取一定的费用，如内容创作、在线教育等领域的订阅服务。

(5) 平台佣金。搭建一个连接供需双方的平台，通过提供交易撮合、信息对接等服务收取佣金，如电商平台、社交平台等。

5. 获取企业价值

企业价值 (投资价值) 是商业模式的落脚点，评判商业模式优劣的最终标准就是企业价值的高低，提高企业价值可以获得资本市场的号召力。企业的投资价值由其成长空间、成长能力、成长效率和成长速度四方面决定。好的商业模式可以做到事半功倍，即投入产出效率高、效果好，还包括投资少、运营成本低、收入的持续成长能力强等。

5.2.3 新企业商业模式的设计

相对于成长型企业，新企业处于起步阶段，规模小，产品结构单一，且尚未经过市场的检验，对于较为复杂而深入的问题创业者尚不明确，他们的目标是快速成长，验证商业模式，并在市场中站稳脚跟，因此，其商业模式的设计尤为重要。

1. 新企业商业模式设计的要点

新企业通常需要在激烈的市场竞争中脱颖而出，往往需要创新和独特的商业模式，其商业模式的设计有以下要点。

(1) 突出创新性。新企业需要通过商业模式的创新吸引客户，建立企业竞争优势，因此需要特别注意创新性。这种创新可能体现在产品或服务的创新上，如通过技术创新开发出具有颠覆性的产品；或是体现在商业模式本身的创新上，如通过新的渠道或方式传递价值，或是通过独特的价值主张或者盈利模式创造利润。创新的商业模式能够更好地为客户、供应商、企业创造价值。

(2) 立足于价值创造。商业模式设计的目的在于创造价值和获取价值，特别是新企业可能面临现金流的压力，其商业模式需要具备长期盈利的潜力。综合考虑收入来源、成本结构和利润水平等因素，新企业无法在一开始就保证盈利，但至少要找到可持续的盈利方法。与此同时，新企业需要关注长期发展，注重资源的合理利用和环境的保护，以确保商业模式的可持续性。

新企业还需要考虑战略合作伙伴的价值创造。企业的战略合作伙伴包括供应商、分销商及其他业务合作伙伴组成的供应链或价值链。如今的商品竞争已不再是单一企业的竞争，而是供应链或经营网络之间的整体竞争。在新的竞争环境中，企业面临着多重压力，如提高产品质量、改进服务体验、降低成本、缩短交货期等，单个企业仅依靠自己的资源已经不能应对整个价值链条中的市场变化。因此，商业模式的设计需考虑到各利益相关者的共同价值创造。

(3) 客户导向。新企业的商业模式设计，需深入目标细分市场，以客户为中心，理解客户需求，挖掘客户尚未被满足的市场需求，不断优化产品和服务，以差异化产品或服务赢得客户的信任与忠诚。

新企业一方面需深入了解目标客户的真实需求和偏好，包括他们的购买行为、使用习惯及潜在需求，通过市场调研构建用户画像；另一方面，需建立有效的客户反馈机制，确保客户的反馈和意见能够及时传达至企业内部，鼓励员工主动关注客户需求，积极寻求解决客户问题的办法，企业建立以客户为导向的市场竞争机制。

2. 新企业商业模式设计框架

根据精益创业的思想和商业模式构建的实践，新企业商业模式的构建是一个循环往复的“探索—思考—验证”过程。新企业的商业模式设计需要构建最小可行性商业模式，以低成本验证、快速迭代为核心，聚焦核心价值创造，避免资源浪费和方向偏差。因此，相对于九要素的商业模式画布，精益画布更适合新企业进行商业模式设计。

精益画布 (图 5–3) 是《精益创业实战》(*Running lean: Iterate from Plan A to a Plan That Works*) 作者阿什 · 莫瑞亚 (Ash Maurya) 根据亚历山大 · 奥斯特瓦德的商业模式画布方法改良而来的，相对于商业模式画布，精益画布更适合创业初期团队研究产品的商业模式，识别并检验商业模式的一些关键要素。

问题 列出客户所需要解决的 3 个问题	**解决方案** 列出每个问题可能的解决方案	**独特的价值主张** 用一句简明扼要但引人注目的话让路人成为感兴趣的潜在客户	**不公平优势** 不可能被轻易复制或者轻易获得的优势	**客户群体** 列出目标客户
现有解决方案 列出上述问题目前的解决方案	**关键指标** 列出描述公司目前状况的关键数据	**类比概念** 列出你的 $X=Y$ 的类比	**渠道** 列出获取客户的途径	**早期采用者** 列出理想客户的特征
成本结构 列出固定成本和可变成本		**收入来源** 列出收入来源		

图 5–3 精益画布

来源：莫瑞亚 . 精益创业实战［M］. 王小皓，译 . 北京：人民邮电出版社，2023.

精益画布由 9 个部分组成，新企业按照以下步骤对这 9 个部分进行思考、设计并检验自己的商业模式。

(1) 客户群体。精益画布最先填写的是客户群体，需从多角度审视并确定客户群体。创业企业不可能一开始就满足所有用户，而应先专注于核心用户群体，再逐步扩展到更广泛的市场。创业企业尤其需关注早期采用者，他们代表着一个潜在的市场。

(2) 问题。“问题”这一栏需列出产品要解决的具体问题。为创新提供空间的是问题而不是解决方案。可以开展头脑风暴，尽可能多地列出问题，并最终确定最为紧迫的 1 到 3 个问题。随后列出现有的解决方案，即早期采用者在你的产品出现之前是如何解决以上问题的。问题实质上是需求的体现，尤其是消费者的需求。创业企业的目标至少是解决一个核心问题和两个次要问题，以确保产品能够在市场上稳固立足。

(3) 独特的价值主张。独特价值主张位于精益画布的正中央，这是画布中最为重要的一栏，也是最难正确填写的。定义独特价值主张最关键的是要回答：你的产品要解决什么问题，客户是谁？你提供的产品与现有解决方案有何不同之处，为何能够吸引别人的注意力？独特价值主张可以通过创造类比概念来推介。例如，红牛，能量饮料界的涡轮增压。

(4) 解决方案。针对画布上客户需要解决的关键问题提出解决方案。解决方案的成功不在于企业自身如何看待，而在于消费者是否认可。企业必须站在消费者的角度出发，确保方案能够精确、有效地解决消费者需求，这样的方案才能真正奏效。

(5) 渠道。未能建立起有效的连接客户的渠道是创业公司失败的主要原因之一。虽说可供选择的渠道千万条，但选择适合创业企业自身的渠道才是关键。

(6) 收入来源。收入来源确定了创业企业商业模式的可发展性。

(7) 成本结构。在成本结构中，创业企业对于那些有节约空间的环节，必须精准把握并持续优化，以实现成本节约。

(8) 关键指标。列出用来衡量自己的商业模式是否有效的最重要的 3~5 个指标。新企业应关注结果指标、行动指标，这些指标优先于产出指标和滞后指标。结果指标和行动指标往往以客户为中心，而不是以产品为中心。比如，关注新客户的数量、客户生命周期总价值、客户流失率、获客成本、转化率、留存率等。关键指标不仅塑造了企业的经营策略，也指导着产品策略的制定。恰当的关键指标能够为企业提供有效的导向，而不恰当的指标则可能导致资源的浪费和战略的失误。

(9) 不公平优势。不公平优势是创业企业的护城河或竞争壁垒，是企业维持竞争优势的关键。大多数创始人列出的所谓的“不公平优势”其实并不是竞争优势，如自己满怀激情、自己能编写关键代码或者产品具有独特的功能。值得一提的是，任何值得复制的东西最终都会被他人复制，真正的“不公平优势”必须是无法轻易复制或者购买的优势。比如，超级团队、现有客户、平台效应、专家级用户的背书等。

与商业模式画布相比，精益画布以“问题—解决方案”为核心，强调快速迭代、验证假设和关键指标 (如转化率、留存率) 的跟踪与优化，更偏重于产品侧，从需求最源头上去分析企业能干什么、提供什么价值、用户在什么地方。可以通过最小可行性产品和模式来测试市场需求和商业模式的有效性。新企业资源有限，追求“活下去”而非“完美计划”，精益画布可以帮助团队快速识别关键问题，减少浪费，并专注于为客户创造价值。

5.3 几种典型的商业模式

在商业实践中，不同企业的资源禀赋、需求偏好等存在差异，不同的企业均有不同的商业模式。本节介绍数字经济时代几种典型的商业模式类型，探索其特征和价值创造逻辑，一方面促进对商业模式的理解和设计，另一方面为创业企业根据自身的情况设计商业模式提供参考。

5.3.1 长尾型商业模式

1. 长尾理论的提出

长尾理论由美国杂志《连线》(*Wired*) 总编辑克里斯·安德森 (Chris Anderson) 提出，他系统研究了亚马逊、谷歌、易趣、奈飞等互联网零售商的销售数据，在与沃尔玛等传统零售商的销售数据做了对比后发现，只要存储和流通的渠道足够大，冷门或销量较低的产品共同占据的市场份额，可以和那些数量不多的热卖品所占据的市场份额相匹敌，甚至比热门卖品份额更大，这就是著名的长尾效应 (图 5-4)。

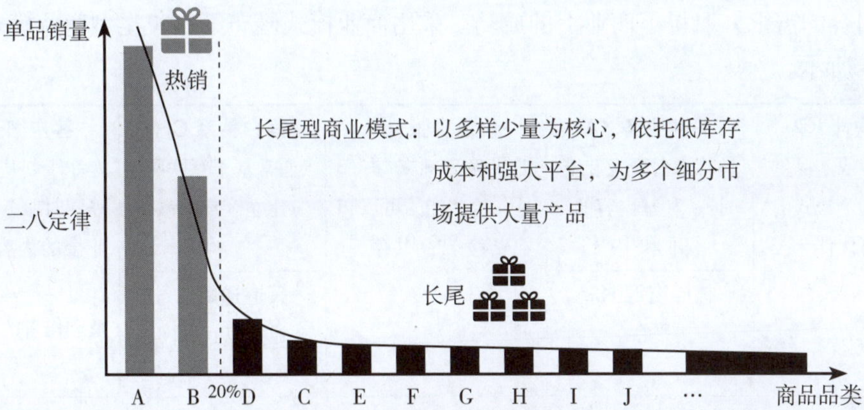

图 5-4　长尾理论示意图

长尾理论用来描述那些原本非经常销售的销量小但种类多的产品或服务，由于总量巨大，累积销售总额超过主流产品的现象。

在互联网领域，长尾效应尤为显著。比如，一家大型书店通常可以摆放 10 万本书，但亚马逊网络书店的图书销售额中，有 1/4 来自排名 10 万以后的书籍。这些“冷门”书籍的销售比例正在高速增长，预估未来可占整体书店市场的一半。对于企业来说，98% 的产品都有机会被销售，不能忽视所谓的冷门产品，它们也许才是企业的利基产品，无数的冷门产品汇聚起来，可能得到一个比畅销产品大得多的利基市场。

长尾型商业模式关注为利基市场提供多样商品，作为通过销售大量不常销售的长尾产品或服务来获利的商业模式，其核心是多样少量。在顾客兴趣越来越多样化的背景下，能满足其兴趣的畅销商品越来越少，通过互联网进行长尾销售，以往无法满足顾客多样化需求的难题便迎刃而解。

【拓展阅读 5-5】
长尾理论的发现

2. 长尾型商业模式的特征

长尾市场由大量的小众需求组成，这些需求虽然单个销量较低，但累加起来却占据了相当大的市场份额。长尾型商业模式的优势在于，通过满足小众需求，拓展市场份额，减少竞争压力，降低运营成本，获得更高的利润率。同时，消费者也可以从更广泛的选择中获益，发现符合个性化需求的产品或服务。

长尾型商业模式的关键思想是利用互联网和电子商务平台的优势，以更低的成本和更广泛的覆盖面来满足长尾市场中的小众需求。通过精细的市场定位、个性化的推荐系统和供应链管理，企业可以实现长尾产品的有效销售，并从长尾市场中获得收益。

3. 长尾型商业模式的式样

一些典型的长尾型商业模式的例子包括二三交易平台闲鱼、音乐流媒体网易云音乐、知识社区知乎等。这些企业通过丰富的产品库存和个性化的推荐系统，满足了消费者对各种小众内容的需求，取得了商业上的成功。采用商业模式画布绘制长尾型商业模式的式样如图 5–5 所示。

<table>
<tr><td rowspan="2">合作伙伴 KP
利基内容或产品供应商是这个模式的重要伙伴</td><td>关键业务 KA
包括平台开发和维护，利基内容的获取和生产</td><td rowspan="2">价值主张 VP
提供宽泛非拳头产品，这些产品可以和拳头产品共存</td><td>客户关系 CR
通常基于互联网建立客户关系</td><td rowspan="2">客户细分 CS
专注于利基客户；可以同时服务于专业和业余的内容创作者，并可以建立针对用户及创作者的多边平台</td></tr>
<tr><td>核心资源 KR
平台</td><td>渠道通路 CH
通常以互联网作为交易渠道</td></tr>
<tr><td colspan="2">成本结构 CS
平台开发和维护</td><td colspan="3">收入来源 RS
基于大量产品带来小额收入的集合。收入来源多种多样，它们可能来自广告、销售或订阅</td></tr>
</table>

图 5–5　长尾型商业模式的式样

5.3.2　免费型商业模式

20 世纪初，免费型商业模式开始盛行。免费型商业模式是指商家为了吸引更多的顾客，向客户提供一些免费商品。在我们习惯的商业思维中，免费和盈利是矛盾体，但是在新的商业环境下，免费与盈利却是辩证统一的。例如，大众熟知的 QQ、微信、百度、搜狗等，都是免费使用的，但其在免费的基础上却成就了商业传奇。360 杀毒软件宣布免费之后，打破了持续 10 年的杀毒软件三足鼎立局面，成为用户量最大的安全工具，进而推出 360 安全浏览器和 360 安全网址导航，从中获得大量的广告收入。这就是当前常见的免费型商业模式。

1. 免费型商业模式的兴起

继《长尾理论》之后，克里斯·安德森又推出了《免费：商业的未来》一书，在书中他阐述了免费型商业模式如何成为盈利的利器。安德森探讨了免费带来的变革力量，并解释了为何这种模式在商业领域愈发盛行。在这种模式下，一定规模的客户群体能够享受到免费的持续服务，而成本则由其他客户群体或商业模式的其他部分来承担。

数字化技术的发展为免费型商业模式兴起提供了基础。信息产品和服务的特点是高固定成本、低边际成本，即生产第一份产品的成本很高，但随后的复制成本却微乎其微。正是这种独特的成本结构催生了免费经济的繁荣。比如，谷歌为了让其庞大的搜索引擎启动运行，虽然需要在软件和基础设施上进行数以十亿计的资金投入，但一旦启用，其后的增值搜索行为成本极低。

2. 免费型商业模式的盈利逻辑

安德森在描述免费型商业模式的基础上，也剖析了如何在免费型商业模式的基础上进行盈利。在免费型商业模式中，总有客户群体能够无偿享受服务，而他们的费用则由其他客户群体或商业模式的其他组成部分来补贴。

免费型商业模式并不意味着无利可图，而是将盈利点进行了转移。其核心策略是：在基础免费服务上不盈利，甚至亏损，而在增值服务上赚取利润，同时将免费服务作为成本低廉的推广工具。

在这种商业模式下，企业先通过某种价值以及某种途径来积累顾客资源，当顾客资源积累到一定规模的时候，再为这些顾客提供延展的价值，并获得回报。因此，免费 + 增值的商业模式实际上是两段价值链。前一段价值链是免费或者低收费的，顾客资源积累起来之后的价值链才收费，而且后面可能还不止有一个价值链。在后面的多个价值链中，一部分价值链对外部开放，由多个主体运营，这时的商业模式就演变成平台型商业模式。企业在初期吸引顾客时，可以不计成本，甚至提供免费服务，一旦积累了足够的用户资源，再着手考虑如何将流量转化为收益。

免费型商业模式的关键点是，第一段免费或者低收费的价值链，需要是一个高频次的需求，同时能将这个高频次需求聚集的用户，沉淀到一定的商业场景，才能实现客户价值与企业价值的获取，进而形成商业模式的闭环。比如，雷军创办的小米，依靠价格低、利润薄的小米手机，聚集了大量智能手机用户资源，后来小米搭建了一系列零售场景——小米商城、小米之家、小米小店等，形成了遍地开花的利润来源，而这些都是依靠小米手机聚集起来的流量。

3. 免费型商业模式式样

免费型商业模式在实际商业活动中应用广泛，谷歌、百度、腾讯、360 等巨头公司对该商业模式应用娴熟，一些垂直细分领域的公司也纷纷采用该商业模式，如每日瑜伽、keep 等。采用商业模式画布绘制免费型商业模式的式样如图 5-6 所示。

<table>
<tr><td rowspan="2">合作伙伴 KP
广告商、供应商、内容提供商等合作伙伴网络</td><td>关键业务 KA
初始免费产品的开发与迭代、付费产品与服务的开发，用户运营</td><td rowspan="2">价值主张 VP
免费提供产品 / 服务，聚集用户，通过增值服务或广告盈利</td><td>客户关系 CR
社区运营，增值专属服务，个性化支持服务，免费用户的自助服务</td><td rowspan="2">客户细分 CS
免费用户、付费用户、广告主等</td></tr>
<tr><td>核心资源 KR
用户资源、品牌、技术与产品</td><td>渠道通路 CH
线上渠道、用户裂变、合作伙伴导流</td></tr>
<tr><td colspan="2">成本结构 CS
初始产品的开发与补贴：
后续产品及服务的生产成本
营销成本</td><td colspan="3">收入来源 RS
付费增值产品 / 服务收入、广告收入、数据变现等</td></tr>
</table>

图 5-6　免费型商业模式的式样

5.3.3 平台型商业模式

当前，70% 估值超过 10 亿美元的独角兽企业都采用了平台型商业模式。例如，美团通过平台连接了数千万的餐饮商家和消费者，提供订餐服务；滴滴则将上千万的出租车和乘客通过其平台联系起来，提供出行服务。还包括淘宝、苹果、携程、今日头条在内的许多知名企业，也都运用了平台型商业模式。

1. 平台型商业模式的定义

平台型商业模式是互联网时代的关键商业形态，它搭建一个互动平台，使得多方利益体可以在平等的基础上，建立一种可以实现多方共建、资源共享、互利共赢、开放的生态圈。这类平台通过促进不同客户群体间的互动来创造和提供价值。平台型商业模式多种多样，既包括线上也包括线下，还涵盖了双边和多边平台。比如，房产中介链接买卖双方，滴滴出行则将司机和乘客有效对接，这些都是双边平台的典型例子。

多边平台商业模式自 2006 年由安德烈·哈吉提出后，便受到业界的广泛关注。这种模式通过创建交易或信息交流的场所，汇集了买卖双方及其他需求各异的个人和企业，使得他们能够在平台上获得价值和利润。以机场为例，它作为典型的多边平台，不仅服务于航空公司和乘客这两个核心客户群体，还衍生出了包括商家、广告商、燃料供应商、餐饮服务商、物流公司等在内的一系列相关客户，它们通过平台参与商业活动以实现价值获取，而机场则通过收取租金等方式获得收益。

【拓展阅读 5-6】
海尔的商业模式变革探索

多边平台商业模式的逻辑在于，从一个主要客户群体出发，逐步吸引其他相关客户群体的加入，最终形成一个覆盖广泛的多边网络。当前流行的社交网络和在线社区，如微信、豆瓣等，正是利用这一逻辑，吸引了大量拥有共同需求或兴趣的用户群体，以及为他们提供服务的多元化商业实体，共同构建了一个多层次、立体化、生态化的互动大舞台。

2. 平台型商业模式的特点

平台型商业模式的核心在于能够同时吸引并服务所有相关客户群体，通过他们之间的互动来创造价值。只有当这些客户群体共存于平台时，平台的价值才能得以体现。因此，平台型商业模式具有显著的网络效应——参与者越多，平台的价值也随之增加，进而吸引更多的参与者加入。平台市场的运作涉及双边或多边交易，其中，同边网络效应在同一交易方内部发挥作用，而跨边网络效应则在不同交易方之间产生影响。

同边网络效应，是指平台市场一边的使用者越多，平台对该边使用者价值越大。比如微信，使用微信的用户越多，平台对该边所有用户的价值越大。跨边网络效应，是指平台市场一边的使用者越多，平台对另一边使用者的价值越大。比如滴滴打车软件，乘客越多，平台对另一边司机的价值就越大，更能聚集司机；同样，司机越多，平台对另一边乘客的价值也越大，更能聚集乘客。

平台用户数量的增加会带来平台价值的指数级增长，这表明平台规模的扩大能够显著提升资源配置的效率。以购物中心为例，优质的店铺越多，吸引的顾客也就越多，店铺生意则更加兴隆。这种繁荣的景象又会吸引更多的顾客和人气店铺，使得购物中心的运营商能够获得更高的租金和销售佣金等收入。随着平台聚集的人流量和商铺数量的增加，新的商机，如停车场等也随之涌现，从而带动平台收入的持续增长，形成一个良性循环。

【拓展阅读 5-7】苹果公司的平台模式之路

3. 平台型商业模式的式样

平台型商业模式应用广泛，竞争力强。采用商业模式画布绘制平台型商业模式的式样（图 5-7）。

<table>
<tr><td rowspan="2">合作伙伴 KP
上游企业等</td><td>关键业务 KA
平台管理、服务提供、平台推广</td><td rowspan="2">价值主张 VP
创造更好的平台以方便多个群体</td><td>客户关系 CR
吸引用户群组；作为客户细分群体间的媒介</td><td rowspan="2">客户细分 CS
多个客户细分群体相互之间依存</td></tr>
<tr><td>核心资源 KR
所提供的平台</td><td>渠道通路 CH
在平台上通过渠道化的交易降低成本</td></tr>
<tr><td colspan="2">成本结构 CS
平台开发和维护</td><td colspan="3">收入来源 RS
每个客户细分群体都产生不同的收入来源。一个或多个群体享受免费提供物或通过来自其他客户群体补贴来享受低价格</td></tr>
</table>

图 5-7　平台型商业模式的式样

案例思考与创新实训

案例与实训一：亚朵酒店的商业模式组合创新

一、背景

提起亚朵酒店，人们便想到其人文氛围，想到其“舒适、简约、朴实、静谧”的气质，想到“闲来亚朵书边卧，日落黄昏自成眠”的惬意。在酒店这样一个传统的行业，亚朵不仅能做出人文情怀，更是利用组合创新，逐步迭代商业模式，连续五年位列国内中高端连锁酒店规模首位，成为“中国新住宿经济第一股”。亚朵指数也与盒马指数、星巴克指数一起，一度成为新商业城市的评定标准，亚朵目前注册会员数已突破9600万，具有极强的用户黏性。根据亚朵酒店最新财报显示，截至2025年第一季度，亚朵在营酒店1727家，客房数19万多间，净利润同比增长32.3%，始终保持强劲增长势头，这与其商业模式的创新与迭代息息相关。

亚朵酒店凭借其出色的商业模式，扛过疫情期间酒店业的黑暗三年，并实现盈利。截至2023年9月30日，亚朵A-Card注册会员数量已超过5400万，形成了庞大的中高端酒店心智客群。

二、亚朵1.0：亚朵人文生活酒店

亚朵产品概念酝酿于2012年6月，创建于2012年底，第一家亚朵酒店于2013年8月在西安南门商业区开业。其创始人耶律胤（原名王海军）长期耕耘于酒店行业。他曾在携程工作5年。2001年看到快捷酒店的市场机会，耶律胤加入如家，成为如家的6号员工。2004年，他随季琦一同创业，建立了汉庭酒店（华住酒店集团），成为公司创始人之一。

长期的浸润让耶律胤认识到酒店行业商业模式的巨大痛点，就是房间的物理瓶颈难以创造增量价值，这个问题的本质就是酒店行业长期没有创新，难以应对外部环境的不确定性。于是耶律胤“另辟蹊径”，打造了以文化主题为卖点的中高端精品酒店，瞄准消费能力更强、对品质有一定要求的精英商旅人群，他们除了常规的功能需求之外，还有更多的情感诉求，如希望酒店具有好的品质，有更多的内容，更有趣。针对新中产的高品质、好体验、有趣的需求，亚朵团队打破行业的边界，重组要素，提出了亚朵人文生活酒店的方案，这就是亚朵1.0。

当时经济发展速度快，人们的生活节奏也快，外部环境浮躁和焦虑，于是团队提出在每一家酒店设计一个竹居书吧，并对其进行创新，一改常态，不收押金，还可以异地还书。于是书就变成了酒店与客人之间的温暖连接，表达了酒店对客人的信任和温暖的服务。

团队还组合了属地摄影、属地早餐，并用一店一设计的方案来彰显属地画的特色，让客人觉得这个酒店不一样，更有趣。在此基础上还组合了极致的产品，从小处入手，哪怕

一个肥皂盒、垃圾桶都精心挑选，床品也很讲究，专门研发了普兰特记忆棉的床垫。

有了用心的服务和极致的体验之后，亚朵继续组合新要素，推出了实景电商，连通线上线下，客人既然喜欢亚朵提供的用品和床品，扫码就可以购买，所见即所购。随后亚朵又做了客户众筹，如众筹卖床垫，由此形成了多元投资加彼此赋能的效果，让客户变成了投资者，投资者又变成了客户。

三、亚朵 2.0：亚朵社区

亚朵为了满足更丰富的用户体验，在产品上可以继续打造自己的极致产品，那在服务上如何突破呢？借鉴迪士尼超级 IP 的思路，在亚朵人文的基础上进行组合创新，提出经营空间的概念。于是 2016 年首次开创了 IP 联名酒店模式，与财经作者吴晓波合作，在杭州开了亚朵 S 吴酒店，这是国内第一家 IP 知识社群酒店。在 2016 年末的吴晓波跨年演讲中，亚朵作为协办方，出现在众多宣传物料中，一时间名声大噪。后续亚朵又陆续与知乎、网易云音乐、同道大叔、虎扑、QQ 超级会员等打造了诸多 IP 酒店，还与上海美影厂联名，让齐天大圣、哪吒、黑猫警长、葫芦兄弟等老 IP 焕发新生机。

值得一提的是，酒店空间与 IP 的组合创新，让每一个 IP 酒店都成为网红打卡地，而且单个 IP 酒店比同规模的亚朵酒店营业收入高出了 20%，也集结了更多客户社群，让有趣的灵魂在这里相遇。同时，与广告投放相比，IP 自带流量，品牌捆绑 IP，可以低成本增加品牌曝光度，IP 的背后拥有庞大的粉丝群体，绑定 IP 就相当于收割了粉丝经济，IP 联名营销也能产生高溢价，与具有一定知名度的 IP 合作，提升了品牌文化附加值。

四、亚朵 3.0：亚朵生态

随着 IP 酒店的升级，亚朵基于酒店空间，围绕客户群体的需求，继续组合，搭建了衣、食、住、行等十二大场景，突出 IP+ 智能化，建立了网状生态，将亚朵社区上升到亚朵生态，形成一个平台，引入各方资源，搭建住宿和场景的新组合。

同时，耶律胤还提出了“第四空间”的概念。在他看来，住宿是第一空间，办公是第二空间，社交是第三空间。所谓第四空间，是将酒店生活化，是开放的生活方式社区。一方面，酒店要变成城市的社区中心，辐射周边 3 千米的居民。另一方面，酒店的房间要和家无限融合，实现梦想生活。由此亚朵也打开了第四空间的边界，从原来在路上的生活方式变成了不只在路上，还是你周边的生活。

在“第四空间”概念的指引下，亚朵酒店对零售电商进行了重点布局，是中国第一家提供场景零售业务的连锁酒店。截至 2021 年底，亚朵酒店共开发 1665 个场景零售 SKU，其中 75.2% 属于自有品牌。

同时，亚朵确立了酒店 + 零售双引擎驱动的模式。耶律胤将亚朵酒店总结为“酒店 + 社群 +IP”，他认为：酒店也可以是人们感受所在城市人文特色，感受个性化、设计感、人文关怀的场所”。

五、亚朵 4.0：亚朵体验

亚朵最早在中国提出的“酒店新物种”，并通过 10 年的探索与落地，从体验入手，驱动品牌发展，提出了“中国体验”。

2023 年的“双十一”，亚朵集团正式对外发布旗下中高端酒店品牌亚朵酒店 4.0 版本。亚朵 4.0 不仅在空间与产品的设计中亮点纷呈，也对商务、睡眠、餐饮等功能进行了重大创新，迎合新时期消费者的体验需求，结合存在感、原生感、松弛感、社交感、氛围感等方面，更多地为消费者提供情感价值。其中“深睡”楼层的打造无疑是最显眼的。亚朵 4.0 围绕深睡和心灵疗愈，在酒店住宿端打造极致的睡眠体验，同时在零售端进一步迭代睡眠用品。它将住宿和场景零售打通，两大产品线形成合力，打造超强用户黏性的睡眠产品生态。业内人士表示，这一举动推动中高端酒店进入高质量发展新阶段。

如今，亚朵不仅实现了多品牌战略——拥有 A.T.HOUSE、亚朵 S 酒店、ZHotel、亚朵酒店、亚朵 X 酒店、轻居几大住宿品牌；更获得了资本市场青睐，于 2022 年在纳斯达克成功上市。在华住、锦江、首旅三足鼎立的情况下，牵出了一匹叫“亚朵”的黑马——用体验感，打造出差异化。

亚朵凭借差异化定位与发展战略，以更人性化的体验与服务满足消费者的各类需求，特别是在体验型酒店领域的探索与实践，依靠“酒店 +”多元体验来打造生活方式产品生态圈，提供更多消费场景。

多元化的组合创新让亚朵不断地打破自我边界，重新定义了酒店，酒店由原来的经营房间到经营空间，再到经营人群，由酒店变成了一个生活方式的平台。随着行业的竞争和深入发展，亚朵又演绎了“中国体验”重塑酒店品牌的历程，将体验组合到酒店的商业模式创新中，期待以此带领行业走出增长困境。

（资料来源：根据网络公开资料改编）

案例思考与实训：

(1) 亚朵酒店的商业模式经历了哪几个阶段？

(2) 亚朵酒店商业模式的每个阶段进行了怎样的组合创新？

(3) 你还能说出哪些利用组合法进行商业模式创新的案例？

(4) 选择一个感兴趣的产品或服务，尝试利用组合法对其进行商业模式的迭代与创新。

【拓展阅读 5–8】
组合创新法

案例与实训二：跳海酒馆，年轻人的孤独生意

一、酒馆的火爆

有这么一家酒馆，2019 年 8 月，第一家店开在北京后海旁边。之后的三年间，它逆势在全国开了 13 家店。开一家赚一家，单店毛利超过 70%，比如开在北京、杭州的店，在没有投放流量的前提下，都能够直接被用户推上大众点评热门榜的前 5。这家酒馆叫“跳海酒馆”（以下简称跳海）。

跳海不是那种游客去了一次就再也不回头的网红打卡点，而是新一代的北京、上海、广州、深圳、成都、重庆、杭州的互联网圈年轻人的“精神家园”。年轻人们在业余闲暇

时间里想不出怎么消遣，就愿意去跳海待着，这也就算了。很多人甚至活儿都没干完，也愿意专程过去，抱着电脑坐在人家吧台上加班。

为什么？因为喜欢那里的氛围。自己虽然苦哈哈地在回老板微信和飞书，但身边的氛围很放松、很有趣，就像待在朋友家的客厅里一样自在。大家为什么一去再去、加班也要去？是跳海的酒品独特吗？或者是它肯烧钱打价格战吗？都不是，它卖的不是什么稀罕洋酒，就是主打精酿啤酒，也不是太稀罕的品牌，而且每杯还比同行贵 5~8 元钱。很多酒馆靠卖餐来拉高流水和毛利率。跳海不怎么卖餐食，但它能把单店的毛利率做到 70%。即便是自租门店的重资产模式，店租成本也只占它营业收入的 14%。它一家门店通常只有 2 名全职员工。它的大店，比如，在北京的第四家店，450 平方米，全年月均夜间客流量能到 1 万。所以现在它已经不用考虑店租成本了，不少商业地产主动找它谈合作。

二、跳海的福利

它跟传统意义上的酒吧和酒馆有什么不同，以至于赢得了一线城市最潮流的一批年轻人的心呢?

在跳海，“打酒师”是最大的卖点。据统计，跳海酒馆有 1500 多个“兼职”打酒师，他们白天有不同的身份，可能是医生、城管、记者等。但是到了晚上，他们就会卸下工作标签，去做一名打酒师。成为打酒师，跳海给他们三个福利。

第一，薪水。当天兼职的打酒师会有 200~300 元的薪水，这至少能让你来回打个车，顺便吃顿夜宵。

第二，当天酒水免费。只要不喝醉，调酒、收盘子、洗杯子做好，酒馆里的酒你都可以畅饮。

第三，给朋友打折。如果你是当天的打酒师，你朋友过来喝酒可以享受折扣。

在这三个福利的“诱惑”下，许多人会填写资料、争相报名，跳海则会在每周日放号，让他们去选择成为哪天的打酒师。如果你成为某天的打酒师，当天酒馆的整个经营将由你负责，你可以随意选择放什么音乐、放什么电影或其他。

跳海为什么要这么做呢？它为酒馆解决了一个获客引流问题。打酒师来自不同的领域，他们有各自的社交。假设每个打酒师有 20 个朋友，他们在这里获得好的体验，自然会把这份好的体验带给朋友，这样就能吸引更多客人。

跳海酒馆让打酒师在这里工作时享受到乐趣，感受到“跳海”的魅力。而打酒师则通过自己的社交圈，把他们的朋友邀请到跳海。在这个过程中，内容由酒馆打酒师产出和完成，从而吸引更多用户前来，再进入到这个路径当中。更多的用户看到、产生链接，消费也变得持久、高频。

如果说打酒师起到获客引流的作用，那么内容及其所提供的情绪价值则是让跳海生意长久的核心。在跳海，每天都会举办不同的活动，这些活动都是基于顾客的脑洞展开。比如，周一的活动是 K-pop 专场，能吸引一众嘻哈音乐爱好者前来。而周二的活动，则是一场画展，大家可以在觥筹交错间，去交流自己对艺术的理解与探讨。甚至你还可以在这里举办一个招聘会，这样的活动对于在职场中挣扎的年轻人来说非常有吸引力。想象一下，一边品着酒，一边和潜在的雇主或者同行交流，这种轻松的环境下，人们更容易打开心扉，建立起真挚的联系。

跳海目前大部分收入来自酒水营收，店长及客人在这里搞出各种活动，它们足够好玩，足够火爆，一场可以吸引百来个客人，做到一百左右的客单，销售额能提升十几个点。

这些多元化的活动，不仅仅是娱乐，更是一种社交的方式。就像在豆瓣小组，人们围绕着共同的兴趣聚集，交流思想，跳海也在现实中创造了这样一个平台。这样的环境不仅吸引顾客来消费，更重要的是，它创造了一个社区，让人们因共同的兴趣和活动而聚集在一起。

这种互动和连接，让跳海不仅仅是一个普通的酒吧，更成为一个文化的聚集地，一个能激发创造力和交流的空间。人们不仅因为喝酒而来，更因为这里的文化和氛围而来。

（资料来源：根据网络资料编写）

案例思考与实训：

(1) 跳海酒馆与传统酒馆有哪些不同？它为目标客户传递怎样的价值主张？

(2) 跳海酒馆成功的关键因素有哪些？

(3) 尝试画出跳海酒馆的商业模式画布。

(4) 尝试用组合法进一步创新跳海酒馆的商业模式。

项目与创新体验

1. 项目依托

(1) 在小组创业机会识别阶段产生的创业想法中，选择一个感兴趣的主题进行商业模式的设计。

(2) 对在产品开发阶段开发出产品的原型，尝试对其进行商业化，并设计商业模式。

(3) 在历届互联网＋比赛项目中，选择一个感兴趣的项目，为其重新设计商业模式。

2. 物品准备

大白纸、便签纸、彩笔。

3. 体验过程

(1) 利用商业模式画布，在大白纸上进行小组项目商业模式的初步设计。

在进行设计的过程中，可以从以下 6C 的角度关注项目商业化的可行性：

Concept（概念）：清晰的产品 / 服务。

Customer（顾客）：明确的客户细分。

Compititors（竞争者）：与竞争者体现差异。

Capabilities（能力）：项目可控。

Captal（资本）：尽量轻资产。

Continuation（持续经营）：能持续发展。

(2) 开展组与组之间的“循环交流”。

每组选择一名同学作为项目主持人，负责向他人介绍本项目商业模式，提出亮点，并就商业模式中的困惑进行交流，获取对方的建议。

其余同学选择另一个感兴趣的组，开展讨论和交流，一方面对所在小组商业模式画布的9个模块分别提供创新想法，另一方面结合6C，讨论该小组项目的可行性，并提出建设性建议。

所有同学将创意和想法写在便签纸上，贴在对应项目的商业模式画布所在位置。

(3) 开展所有小组之间的“世界交流”。

各组成员进行项目的自由参观、交流，并在画布上写下对该小组商业模式的观点和创意。

(4) 项目商业模式打磨。

所有小组成员根据以上两轮的交流和其他同学的建议，再次讨论小组项目的商业模式，并思考：

① 本小组项目可以有几种商业模式设计？分别画出不同商业模式的商业模式画布。

② 各种商业模式设计之间有什么优劣？

【拓展阅读5-9】创新方法：世界咖啡

4. 反思与总结

(1) 以上的体验交流有哪些收获？

(2) 商业模式创新的方法有哪些？

(3) 谈谈商业模式创新的体会。

练　习　题

一、单选题

1. 企业价值的创造从根本上来源于（　　）。

A. 利益相关者的价值创造　　B. 顾客价值的创造

C. 建立细分市场　　D. 构建竞争优势

2. 免费模式的关键点是（　　）。

A. 第一段免费的价值链需要一个高频次需求

B. 所有服务均免费

C. 免费是为了吸引更多的消费

D. 吸引更多的广告

3. 商业模式画布中用来描绘一家企业想接触和服务的人群或组织的构成模块是（　　）。

A. 价值主张　　B. 成本结构

C. 客户细分　　D. 核心资源

4. 用来描绘企业是如何沟通、接触客户细分而传递其价值主张的是商业模式画布中的（　　）。

A. 成本结构　　B. 核心资源

C. 客户细分　　D. 渠道通路

二、多选题

1. 创业者构建商业模式时，需要回答以下问题（　　）。
   A. 用户是谁
   B. 用户需要什么
   C. 如何获得经济收益
   D. 为什么创业者能够创业成功
2. 价值主张的设计需要考虑（　　）。
   A. 能给消费者带来怎样的好处
   B. 给消费者带来的好处最好是竞争对手没有的
   C. 企业如何提升客户满意度
   D. 能有巨大说服力，让消费者称为你的客户
3. 商业模式画布包含的要素有（　　）。
   A. 收入来源　　B. 解决方案
   C. 关键指标　　D. 价值主张
4. 长尾模式的特征有（　　）。
   A. 由大量的小众需求组成
   B. 存储和流通的渠道足够大
   C. 关注为利基市场提供多样商品
   D. 小众需求的销量累积总和大于主流产品的销量

三、判断题

1. 价值创造是商业模式的核心。（　　）
2. 商业模式是创业企业为实现战略发展目标而精心构建起来的商业系统。（　　）
3. 商业模式画布是以“问题—解决方案”为核心。（　　）
4. 精益画布强调快速迭代、验证假设和关键指标。（　　）

第6章

获取创业资源

创业活动的显著特点之一是在资源高度约束的情况下开展商业活动。大多数创业者在启动创业活动之初，资源都相当匮乏。因此，资源整合能力无疑是创业者在创业征程中的必修课。在现实世界的创业实践中，我们不难发现，那些出类拔萃的创业者所展示出的卓越创业技能中，最为引人注目的一项便是他们能够富有创造性地整合各类资源。那么，对于创业者来说，他们应该如何有效整合这些资源？又如何能够不断提升和优化自己的资源整合能力？本章将深入探讨创业资源的分类、获取途径以及整合策略，分析如何在资源有限的情况下，通过智慧和创新，实现资源的最大化利用，为新企业的成功之路提供有益的启示和借鉴。

学习目标

1. 了解创业资源获取的独特性。
2. 掌握创业资源整合策略。
3. 了解创业融资难的原因。
4. 掌握创业融资的不同渠道。

【导入案例】

Airbnb 的创业故事

Chesky 和 Gebbia 都毕业于世界上最负盛名的罗德岛设计学院。Chesky 主修的是工业设计专业，Gebbia 则同时修习工业设计和图形设计这两个专业。毕业后，Chesky 和 Gebbia 离开东海岸去了旧金山。然而，他们两个都没有稳定的全职工作。没过多久，他俩租住的房子的租金突然涨了很多，急需现金。突然陷入的财务困境，再加上即将召开的设计大会，给了 Gebbia 一个赚钱的灵感。Gebbia 发现有很多的工业设计师要来这里参加北美最大的设计大会——IDSA/ICSID 大会，这个城市几乎每个酒店房间都被预订完了，没预订到酒店的设计师来到这里后都住在哪里呢？于是，他们决定利用这个机会，将自家空闲的充气床出租给找不到住处的设计师，因此，Airbnb 应运而生。

当时他们没有任何正规的床位可供出租，只有 3 个充气床勉强凑合能出租。因此，他们就把这个项目命名为“充气床 + 早餐 (air bed and breakfast)”，他们上线的第一个网站域名是 airbedandbreakfast.com。这就是 Airbnb 名称的来源。在大会期间，他们共为 3 个人提供了“充气床 + 早餐”的服务，收取的费用是每晚 80 美元，这比该市大多数中档酒店便宜了大约 100 美元。

Airbnb 的定位介于旧金山昂贵的高端酒店和供不应求的廉价旅馆之间。尽管想法尚不成熟，但潜力巨大。2010 年，旧金山的旅游业市场规模高达 70 亿美元，旅游人数达到历史最高——1500 万人。Chesky 和 Gebbia 意识到，如果能说服更多人邀请游客到家中住宿，不仅能满足市场需求，还能解决廉价酒店供不应求的问题。

Airbnb 最大的特点和竞争优势之一是它所提供的服务和价格优势。Chesky 和 Gebbia 希望打造一个让信任成为整个住宿体验中不可或缺的部分的住宿市场，从而让人们对住宿行业的信任普遍化。在会议期间找到一个价格合理的住宿地方并不是一件难事。有几十甚至上百个业主在 Craigslist 这样的网站上发布廉价的住宿房间。然而，真正困难的是找一个能够放心的、价格便宜的住宿房间，这样租客才不会一整夜都担心得睡不着觉。信任的概念后来支撑了整个 Airbnb 的体验，并成为 Airbnb 独特价值主张中不可或缺的一部分。然而，在将 Airbnb 这个项目规模化扩张之前，Chesky 和 Gebbia 必须筹集更多资金。

尽管 Chesky 和 Gebbia 的职业都是设计师，但他们却展现出了强烈的创业精神。2008 年夏天，他们受美国总统大选启发，设计了奥巴马奥氏 (Obama O's) 和船长麦凯恩氏 (Cap'n McCain's) 两种总统大选主题的早餐麦片包装盒，以每盒 40 美元的价格在网站上出售，筹集了 3 万美元用于投资 Airbnb。然而，这种新颖的筹资方式并未给他们带来持续的关注和收入，网站流量增长放缓，他们不得不吃掉剩余的麦片。面对质疑和技术难题，Chesky 和 Gebbia 邀请哈佛大学计算机科学专业学生 Nathaniel Blecharczyk 作为第三位合伙人 (CTO)。Blecharczyk 开发了 Airbnb 的第一个网站版本和轻量级支付系统，降低了成本，提升了技术能力。同时，Chesky 和 Gebbia 飞往各地与潜在房东面对面交流，说服他们入驻平台。

尽管他们努力，但仍难以获得风险投资机构的面谈机会。2009 年 1 月，他们决定在奥巴马就职典礼上分发传单，采用游击战式的营销策略。最终，Airbnb 引起了 Y Combinator 加速器负责人 Paul Graham 的关注，获得了 2 万美元的投资和加入 Y Combinator 孵化器的机会。2009 年 3 月，公司名称和网站名称变更为 Airbnb，并在 Y Combinator 的支持下迅速发展。

（资料来源：36 氪：从零到 300 亿美元的 Airbnb 创业故事，见 https：//36kr.com/p/1722834092033）

思考题

1. Airbnb 在发展过程中采用了的几种资源获取方式，请列举案例中涉及的资源获取方式。

2. 资源获取的多样性如何帮助 Airbnb 在早期突破"资金不足"和"技术短板"等瓶颈？

6.1 创业资源及其分类

基于蒂蒙斯创业要素模型可知，创业资源是创业活动的重要构成要素之一，在创业活动中扮演着十分重要的角色。首先，创业资源是创业活动得以开展的前提条件。没有足够的资源支持，任何创业想法都难以转化为实际行动。其次，创业资源的合理配置和利用是创业成功的关键。创业者需要根据自身特点和市场需求，有针对性地获取和利用资源，以提升创业活动的效率和成功率。此外，创业资源的丰富程度和质量也直接影响到了创业者的竞争力和创新能力。拥有更多优质资源的创业者往往能够在市场竞争中占据更有利的位置，实现更快的成长和发展。本质上，创业活动是一种资源整合与配置的过程。那么，什么是创业资源，它包括哪些类型呢？

6.1.1 创业资源的概念

资源是任何一个主体在向社会提供产品或服务的过程中所拥有或者所能够支配的，是能够实现自己目标的各种要素及要素组合。创业资源是新创企业在创造价值的过程中需要的特定资产，包括有形资产和无形资产，主要表现为创业人才、创业资本、创业机会、创业技术和创业管理等方面。对创业企业来说，创业者是其独特的资源，也是无法用钱买到的资源。

创业者的角色和影响力远超出一个简单的"资源"定义，他们是企业愿景的塑造者，是团队精神的凝聚者，更是创新思维的源泉。

(1) 创业者的独特之处在于他们的个人品质和魅力。他们通常拥有坚定的信念和决心，能够在困难和挑战面前不屈不挠，为团队提供强大的精神支持。同时，创业者通常还具备卓越的沟通能力和人际交往能力，能够吸引和留住优秀的团队成员，共同为企业的发展贡献力量。

(2) 创业者的创新思维和决策能力。在快速变化的市场环境中，创业者需要时刻保持敏锐的市场洞察力，发现新的商业机会并快速做出决策。这种创新思维和决策能力不仅需要丰富的经验和知识积累，更需要一种独特的直觉和判断力，这是无法用金钱直接购买的。

(3) 创业者还扮演着企业文化和价值观的传承者角色。他们通过自身的言行举止，传递着企业的核心价值观和理念，影响着团队成员的行为方式和思维方式。这种文化和价值观的传承和塑造，对于企业的长远发展至关重要，也是创业者作为独特资源的重要体现。

6.1.2　创业资源的类型

依据不同的分类标准，创业资源被划分为不同类型。例如，按资源形态，创业资源可分为有形资源和无形资源，其中设备、资金、场地、员工等均属于有形资源，品牌、能力、知识产权、社会资本等则属于无形资源。按资源来源，创业资源可分为自有资源和外部资源。自有资源是创业者自身所拥有的可用于创业的资源，如可用于创业的自有资金、自有技术、自建营销网络、拥有所有权的物质资源等；外部资源主要指创业者没有所有权的资源，如亲朋好友、商务伙伴或其他投资者、投资人资金，或者从外部借到的人、空间、设备或其他原材料等。本教材按资源性质，可将创业资源划分为以下六种类型。

1. 物质资源

物质资源指创业和经营活动所需要的各类有形资产，如厂房、土地、设备等，有时也包括一些自然资源，如矿山、森林等。这些资源为创业企业提供了必要的生产条件和物质基础，是创业成功的关键要素。

2. 财务资源

财务资源涵盖了资金、资产及股票等多种形式。然而，由于诸如缺乏抵押物、没有历史经营记录等原因，创业者往往难以从外部获取大量财务资源。因此，对于大多数创业者而言，财务资源主要依赖于个人储蓄、家庭成员的支持以及朋友的援助。这些财务资源为创业活动的顺利实施提供了必要的经济保障。

3. 人力资源

人力资源是创业过程中不可或缺的重要组成部分，它涵盖了人的智力资本，如知识、经验和技术，以及这些资本所依附的个体。具体而言，人力资源不仅涉及创业者及其团队所具备的知识储备、丰富经验和社会关系网络，还包括企业成员所展现的专业智慧、敏锐判断力及远大的事业愿景。在创业企业中，创业者或创业团队无疑是最为关键的人力资源，他们不仅是企业建立和发展的稳固基石，更是决定创业成功与否的决定性力量。此外，那些具备高素质的员工，如技术精英、营销人才和专业工人等，同样是推动创业企业成长的关键力量。

4. 技术资源

技术资源是创业活动中的重要组成部分，它涵盖了关键技术、制造流程、作业系统及专业生产设备等多个方面。技术资源不仅是企业实现创新发展的基础，更是提升竞争力的关键所在。创业者不仅需要关注行业发展趋势，了解市场需求，还要积极引进和研发新技术，不断提升企业的技术水平和创新能力。此外，企业还需要加强对技术资源的保护和管理，防止技术泄露和侵权行为的发生，确保企业的技术资产得到有效利用和保护。值得一提的是，技术资源与人力资源在本质上存在显著区别：人力资源主要依赖于个体，其流动性可能导致资源流失；而技术资源则多与物质资源相结合，可以通过法律手段进行保护，进而形成创业企业的无形资产，为企业创造持续的价值。

5. 声誉资源

声誉资源是创业企业宝贵的无形资产，它源于企业的历史表现、社会责任履行及公众形象塑造等。良好的声誉不仅能够提升企业的市场竞争力，吸引优质合作伙伴和投资者，还能够增强消费者对企业的信任度和忠诚度。因此，创业者应重视声誉资源的建设和维护，通过诚信经营、积极履行社会责任、强化品牌形象等方式，不断提升企业的声誉价值，为企业的长远发展奠定坚实基础。

6. 组织资源

组织资源通常指组织内部的正式管理系统，包括组织结构、作业流程、工作规范、质量系统。一般来说，人力资源需要在组织资源的支持下才能更好地发挥作用，企业文化也需要在良好的组织环境中培养。组织资源来自创业者或创业团队对创业企业的最初设计和不断调整，同时包括对环境的适应和对成功精英的学习。由于创业过程通常被解释成新企业的形成过程，因此对于创业企业来说，组织资源是具有标志性意义的资源类型。

6.2 创业资源的获取

创业企业在成长的各个阶段，都会努力争取用尽量少的资源实现企业的生存和发展。因此，创业资源获取强调的并不是全面拥有资源，而是高效利用这些资源。正如哈佛大学商学院霍华德·史蒂文森教授所说，“创业者在企业成长的各个阶段都会努力争取用尽量少的资源来推进企业的发展，他们需要的不是拥有资源，而是要利用这些资源”，即资源“不求所有，但求所在；不求所在，但求所用”。基于这种基本思想，本节将介绍内部资源管理策略（步步为营、资源拼凑）与外部资源整合策略。

6.2.1 步步为营

许多创业者在创业初期都会面临资源匮乏的困境，无论是经营业绩的缺乏还是未来发展的不确定性，都使得新创企业在资源获取上相较于已存在的大企业来说处于不利地位。然而，创业者并非束手无策，他们可以通过积极创造条件和充分利用手头现有资源以及利用被他人忽视的资源，来发挥资源的杠杆效应。由于资源的有限性，大多数创业者会寻找创新的方法来开发机会，建立企业并推动其成长。简言之，即便在资源有限的条件下，创业者也能通过巧妙的利用资源，创造性地开辟新机遇，进而成功创建并发展企业。

目前，学术界采用“bootstrapping”这一术语来描述创业者在资源匮乏的情况下如何有效利用资源。其核心思想是分阶段投入资源，并在每个阶段或决策点以最少的资源投入来最大限度地推动创业进程，这种策略也被称为步步为营。而“bootstrap”这个词原本指的是“靴子的鞋带”，它之所以被引入创业领域，源于18世纪的小说《吹牛大王历险记》。在这部作品中，主人公仅凭一条鞋带便成功从沼泽的烂泥中自救，全程没有依赖他人。这一典故后来被广泛引用，使得“bootstrapping”逐渐演化为自助、自力更生的意思。

美国知名学者杰弗里·康沃尔在其著作《步步为营：白手起家之道》中深入探讨了步步为营的策略。他指出，这种策略不仅代表了一种经济高效的做事方法，更是在资源有限的情况下实现满意收益的有效途径。无论是小企业，还是具有高成长性和高潜力的企业，都可以从这种策略中受益。对于创业企业而言，虽然积极创造条件去争取更多资源是重要的，但更为可行且明智的策略是充分发掘和利用已有资源，发挥资源的杠杆效应：①创业企业在资源受限的情况下寻找实现理想目标的途径；②最大限度地降低对外部融资的需要；③最大限度地发挥创业者投资在企业内部资金的作用；④实现现金流的最佳使用。

【拓展阅读 6-1】步步为营与收支平衡

步步为营的策略首先表现为节俭，创业者会努力降低资源消耗和管理成本。然而，过度追求成本低廉可能带来负面效应，损害产品和服务的质量，甚至阻碍企业的长远发展。例如，有些创业者为了快速获利，可能忽视环境保护，侵犯他人知识产权，或以次充好，这些行为均会严重损害企业声誉。虽然在短期内企业可能获得利润，但这样的创业活动缺乏可持续性。因此，在实施步步为营策略时，创业者虽应坚持节俭，但要有目标和原则，即在控制成本的同时，更要注重实现企业的长远目标和可持续发展。

6.2.2 资源拼凑

1. 资源拼凑的概念

众所周知，绝大多数企业在创立之初都面临着严峻的资源束缚。例如，没有钱购买先进的设备，就去淘一些人家淘汰的二手货；招聘不到满意的员工，创业者则身兼数职，或者“上阵父子兵”。这些都只是新企业缺乏资源的表面现象，真正困扰创业者的是如何四两拨千斤——用有限的资源在竞争日益激烈的市场上抢占一席之地。这是一场比拼智慧的战争，而一些企业摸索着打开了潘多拉的月光宝盒，采用“撬动地球的杠杆”——创造性拼凑战略。

“拼凑”(bricolage) 一词最初由法国结构主义人类学家 Lévi-Strauss 在其 1967 年的著作《野性的思维》(*La Pensee Sauvage*) 中提出，他从建构主义视角研究了原住民如何突破认知约束，利用有限的神话元素对既有神话进行修补以赋予神话新的含义。这样的思维方式叫作“修补术”或“打零活”，也就是“修修补补”，这样的人被称为“修补匠”。Lévi 认为修补匠不同于工程师。工程师以理性思维指导行动，通常会按照设计方案刻板地列出规划，再寻找所需要的标准化资源来完成规划。此后，“bricolage”被引入哲学、教育学、法学、遗传学、社会学、文学等诸多研究领域中。

“拼凑”一词正式被引入创业领域，源于 Baker 和 Nelson 发表的一篇学术论文。他们通过对 29 家新创企业进行为期数年的扎根研究，发现“拼凑”能够很好地描述创业者在资源利用方面的独特行为，并将创业拼凑定义为：为了应对新问题和开发新机会，将就着对手头资源进行的重新组合。其中包含的三个关键要素分别为手头资源、将就和为了新目的对资源进行组合。

(1) 手头资源。手头资源主要指新创企业或创业者所拥有的资源或从外部获取的免费或廉价资源，其中既包括一些“零碎儿”、工具、原材料、半成品等物质资源，也包括技能、想法、知识等非物质性资源。这些资源大多是通过日积月累慢慢积攒下来的。当时，创业者也许并不清楚它们的用途，只是基于一种习惯或是也许以后用得着的想法。而那些根据当前项目的需要，经过仔细校验而获得的标准化资源，不属于手头资源的范畴。

(2) 将就。在拼凑的概念中，将就并非贬义的“凑合”，而是在一种并不十分完美的情形下积极采取行动的倾向。因此它强调了一种行动偏好，即当机会窗口出现时，创业者积极地解决问题并迎接新的机会挑战。此时，创业者采用“满意模式”进行决策，即一旦某个方案能够解决当前问题就结束资源组合的不断尝试，所以最终得到的大多是“足够好”的方案。此外，将就也强调了创业者不屈从于约束，不拘泥于资源属性及其传统使用方式，敢于不断实验并打破既有惯例、制度来实现新目标的行为特点。

(3) 为了新目的对资源进行整合。为了新目的对资源进行整合是指对手头资源进行重新组合来实现企业的新目标，而组合方式并非按照资源的原有设计意图进行。市场环境日新月异，对企业而言是挑战，也是机遇。环境的变化使得一些闻所未闻的问题层出不穷，但同时机会也接踵而来。机会稍纵即逝，任何企业的资源结构都不可能适合于所有情况，也没有企业总是能够在第一时间找到合适的新资源。于是，整合手边已有的资源，快速应对新环境、新情况，成为创业的利器。创业者有一双善于发现的眼睛，洞悉手边资源的各种属性，将它们创造性地整合起来，开发新机会，解决新问题。这种整合大多不是事先计划好的，往往是具体情况具体分析。

【拓展阅读 6-2】“拼凑”苍蝇，臭芒果花也能完成授粉

2. 资源拼凑的类型

依据拼凑范围不同，可将资源拼凑划分为两类：全面拼凑和选择性拼凑。

(1) 全面拼凑。全面拼凑是创业者在多个领域，如物质、技能、劳动、市场和规制等同时进行拼凑。即使在企业现金流稳定后，这种拼凑行为也未曾停止。然而，这种策略可能导致企业内部管理难以形成规范、公正的规章制度，也可能因使用低标准资源而在外部拓展市场上遭遇阻力，难以步入正轨。此外，全面拼凑的企业往往过于重视“零碎儿”，过度收集各种工具、材料和二手物品，并过分依赖个人技术和经验。它们可能不太遵循行业标准、规范和规章制度，甚至在社会网络中也不遵循传统的角色定位，如顾客、供应商、雇员和亲戚朋友等角色在其眼中是可以互换的，进而形成一种特定的互动模式。

如果创业者在每个领域都采取拼凑的方式，长此以往，企业往往被公众视为标准低、质量差的企业。一旦这种拼凑型企业的定位形成，它们往往会局限于固定的人际关系圈，难以拓展新市场，进而失去更有盈利潜力的顾客群体，阻碍企业的进一步成长。

【拓展阅读 6-3】修理厂老板的拼凑艺术

综上，全面拼凑虽然在一定程度上能帮助创业者在创业初期整合资源，但长期来看可能导致企业内部管理混乱、市场拓展受阻，以及公众形象受损。因此，创业者需要谨慎运用这种策略，并在企业成长过程中逐步建立规范、提升标准，以实现企业的可持续发展。

(2) 选择性拼凑。选择性拼凑是指创业者仅在少数几个关键的战略领域进行拼凑，随着企业的逐步成长和正规化，他们会逐渐减少拼凑行为，甚至到最后完全放弃拼凑。这种“有所为，有所不为”的策略，使创业者能够在有限的资源下，集中力量解决关键问题，避免全面拼凑可能带来的负面效应。通过选择性拼凑，创业者能够在创业初期快速拼凑资源，推动企业发展。随着企业的成长，他们又能够逐步摆脱拼凑型企业的标签，使企业逐步走向正规化，满足更广泛的市场需求。这种策略不仅有助于企业的长期发展，还能够提升企业的竞争力和市场地位。

总的来说，选择性拼凑是一种更为理性和有效的资源拼凑策略。它要求创业者具备敏锐的市场洞察力和战略眼光，能够在有限的资源下做出最优的决策。通过精心挑选拼凑领域和时机，创业者能够为企业创造更大的价值，推动企业走向成功。

6.2.3 外部资源整合

创业者能否成功地开发出机会，进而推动创业活动向前发展，通常取决于他们掌握和能整合到多少资源，以及对资源利用能力的高低。许多创业者早期所能获取与利用的资源都相当匮乏，而优秀的创业者在创业过程中所体现出的卓越创业技能之一，就是创造性地整合和运用资源，尤其是那种能够创造竞争优势，并带来持续竞争优势的战略资源。

对创业者来说，容易产生杠杆效应的资源主要包括人力资本和社会资本等非物质资源。创业者的人力资本由一般人力资本和特殊人力资本构成。一般人力资本包括受教育背景、以往的工作经验及个性品质特征等。特殊人力资本包括产业人力资本（与特定产业相关的知识、技能和经验）与创业人力资本（如先前的创业经验或创业背景）。调查显示，特殊人力资本会直接作用于资源获取，有产业相关经验和创业经验的创业者能够更快地整合资源，并更快地实施市场交易行为。而一般人力资本使创业者具有知识、技能、资格认证、名誉等资源，也提供了同学、校友、老师以及其他连带的社会资本。

相比之下，社会资本有别于物质资本、人力资本，是社会成员从不同的社会结构中获得的利益，是一种根植于社会关系网络的优势。在个体分析层面，社会资本是嵌入、来自并浮现在个体关系网络之中的真实或潜在资源的总和，它有助于个体开展目的性行动，并为个体带来行为优势。与外部社会联系交往频繁的创业者所获取的相关商业信息更加丰裕，从而有助于促进创业者对特定商业活动的深入认识和理解，使创业者更容易识别出常规商业活动中难以被其他人发现的顾客需求，进而更容易获得财务和物质资源——这正是其杠杆作用所在。

尽管相比那些成熟的大公司，创业型企业面临着更为严峻的资源短缺困境，但创业者所拥有的创业精神、独特的创意和丰富的社会资本等，同样是具有战略价值的资源。因此，创业者若想在激烈的竞争中脱颖而出，就必须善于发掘和整合这些战略资源，这也是创业成功的关键所在。

1. 识别利益相关者

对于身处资源短缺困境的创业者来说，资源整合则尤为关键，而支撑这一过程的正是其背后的利益机制。利益相关者理论为我们深入剖析资源整合背后的利益逻辑提供了有力的工具。

利益相关者是指能够影响一个组织目标实现或被组织目标实现过程影响的个体或群体。这包括了企业的核心利益相关方，如股东、债权人、员工、顾客、供应商等合作伙伴，也涵盖了如政府部门、社区居民、媒体舆论、环保组织等对企业运营能够产生影响的团体，还包括自然环境、人类后代等直接或间接受到企业运营影响的实体。

对于新企业而言，利益相关者所涵盖的范围更为广泛。他们不仅包括了那些直接影响企业生存和发展的内外部个人或群体，还涵盖了那些可能因企业经营活动而受到影响，进而间接影响企业生存和发展的各方。因此，对于新创企业来说，理解并妥善管理这些利益相关者的利益诉求，是确保资源整合顺利进行、推动企业发展的关键所在。

2. 设置合理利益机制

资源通常与利益相关，创业者之所以能够从家庭成员那里获得支持，就是因为家庭成员之间不仅是利益相关者，更是利益整体。既然资源与利益相关，创业者在整合资源时，就一定要设计好有助于资源整合的利益机制，借助利益机制把包括潜在的和非直接的资源提供者整合起来，借力发展。因此，整合资源需要关注有利益关系的组织或个人，要尽可能找到更多的利益相关者，同时分析清楚这些组织或个人和自己以及自己想做的事情的利益关系，利益关系越强、越直接，整合到资源的可能性就越大，这是资源整合的基本前提。

利益关系者之间的利益关系有时是直接的，有时是间接的；有时是显性的，有时是隐性的；有时甚至需要在没有的情况下创造出来。另外，有利益关系并不意味着能够实现资源整合，还需要找到或发展共同的利益，或者说利益共同点。为此，识别到利益相关者之后，逐一认真分析每一利益相关者所关注的利益是什么非常重要。多数情况下，将相对弱的利益关系变强将有利于资源整合。然而，有了共同的利益或利益共同点，并不意味着就可以顺利实现资源整合。资源整合是多方面的合作，切实的合作需要有各方面利益真正能够实现的预期加以保证。这就要求寻找和设计出多方共赢的机制，在长期合作中获益，彼此建立起信任关系。若双赢和共赢的机制已经形成，开展进一步合作并不难。但对于初次合作，建立共赢机制的创业者来说尤其需要智慧，要让对方看到潜在的收益，为了获取收益而愿意投入资源。因此，创业者在设计共赢机制时，既要帮助对方扩大收益，也要帮助对方降低风险，降低风险本身也是扩大收益，在此基础上，还要考虑如何建立稳定的信任关系，并加以维护管理。

3. 外部资源整合过程

(1) 前期准备。在资源整合之前，充分的准备工作至关重要。在现实生活中，有些人拥有出色的创意，却因无法整合到所需资源而受阻；有些人尽管自身资源有限，却能凭借专业信息和技术优势，以及个人信誉和广泛的人脉关系，成功地找到所需资源，实现创业梦想。因此，在创业之前或进行资源整合之前，认真完成以下准备工作，将极大地提高创业资源整合的成功率。

① 建立个人信用。市场经济是一种信用经济，对于国家、企业乃至个人来说，信用都是一项宝贵的资源，尤其在整合创业资源的过程中，其作用不容小觑。创业者因具备创业精神和创新意识，在思考方式和行动策略上均展现出其独特性，即异质型人才资本的特质。然而，信任是市场运作的基本法则，一旦违背，负面信息将迅速在社群内通过口碑传播开。由于创业者初期资源多源自亲朋好友及同事，若个人信誉不佳，资源整合之路无疑将更加崎岖。

② 拓展并积累人脉资源。创业者的人际网络构成了新企业的社会资本。研究表明，创业者的人脉资源对于创业融资及创业绩效具有直接的正面效应。但需明确的是，这里所指的人脉资源并非等同于不正当的拉关系或寻租行为，而是基于正常的社交经历所建立起的如师生、同窗、友人、职场伙伴等关系网。这些关系在创业旅途中能够提供宝贵的信息资源。因此，在校大学生应积极构建良好的师生关系与同窗情谊，主动参与社团活动与社会实践，以此拓展并积累健康有益的人际网络，为未来的财富创造与自我实现奠定坚实基础。

(2) 评估资源需求规模。在资源整合的初步阶段，每位创业者都必须清晰界定所需资源的数量，即资源需求量的评估是资源整合的出发点。

在创业初期，预测资源需求是确保企业稳健发展的基石。启动资金作为购置运营资产及维持日常运营的先决条件，其规划需基于创业者丰富的经营经验和深入的市场洞察，即便资金相对充裕，也应通过租赁场地、选用二手设备等策略来降低投资成本。与此同时，财务指标的预测同样至关重要，主要涵盖了营业收入、营业成本及利润预估。新创企业应紧密结合市场趋势、行业分析及个人经验，运用市场调研、销售人员反馈、专家意见及时间序列分析等多种手段，科学的预估年度营业收入，并据此估算营业成本、一般费用及管理费用等。鉴于新创企业在市场推广上的高额投入，营业收入的增长往往难以与成本支出成正比，因此，第一年度的所有经营费用都应按月详细规划，而对于后续年份则应重点关注稳定支出，若销量预测明确，可采用销售百分比法来预测如折旧、库存等项目的费用。

在完成上述预测后，新创企业可进一步编制预计财务报表，其中，销售百分比法是一种有效的预估手段，它便于计算销售额中各项目收支的占比及资本需求，但需注意，这些比率可能随市场及企业管理变化，需适时调整以避免负面影响。通常，预计财务报表包括资产负债表、利润表和现金流表。对于创业者来说，即使有专门的财务人员，也必须了解相关的财务知识。此外，融资需求量的确定不仅涉及财务计算，更是一个综合考量现实与未来的决策过程，需结合企业经营环境、市场状况、创业计划及内外部资源等因素进行全面分析。

(3) 编写创业计划。实践证明，无论企业规模大小，拥有明确规划的企业往往表现更佳。商业计划书不仅是融资的关键工具，也是成功创业的蓝图。当代杰出创业家，如马化腾、雷军、黄峥，其商业帝国的崛起都深度依托创业资本赋能，而一份有说服力、展现广阔前景的创业计划书则是他们及其团队赢得资本支持的重要筹码。

(4) 开展资源整合谈判。一份出色的创业计划并不足以保证资源获取的成功，关键在于创业者与资源提供者的协商过程。因此，在谈判前，创业者需做好充分准备，预设对方可能提出的问题，并以自信、清晰的方式陈述自身需求与优势。要牢记，资源提供者最关心的是他们的投资回报，而这一点在资源整合过程中至关重要。

6.3 创业融资

融资对于创业企业的发展至关重要。创业企业通常需要资金用于产品研发、市场推广、雇用人才和扩大生产规模等方面。尤其是在初创阶段，很少有创业公司能够依靠自身盈利支持业务的持续发展。因此，寻找外部资金的方式变得尤为关键。

6.3.1 理解创业融资

对于创业者来说，特别是那些身处冷门行业或刚刚起步的创业者，寻求外部资金支持往往是一项极具挑战性的任务。新企业的早期融资主要依赖于创业者的个人储蓄以及亲戚朋友的支持。与大多数国家一样，中国的新企业很难获得银行贷款，一方面缘于这些新企业缺少足够的抵押品，另一方面是因为银行与企业的信息不对称在新企业中体现得更加明显。私人投资者变得越来越谨慎，而公开上市的机会则仅限于少数业绩亮眼、成长势头强劲的企业。因此，除非有幸通过其他渠道获得融资，否则大多数新企业在还没有到达成长期时就因为资金耗尽而夭折了。从有创业想法的种子期到首次获得风投资金的时间区间，被人们形象地称为“死亡之谷”。由此可见，创业融资成为摆在创业者面前的一道难题，如何获取这些资金，如何有效地利用这些资金，是每一位创业者都需要深入思考的问题。企业不同生命周期的资金来源如图 6-1 所示。

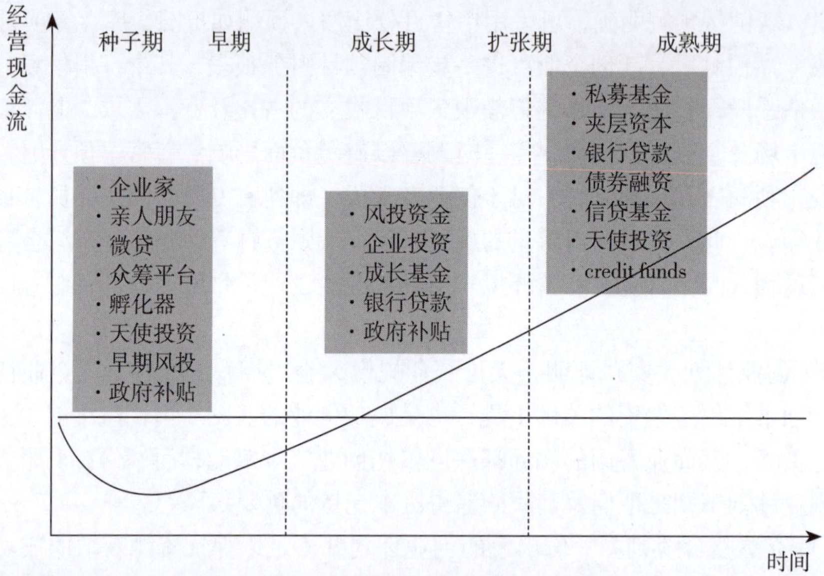

图 6-1　企业不同生命周期的资金来源

1. 创业融资的概念

融资主要指资金的融入，也就是资金来源，具体指通过一定的渠道，采用一定的方法，以一定的经济利益付出为代价，从资金持有者手中筹集资金，满足资金使用者在经济活动中对资金需要的一种经济行为。狭义的融资仅指不同资金所有者之间的资金融通，即资金从资金供给方流向需求方。广义的融资还包括某一经济主体通过一定方式在自己内部进行的资金融通。

创业融资是指创业企业根据自身发展的要求，结合生产经营、资金需求等现状，通过科学的分析和决策，借助企业内部或外部的资金来源渠道和方式，筹集生产经营和发展所需资金的行为和过程。

2. 创业企业融资困境

充足的资金是保证创业企业快速发展的重要前提，企业发展需要大量的资金，但身处创业期的企业在发展过程中资金一直处在紧缺的状态，近年来虽然政府采取了一些扶持创业企业发展的政策，拓宽了企业融资渠道，但创业企业在融资时依然处于“融资难、融资贵”的瓶颈状态。究其原因，主要体现在以下几方面。

(1) 创业企业缺少可以抵押的资产。与已有一定规模和稳定运营历史的既有企业相比，创业企业往往规模较小，成立时间较短，这使得它们在寻求银行贷款时处于劣势地位。例如，一家拥有专利技术和市场潜力的新兴科技公司，会因缺乏稳定的营收和资产积累，难以提供足够的抵押物，进而在贷款申请中遭遇困境。传统金融机构重视抵押物作为贷款保障，而创业企业主要依赖无形资产如技术、专利和品牌，这些难以量化作为抵押。

(2) 创业企业存续时间短，缺乏可参考的经营记录。与有辉煌业绩的既有企业不同，创业企业因缺乏稳定的经营和财务数据，使投资者在评估其未来时面临更大不确定性。银行和其他投资者在决定贷款或投资时，会看重企业的未来经营情况，而既有企业可以通过分析其历史盈利能力来预测未来。然而，创业企业所能提供的往往只是一份商业计划，虽然这份计划描绘了企业未来的蓝图，但实际的经营情况仍然充满了未知。

(3) 创业企业的融资规模相对较小。在现实中，银行信贷经理更倾向于将大额贷款提供给大型企业，而非将小额贷款分散给多家小企业。这是因为尽管创业企业申请的贷款金额较小，但银行办理一次贷款业务的成本相差无几，导致创业企业的单位融资成本远高于既有企业。据调查，对中小企业贷款的管理成本平均是大型企业的五倍左右。因此，银行更倾向于向大型企业贷款，这进一步加剧了创业企业融资的难度。

6.3.2 创业融资的渠道

对创业企业而言，所有可以获得资金的途径都可以成为创业资金的来源。创业者需要广泛搜集信息，挖掘一切可能的融资渠道。创业融资的渠道按融资对象可分为私人资本融资、机构融资和其他社会融资。近年来，随着互联网与金融业的结合，互联网金融业开始成为一种新的融资渠道，如众筹。

1. 私人资本融资

创业企业融资的劣势在于难以通过传统的融资方式，如银行借款、发行债券等获得资金，因此私人资本成为创业融资的主要组成部分。我国的情况也一样。世界银行所属的国际金融公司 (IFC) 曾对北京、成都、顺德、温州 4 个地区的私营企业关于中小企业资金来源结构状况进行调查，结果显示：我国私营中小企业在创业初始阶段几乎完全依靠自筹资金，90% 以上的初始资金都是由内部积累、创业团队成员及其家庭提供的，而银行、其他金融机构投资所占比重很小。

(1) 自有资金投入。自我融资是每个创业者必须面对的现实。创业充满风险，创业者需放弃稳定待遇，全身心投入新创企业，并将大部分积蓄投入其中。这不仅因为创业是实现商业价值的机会，更是因为投入更多自有资金可以让创业者在新创企业中拥有更多股份，创业成功后可以获得更大的回报。而且，自我融资也是一种有力的承诺，它向投资者传递出创业者对商业机会和企业前景的坚定信心。这种投入能减轻信息不对称的影响，增加投资者对新创企业的信心。然而，自我融资虽重要，却并非万能。在难以获得外部资金时，它可能是唯一选择，但对于新企业而言，创业者个人的资金往往有限，尤其对于需要大额资金先期投入的行业，个人资金可能只是杯水车薪。因此，创业者还需积极寻求外部融资，以支持企业的长期发展。

(2) 向亲友融资。亲朋好友是创业融资的关键来源，尤其在我国，家庭在创业中扮演着重要角色。在创业初期，创业者常因缺乏抵押资产和信誉，难以获得正规融资。此时，从家人和亲朋好友处融资成为一种有效且常见的融资方式。例如，在我国温州，民营经济的融资特征显示初期以自有资金和民间融资为主，后期则转为银行借贷与自有资金结合，但民间融资仍占重要地位。调查显示，初创期企业 75% 以上的资金来自民间借贷。然而，向亲朋好友融资也有不利之处。因此，创业者需明确资金性质，如债权性或股权性，并遵循市场经济规则，用契约和法律形式规范融资行为。此外，创业者还需事先向亲友告知风险，避免日后出现纠纷。

(3) 天使投资。天使投资是对新企业或创业项目提供早期投资的一种非组织化形式，主要由自由投资者或非正式机构实行。这种投资方式相较于其他投资者更早介入，关注具有发展潜力的项目，即使它们尚未成熟。一般认为，天使投资起源于纽约百老汇的演出，原指富有的个人出资以帮助一些具有社会意义的文艺演出，后来被运用到经济领域。

通常，天使投资是直接进行权益投资，不仅提供资金，还提供专业知识和社会资源支持。其投资程序简单，看重创业者个人素质，如创业者的热情、可信度、专业知识和创业经历。天使投资人多为成功创业者或企业高管，他们不仅追求资金回报，还希望帮助志同道合的创业者实现梦想。在美国，有大量的天使投资者活跃在市场中。近年来，我国天使投资也发展迅速，成为创业生态中的重要一环。

2. 机构融资

(1) 银行贷款。银行贷款为创业者提供了重要的资金补充途径。目前，我国商业银行为满足不同创业者的需求，推出了多样化的个人经营类贷款产品，如个人生产经营贷款、创业贷款、助业贷款、小型设备贷款、流动资金贷款、下岗失业人员小额贷款及临时贷款等。然而，鉴于创业企业通常伴随着较高的经营风险和难以准确评估其价值，银行在贷款审批上往往持谨慎态度，倾向于要求创业者提供诸如抵押、质押或第三方保证等担保措施来降低风险。

近年来，我国多地持续创新金融产品，有效破解中小企业融资难题。其中，上海自2020年起推广“知产贷”，通过知识产权质押融资累计发放贷款超百亿元；2020年广州开发区建立知识产权风险池，形成“政府 + 银行 + 评估机构”4∶2∶4风险共担机制；浙江2019年推出的“池化融资”模式，允许企业以流动资产池质押随借随还；江苏2019年5月上线的“苏贸贷”专项产品，已为外贸企业提供超20亿美元低息贷款；北京中关村2021年创设“前沿技术创新贷”，为国家级奖项得主提供千万级信用贷款；深圳2020年试点的“人才贷”突破传统抵押模式，支持高层次人才企业获贷超50亿元。截至2023年末，全国普惠型小微企业贷款余额同比增长25%，新发放利率下降0.42个百分点，金融创新政策效能持续释放。

(2) 商业信用贷款。商业信用贷款基于企业的商业信用和还款能力，通常由银行或其他金融机构提供。其特点在于具有灵活性和可定制性，即根据企业的具体需求和经营情况，金融机构可以提供不同额度、期限和利率的贷款方案。这使得企业能够根据自身实际情况，选择最适合的融资方式，满足其短期或长期的资金需求。此外，商业信用贷款还具有审批流程相对简便、放款速度较快的特点。与传统的抵押贷款相比，商业信用贷款不需要企业提供大量的抵押物或担保，大大减轻了企业的负担。同时，金融机构在审批过程中也会根据企业的信用记录和还款能力进行综合评估，确保贷款的安全性和可靠性。

(3) 融资租赁。融资租赁是一种灵活且高效的融资方式，旨在满足承租人在设备购置和运营中的资金需求。其运作机制独特且富有策略性，既为承租人提供了所需设备的使用权，又通过租金支付的方式帮助承租人实现了资金的合理配置和流转。在融资租赁过程中，出租人扮演着核心角色。他们根据承租人的具体需求，与第三方供货商订立供货合同，确保设备的质量、性能及价格均符合承租人的期望。这一步骤不仅确保了承租人的利益，也为出租人提供了可靠的业务来源和稳定的收益预期。随着合同的签订，出租人出资购买设备，并将设备出租给承租人。这一过程中，出租人不仅通过租金的方式逐渐收回投资成本，还获取一定的利润。而承租人则获得了设备的使用权，无须一次性支付高昂的购置费用，减轻了资金压力。

(4) 风险投资。主要指专业机构对具有高增长潜力的未上市的创业企业进行股权投资，并参与其管理。其本质体现在三个方面：一是通过股权方式投资未上市企业，建立风险共担、收益共享的机制；二是作为权益性投资，持有企业股份，拥有部分控制权，并积极参与企业管理以降低风险；三是以整个创业企业为经营对象，通过支持企业创建并在适当时机转让股权实现资本增值。风险投资主要面向新企业或中等规模企业，对投资对象有严格筛选，仅 2%~4% 的企业能获融资。与天使投资相比，风险投资多为机构投资者，资金来自外部投资者并由专业经理人管理，而天使投资则是投资者用自己的资金进行投资。天使投资多投于企业早期或种子期，企业投资规模较小且决策迅速，而风险投资则偏向于企业发展的稍晚阶段，投资规模较大。

风险投资的历史可追溯到 15 世纪的西欧岛国远洋贸易时期至 19 世纪美国西部创业潮时期。1946 年，美国研究与发展公司的成立标志着世界首家风险投资公司的诞生。进入 20 世纪 70 年代，随着高新技术的迅猛发展，风险投资行业进入高速成长期，成功培育了微软、苹果、惠普、英特尔、思科、雅虎、谷歌等世界级企业，并孕育了如比尔·盖茨、史蒂夫·乔布斯等杰出的创业家。风险投资在美国经济中扮演了关键角色，被誉为“新经济发展发动机”。中国的风险投资自 20 世纪 80 年代起步，经历了互联网热潮与泡沫破灭，随后在 2003 年前后伴随新一波创业浪潮再次兴起。中国已跃升为全球风险投资的重要中心之一，本土风险投资机构实力已全面超越国外知名机构。

(5) 创业板上市融资。创业板市场专为中小企业和新兴企业服务，是主板市场的重要补充。它接纳成长型、具备自主创新能力的企业，上市门槛相对较低，但信息披露监管严格。创业板市场以其独特的上市标准和交易制度，成为高科技企业的重要融资场所，如美国的纳斯达克市场。创业板市场为处于创业期的中小企业提供融资渠道，尤其青睐成长性高、科技含量高的企业。与主板市场相比，创业板更强调企业的发展前景和市场空间，为急需资金的创业企业提供必要的金融支持。上市不仅帮助创业者实现了收益和风险投资退出，还能提高企业知名度，吸引人才、技术和合作伙伴。

(6) 科创板上市融资。科创板作为中国资本市场的一项重大创新，不仅为企业提供了更多元化的融资渠道，更是推动了经济的质量变革、效率变革和动力变革。这一板块的设立，采用了注册制度，摒弃了传统的审批模式，使得上市流程更加高效、透明。科创板在上市条件上体现了多元包容的特点，特别关注科创企业的特性。对于那些尚未盈利，但具备创新潜力和市场前景的企业，科创板为其提供了更多的机会。此外，对于拥有特殊股权结构的企业和红筹企业，科创板也给予了相应的支持，使得这些企业能够在中国资本市场中找到自己的位置。

3. 其他社会融资

(1) 科技型中小企业技术创新基金。科技型中小企业技术创新基金是国务院批准设立的一项政府专项基金，旨在推动和支持科技型中小企业的技术创新活动。该基金通过拨款资助、贷款贴息及资本金投入等多种方式，为中小企业提供资金支持，以扶持和引导他们开展技术创新工作。根据中小企业项目的不同特点和需求，创新基金主要采用以下两种支持方式。

① 拨款资助。对于具有创新性和市场潜力的项目，创新基金将提供直接的拨款资助，用于项目的研发、试验、推广等阶段，以减轻企业的资金压力，促进技术创新的顺利进行。

② 贷款贴息。对于已经获得银行贷款并具有一定规模和效益的创新项目，创新基金将采取贴息的方式，对贷款利息进行一定比例的补贴，以降低企业的融资成本，鼓励企业扩大生产规模，提高市场竞争力。

这两种支持方式能够根据不同项目的特点和需求，灵活选择，为科技型中小企业提供针对性的支持，推动它们的技术创新和产业升级。

(2) 大学生创业优惠政策。大学生创业优惠政策主要为了鼓励和支持大学生群体积极投身创业活动，减轻他们在创业初期可能面临的资金、技术、市场等方面的压力。目前主要的大学生创业优惠政策如下。

① 一次性创业补贴。对首次创办小微企业或从事个体经营，且所创办企业或个体工商户自工商登记注册之日起正常运营 1 年以上、离校 2 年内的高校毕业生，给予一次性创业补贴。

② 创业担保贷款及贴息。符合条件的高校毕业生可申请最高 20 万元的个人创业担保贷款，由财政给予贴息。对于合伙创业的，可根据符合贷款条件的合伙创业人数适当提高贷款额度。对于特定群体，如获得市级以上荣誉称号的创业人员、创业项目、创业企业等，可免除反担保要求。

③ 免收有关行政事业性收费。毕业 2 年以内的普通高校毕业生从事个体经营 (除国家限制的行业外) 的，自其在工商部门首次注册登记之日起 3 年内，免收管理类、登记类和证照类等有关行政事业性的收费。

④ 享受培训补贴。对于高等院校学生 (含技工学院学生) 参加创业培训的，按规定给予培训补贴。

⑤ 免费创业服务。对于有创业意愿的高校毕业生，可免费获得公共就业和人才服务机构提供的创业指导服务，包括政策咨询、信息服务、项目开发、风险评估、开业指导、融资服务、跟踪扶持等“一条龙”创业服务。

⑥ 对大学生自主创业学籍管理。对有自主创业意愿的大学生，实施弹性学制，放宽学生修业年限，允许调整学业进程、保留学籍休学创业。

这些政策旨在鼓励和支持大学生自主创业，减轻其创业初期的经济压力，提高创业成功率。然而，具体的政策内容和申请条件可能因地区和政策的不同而有所差异，建议有创业意向的同学向当地的人力资源社会保障部门或相关部门进行详细咨询。

(3) 众筹融资。众筹的兴起源于美国网站 kickstarter，该网站通过搭建网络平台面对公众筹资，让有创造力的人可能获得他们所需要的资金，以便使他们的梦想有可能实现。这种模式打破了传统的融资模式，让每一个普通人都可以通过该模式获得从事某项创作或活动的资金，使得融资的来源不再局限于风投等机构，也可以来源于大众。

众筹融资是指用团购 + 预购的形式，向网友募集项目资金的模式。众筹利用互联网和 SNS 传播的特性，让小企业或个人对公众展示他们的创意，争取大家的关注和支持，进而获得所需要的资金援助。相对于传统的融资方式，众筹更为开放，能否获得资金不再是以项目的商业价值作为判断标准。只要是网友喜欢的项目，都可以通过众筹方式获得项目启动的第一笔资金，这为更多小本经营或创作的人提供了无限的可能。

【拓展阅读 6-4】
瑞幸咖啡：资本驱动下的咖啡帝国崛起与重生

6.3.3 债权融资与股权融资

1. 债权融资

债权性资金是一种借款性质的资金。资金所有者将资金借给资金需求方，并约定了资金的归还时间和利息回报，这种方式既保障了资金所有者的权益，又满足了资金需求方的运营需求。其中，银行贷款和亲友间的借贷是常见的债权性资金形式。

债权融资具有诸多优势。首先，它允许创业者保持对企业的控制权。与股权融资不同，债务融资不会稀释创业者的股权，从而确保创业者能够按照自己的战略和愿景运营企业。其次，债权融资使得创业者能够独享潜在的高额回报。只要企业运营得当，实现盈利，创业者就可以保留所有的利润，无须与投资者分享。最后，债权融资的债权方通常只关注固定的本息回报，不干预公司的日常运营和未来规划，为创业者提供了更大的经营自主权。

然而，债权融资也存在一些潜在的风险和缺点。首先，它要求企业按时偿还贷款本息，这对于新企业或经营不稳定的企业来说可能是一个巨大的挑战。企业如果无法确保经营收益高于资金成本，就可能面临资金短缺甚至亏损的风险。其次，债权融资会增加企业的负债率。过高的负债率不仅可能影响企业的再融资能力，还可能对企业的经营稳定性产生负面影响。在市场波动或经济下行的情况下，高负债率的企业可能更容易受到冲击，甚至面临破产的风险。

因此，在选择债权融资时，创业者需要仔细权衡利弊。创业者应该根据企业的实际情况和经营计划，合理确定融资规模和负债水平，以确保企业的稳健发展。同时，创业者也应注重提升企业的经营效率和盈利能力，以确保能够按时偿还债务，并为企业的持续发展奠定坚实的基础。

2. 股权融资

股权性资金作为投资性资本，其特性在于投资者通过持有企业股份参与企业的管理与决策。投资者按其持股比例享有对企业的控制权，并共同承担企业的经营风险。典型的股权性资金有天使投资基金、风险投资基金、创业板融资等。与债权资金不同，股权资金一旦投入，通常不能随意撤回，而其回报也完全取决于企业的实际经营状况。

股权融资不仅为企业注入了所需的资金，还带来了诸多优势。它避免了债权融资中烦琐的担保、抵押程序，使得企业更容易获得资金支持。更重要的是，股权融资引入了投资者广泛的关系网络、优秀的人力资源以及丰富的管理经验等，这些资源的注入有助于企业提升市场竞争力，实现快速发展。

然而，股权融资也有其缺点，伴随着一些潜在风险。其中，最显著的是控制权的稀释。随着投资者的加入，创业者所持股份比例会逐渐减少，可能失去对企业的绝对控制权。在重大决策方面，创业者可能需要与投资者协商，甚至在某些情况下需要妥协，这可能会影响企业的决策效率和运营灵活性。此外，股权融资也增加了企业信息披露的压力。特别是上市后，企业需要向公众披露更多的敏感信息，这可能会对企业的商业机密和竞争力构成威胁。因此，一些创业者可能对股权融资持谨慎态度，担心因信息披露而带来的潜在风险。

6.3.4 创业融资渠道的选择策略

创业融资并非仅仅局限于筹集项目启动的初始资金，它实际上涵盖了整个创业历程中所有的资金筹措活动。这些资金来自不同的渠道，它们之间的组合方式以及各自所占的比重，共同构成了融资结构。这一结构反映了创业者的资金中有多少通过债务形式获得，又有多少是通过股权方式筹措。鉴于不同性质的资金会对企业的经营产生不同影响，创业者应当综合考虑创业所处阶段、新创企业特征、融资成本等因素的影响，以及自己对企业控制权的态度，制定出合理均衡的融资策略，以支持创业企业的持续发展。

1. 创业所处阶段

创业融资需求具有鲜明的阶段性特点，不同发展阶段对资金的需求量和所承受的风险程度各不相同，且各种融资渠道所能提供的资金规模和对风险的要求也存在差异。因此，创业者在筹措资金时，必须精准匹配不同阶段的融资需求与合适的融资渠道，才能高效地获得创业资金，从而有效化解融资难题。在创业种子期和启动期，企业面临着高度的不确定性，此时主要依赖创业者自身的储蓄、亲友的支持以及天使投资人的资金。由于企业尚未形成稳定的盈利模式和资产规模，创业投资和商业银行贷款通常难以在此阶段介入。因此，建立在血缘和信任关系上的个人资金成为该阶段融资的主要方式。随着企业进入成长期，其前期经营基础逐渐稳固，发展潜力开始显现，资金需求量也相应增加。但在成长期的早期阶段，由于企业尚未实现正向现金流，创业者获取债务融资的难度较大，即使成功获得，也难以承担高额的利息支出。因此，创业者更倾向于选择股权融资，这种方式不要求固定偿付，更符合企业此时的资金需求。到了成长期的后期，企业已经展现出良好的成长势头并达到了一定资产规模，这时可通过银行贷款、商业信用等债务融资的方式来筹集资金。而一旦企业进入成熟期，其稳定的经营状况和良好的信用记录将使其更容易获得资本市场，如债券、股票等多元化的融资支持。最终，当创业者决定结束经营时，他可以通过企业公开上市、管理层收购或其他股权转让方式退出，从而回收投资并获得相应的回报。

2. 新创企业特征

创业活动各具特色，涵盖众多行业，且在初始资源条件、风险水平及预期收益上面均存在显著差异。不同行业面临不同的市场竞争态势、行业集中度和经营策略。这些差异导致创业企业的资本结构各不相同，进而产生多样化的融资需求。对于涉足高科技产业或拥有独特商业创意的企业，其经营风险相对较高，但预期收益也较为可观。当创业者拥有良好的相关背景时，股权融资往往是一个值得考虑的选项。通过股权融资，创业者可以吸引投资者共同承担企业风险，共同分享未来的高收益。而对于从事传统产业的企业来说，其经营风险相对较低，预期收益相对稳定且易于预测，债权融资可能是一个更合适的选择。通过借款或发行债券等方式，企业可以获得稳定的资金来源，同时保持对经营活动的控制权。然而，在实践中，大多数新创企业往往难以达到银行或投资者所期望的标准，它们在风险和预期收益方面均处于不利地位。在这种情况下，创业者只能依赖个人资金或向亲朋好友寻求融资，自力更生，逐步积累资源和经验。只有当企业能够证明其产品或创意在市场上具有竞争力时，创业者才可能获得债权融资或股权融资的机会。

3. 融资成本

不同的融资渠道对应的融资成本各有差异。债权融资的成本主要体现在需支付的利息上，这种支付方式通常周期较短且金额固定。因此，在债权融资过程中，明智的策略是结合多种融资渠道，使各种债权资金相互补充、协同工作，从而有效降低整体的资金成本。而股权融资则涉及投资者获得企业部分股权，其潜在收益无上限。尽管股权融资无须像债权融资那样定期支付利息，但它会对创业者的企业控制权产生影响。许多投资公司在投资后，会要求一系列保护自身利益的否决权，并参与到企业的日常经营管理中。即使在创业初期，创业者及其团队拥有相对多数股权，但经过几轮融资后，创业者的股权往往会被大幅稀释，进而影响其决策效率和控制权。因此，在大多数情况下，股权融资的成本要高于债权融资。过高的融资成本对创业企业而言是个沉重的负担，可能会抵消其成长带来的效益。即使创业初期资金筹措困难，企业也应努力寻求一个综合成本较低的融资组合，在追求投资收益率的同时，谨慎权衡资金成本，做出明智的融资决策。

4. 创业者对企业控制权的态度

创业者对企业控制权的态度影响着企业对于融资渠道的选择。部分创业者希望企业所有权牢牢掌握在自己手中，因此更倾向于选择债权投资作为资金来源。也有一些创业者更加关注企业的快速扩张和跳跃式发展，他们渴望通过投资获得丰厚的回报。为了实现这一目标，他们愿意引入外来投资，甚至愿意将企业的管理权交给更有经验和能力的人。哈佛大学教授诺姆·沃瑟曼在研究初创公司 CEO 时提出了一个有趣的观点：创业者需要在成为“富翁”和“国王”之间做出选择。选择成为“富翁”，意味着引入外部权益投资，虽然这有助于提升公司的整体价值，但创业者可能会失去 CEO 的职位和主要决策权，只能在公司中扮演次要角色。而选择成为“国王”，创业者能够保留对公司的决策控制权，但这可能导致公司的整体价值相对较低。对于创业者来说，选择成为“富翁”还是“国王”

并没有绝对的优劣之分，这主要取决于他们创业的初衷和个人价值观。

6.3.5 创业融资轮次

融资轮次指的是企业在不同发展阶段融资的方式。通常，企业在上市之前会经历许多融资轮次，不同的融资轮次有着不同的投资人和资本参与其中。通过不同轮次的融资，创业企业可以实现产品开发、市场扩展、人员招聘、技术升级和并购等目标，并逐步提高企业的估值和盈利能力。这些融资轮次也为投资者提供了不同的投资机会和回报潜力，在企业增长阶段获取更高的股权回报。通常，融资轮次大致可以分为种子轮、天使轮、Pre-A轮、A轮、B轮、C轮、D轮+、IPO等。

1. 种子轮

种子轮是创业融资的起始阶段，它标志着一个想法和梦想开始迈向现实的第一步。在这一阶段，企业尚未形成具体的产品或服务，创业者手中仅持有一项技术发明或者一份商业设想，以及对未来企业发展的蓝图规划。通常这时企业还没有正式建立，运作场所可能是非正式且成本较低的环境，比如家里、出租屋或者咖啡馆。资金需求在这一阶段相对较小，创业者的主要任务是向潜在的投资者清晰地传达他的创业想法和计划，展示他对未来发展的愿景。这一过程俗称“画大饼”，意在说服投资者相信其潜力和可行性。因此，资金来源主要是创业者自身及其亲朋好友的个人储蓄，这一阶段的融资更多地依赖于人际网络和信任关系。

2. 天使轮

天使轮投资是连接创业企业种子期与成长期的关键融资阶段。在这一阶段，企业已经基于初步的想法组建了稳定的创业团队，确立了运营模式，并正式建立了公司结构。产品或服务已经发展到可以对外展示的阶段，尽管可能还处于早期原型或仅有一个详尽的商业计划PPT，但已经有了基本的形状和功能。这一阶段，企业已经积累了一小批核心用户，尽管整个商业模式的市场验证仍在进行中，但这些用户对产品的早期反馈至关重要。在资金方面，天使轮投资主要来源于天使投资人、天使投资机构以及专注于青年创业的各类基金。这一阶段的融资金额通常为100万~1000万元人民币，相比种子期有了显著增长。

3. Pre-A轮

Pre-A轮融资是介于天使轮和A轮融资之间的一个额外融资阶段，主要目的是验证商业模式和产品的可行性。这一阶段通常出现在企业发现自身的估值不符合市场预期，或者在资金链上遇到困难，但又尚未达到A轮融资所需的规模和成熟度时。在Pre-A轮融资中，投资者可能包括已有的天使投资人或新进入的风险投资（VC）机构。这一阶段的投资可以帮助创业公司缓解资金压力，同时为新的投资者提供进入市场的机会。它作为一个缓冲阶段，帮助企业在没有完全达到A轮融资要求的规模之前，获得额外的资金支持以继续发展其业务和进行市场验证。

4. A轮

A轮融资是创业企业发展中的一个关键转折点，标志着公司已经从初创阶段迈向成长期。而在这一阶段，企业的产品或服务已经基本成熟，正常运作了一段时间，并且拥有完整详细的商业模式。公司在行业内开始树立起一定的地位和口碑，尽管可能仍面临亏损，但其发展前景足以吸引投资者的关注与信任。A轮融资通常由专业风险投资机构领投或参与，他们为创业企业提供资金支持，帮助企业扩大业务规模和市场占有率。这些投资者对企业的管理和运营能力有着更高的要求，因为他们寻求的是企业的可持续增长和较高的投资回报。A轮融资的资金规模一般在1000万~1亿元人民币，但根据企业的具体情况和市场估值，这一数字可能会有所变动。

5. B轮

在经历了A轮融资并在市场上取得初步成功后，企业的商业模式和盈利模式已经通过了市场的验证。此时，企业可能已经开始扭亏为盈，显示出了业务的可持续性和盈利能力。为了继续扩大市场份额、推出新业务或拓展至新的领域，企业需要进行B轮融资。这一阶段，企业通常已经在市场上稳固了其地位，并且有了加速发展的明确计划，吸引投资相对容易。B轮融资的投资者可能包括原有的风险投资机构、新加入的风投机构以及私募股权投资(PE)机构。这些投资者寻求企业持续增长和更大的市场份额，对企业的管理和运营能力提出了更高的要求。B轮融资额度通常在2亿元人民币以上，这为企业提供了进一步扩大规模和实现业务目标所需的资本。

6. C轮

C轮融资发生于企业成长过程中的扩张阶段，此时公司已经非常成熟，通常处于盈利状态，并在行业内占据领先地位。这一阶段的融资不仅是为了进一步扩大市场占有率或实现更大的盈利，而且是为上市做准备，包括完善商业闭环、编写企业的发展历程故事等。C轮融资的投资规模更大，投资者多为公募基金、大型私募股权投资基金等。

7. D轮+

C轮融资之后，还可能会有D、E、F等更多轮次的融资，这些都是C轮的升级版。这些后续融资通常是为了应对新的市场需求和企业的发展目标而进行的。只要公司还没有上市，理论上它可以继续进行更多的融资轮次。在这些后续轮次中，融资的方式可能不仅仅是传统意义上的资金投入，还可能包括资源上的互换，如媒体曝光率、战略合作等非货币资源。随着企业对自身发展的清晰认识，融资轮次变得越来越多，企业可以根据自己的需要和市场情况灵活地选择进行G轮、H轮甚至更多轮次的融资。

8. IPO

首次公开募股(IPO)指的是一家企业或公司第一次将其股份向公众出售的过程。这通常发生在企业已经达到行业领先的高水平，甚至站在股市门口的时候。IPO投资于企业上市之前或预计近期上市的阶段，具有风险相对较小和回收快的优点。IPO是企业上市的最终冲刺，可以理解为企业通过债权来扩大营业额和进行并购的一种方式。在这个阶段，企业需要经过多个环节的严格审核，包括财务审计、法律合规性检查、市场前景评估等，以确保其满足证券交易所或报价系统的挂牌交易条件。

【拓展阅读 6-5】
小米公司融资历程

案例思考与创新实训

案例与实训一：资源整合下的茶饮创业传奇

一、卖手机获人生第一桶金

1991 年，聂云宸出生于江西丰城荣塘镇的一个普通家庭。初中还没毕业，他便随父母到了广东江门，从江西落后的小镇来到广东的发达小城，给了聂云宸很大的冲击。当时还处弱冠之龄的他便下定决心，一定要在这片经济热土上闯出自己的天地，但由于早先读书的基础太差，尽管后来努力弥补，聂云宸高考时也只考入广州的一所专科学校——广东科学技术职业学院，就读该校人文学院行政管理专业。在一所技术职业学校学行政管理，聂云宸一度非常无语。但他很快调整过来，积极应对自己未来的大学生活。

大学期间，缘于关注科技，聂云宸结识了科技博客爱范儿的创始人 Wilson，并通过自己的努力，成为爱范儿的主笔。这份工作让他深入了解到全球科技发展的动态，乔布斯在这段时间成为聂云宸的偶像，这为他后来第一次创业埋下了伏笔。聂云宸的父母都是监理工程师，负责工程建设的监管，为人处事严谨踏实，不容有一丝差错。而偏偏聂云宸不是一个能够“按部就班”的人。

2010 年是国内智能手机发展的关键一年，具有划时代意义的 iphone4 上市，HTC 雄霸一方，而诺基亚在勉强发着最后的微光。当时 19 岁的聂云宸刚从学校毕业，受偶像乔布斯的影响，他决定去卖手机。聂云宸的手机店开在广州。他一开始如意算盘打得很响：开手机店不但可以卖手机，还可以通过“越狱”刷机赚双份的钱，成本低，库存压力少，未来简直是“钱”途一片光明。可是手机店刚开业没多久，他就遭遇了滑铁卢。由于选址过于偏僻，别说进店消费的客人，连从旁经过的路人也寥寥无几。被逼到墙角的他，决定放手一试：免费帮客人刷机，“越狱”装软件！“顾客不来，这不是他的错，是我们的错，我们没有让他知道我们。现在他来这里得到免费服务了，说不定以后就有机会成为我们的客户。”聂云宸后来回忆道。

果不其然，在这办法实施后，店里的顾客逐渐多了起来。很多顾客觉得接受免费服务不好意思，临走时会买一些手机壳、耳机等配件。慢慢地，聂云宸的小店转变成了一家靠手机配件盈利的店铺。可就是这么一家小店，让聂云宸在两年的时间赚了 20 万元。若干年后，聂云宸回想第一次创业：“如果当时没做这个免费服务，说不定这个店就倒闭了，因为它的位置真的很差。”

二、升级产品，开创新茶饮时代

就在聂云宸憧憬未来，想把手机店做大做强时，市场正在悄然发生巨变。2011 年，国内山寨机涌现，电商开始崛起，线下的手机店面临着前所未有的冲击。眼看生意一日不如一日，聂云宸开始产生焦虑。“我现在应该怎么办？是坚持下去还是寻求新的方向？”就在他苦苦思索之时，转机不期而至。有一天，聂云宸在路过一家奶茶店的时候灵感突现：用粉末冲出来的奶茶也有大把顾客，那如果是真材实料的饮品，会不会更受欢迎呢？而且开奶茶店门槛不高，投入可大可小，往大做可以把中国年轻茶饮做起来，往小做可以从一个小档口做起。抱着这样的想法，聂云宸揣着此前开手机店攒下的 20 万元钱，敲开了奶茶行业的大门。他下定决心，做一家能让用户喝到真正有奶、有茶，真材实料的奶茶。经过半年的产品研发和筹备，2012 年 5 月 12 日，聂云宸只有 20 平方米的第一家奶茶店在广东省江门市九中街顺利开张，取名皇茶 ROYALTEA(喜茶 HEYTEA 的前身)，因此一个新茶饮时代就此开启。

皇茶，寓意“最好的茶”，走的是高端精品路线。如同孙正义创业之初站在水果箱上，表示要成为世界首富一样，21 岁的聂云宸在开业时对员工说：“这里，是一个品牌诞生的地方。”当时，员工们都捂着嘴笑了。可是他们没想到，未来这句话真的变成了现实。皇茶的第一个产品是奶盐绿茶，这是聂云宸在开业前半年独自研制而成的。“从零开始，没有任何基础，光是了解奶茶成分就花了很长时间。”聂云宸后来接受采访时表示。除此之外，与大部分档口小老板一样，他一人身兼数职，店面装修、口味调制、菜单设计等都要操心，常常忙得晕头转向。可是，巨大的心血并没有立刻换来成功。皇茶开业前三天的促销活动吸引了很多人来排队，一时间门庭若市。可是，只要活动结束，门面就变得冷清，没什么人来光顾，有时一天只卖出几杯。最糟糕的时候，店铺一天只有 20 元的营业额。那时聂云宸问了自己一个问题：“假如世界上没有人开过奶茶店，我第一个开，我会怎么做产品、选料、做流程？”后来，聂云宸沉下心来。他一方面研究市面上主流饮品店的产品，一方面在奶茶口味上下苦功。他四处寻找客户的评价，然后不断改进，最多时一天修改 6 次配方，自己喝掉 20 杯奶茶。

经过一番努力，聂云宸发现，芒果跟芝士是点单量最大的奶茶配料，他如同发现了新大陆一般，创新性地将芝士跟奶盖搭配。终于，皇茶首创并推出了一个当时的颠覆性产品——芝士奶盖茶。新鲜的芝士、鲜奶，再加上茶叶现泡茶底，这杯茶一经推出，广受好评，彻底挽救了门店冷清的生意。

相比速溶奶茶，当时的皇茶虽然贵了点，但是用料更加充足。当消费者抱怨茶饮果肉少时，聂云宸将果肉加到占整杯 2/3；当消费者抱怨原茶味道不好时，聂云宸又通过对多款茶叶进行拼配，选出味道适宜的奶茶。就这样，在聂云宸的苦心经营下，没过半年，皇茶在江门逐渐成为排队的代名词。此后，随着皇茶的扩张，这股排队热潮又迅速在深圳、中山、东莞、广州等珠三角城市蔓延。相关数据显示，2014 年，皇茶在开到第 38 家店面时，使用的三角茶包就达到了 3000 万袋，其火爆场面可见一斑。而到了 2015 年底，皇茶更是在广东地区开了 50 多家门店。

皇茶爆火后，跟风者数不胜数。再加上“皇茶”两个字无法注册商标，只要加前缀或后缀，很容易被山寨。所以这些模仿者开的店铺虽然与“皇茶”没有丝毫关系，但就是抓住这样的漏洞，傍着“皇茶”的名头去售卖。因为不是正宗的皇茶奶茶，这些山寨奶茶的口感自然不够纯正，以至于广大消费者开始对聂云宸的“皇茶”产生怀疑。对于这个困扰已久的问题，聂云宸和团队曾经想尽一切办法，尽管有一定效果，但终归不太理想。后来他无奈通过官方公众号指出：“各种各样的‘皇茶’充斥着网络，他们都有着和我们几乎完全一样的门面设计、菜单品种，但口味恶劣，却动不动号称秒杀所有店。”

长痛不如短痛。在综合考虑各种情况，甚至愿意承担一段时间内营业额下降的损失和风险后，聂云宸决定更改品牌名字。2016 年初，聂云宸买下了已经成功注册的商标喜茶，并在随后的 1 个月里，把旗下 50 多家“皇茶”直营门店全部更名为“喜茶”。

至此，一个国民茶饮品牌就此诞生！

（资料来源：喜茶创始人聂云宸：从专科毕业到干到 600 亿独角兽，我用了 11 年，见 https://36kr.com/p/1318517328314761，有删改）

案例思考与实训：

(1) 聂云宸在初创皇茶时，是如何进行资源拼凑的？

(2) 当皇茶面临市场竞争和山寨问题时，聂云宸是如何整合内外部资源来应对的？

(3) 在校大学生李明发现，由于受到母语、心理因素、发音不够准确等因素的影响，当代大学生的口语问题一直限制着其英语综合能力发展。他隐约感觉到大学生的英语口语痛点是一次难得的创业机会。同时，李明发现学校新建食堂的四楼有一个空旷大厅，大厅旁边是一个社会机构承租的高档餐厅。开业以来，高档餐厅的生意很一般，而且旁边的大厅一直闲置，于是他便有了通过这个大厅赚取第一桶金的想法。基于喜茶的案例启示，如果你是李明，你会如何整合内外部资源赚取这第一桶金？

案例与实训二：宇树科技的融资历程

宇树科技有限公司，一家专注于消费级、行业级高性能通用足式 / 人形机器人的自主研发、生产和销售的公司，自 2016 年成立以来，便以其独特的技术实力和市场前景吸引了众多投资者的目光。其融资历程如下：

天使轮融资：宇树科技在 2017 年完成了 200 万元的天使轮融资，这是其创业初期的重要资金来源，为后续的技术研发和市场开拓奠定了基础。

Pre-A 轮融资：2020 年，宇树科技获得了数千万元的 Pre-A 轮融资，由红杉中国种子基金和德迅投资联手投资。这笔资金进一步加速了宇树科技的技术研发和市场推广。

Pre-A+ 轮融资：同年，宇树科技又进行了 Pre-A+ 轮融资，投资方包括祥峰投资、红杉中国以及初心资本。这些投资机构的加入，为宇树科技提供了更多的资金支持和市场资源。

A 轮融资：2021 年 7 月，宇树科技完成千万级美元 A 轮融资，由顺为资本领投。本轮融资主要用于四足机器人量产能力建设、人形机器人技术预研及全球化市场布局，标志着公司从技术验证向规模化商用跨越。

B 轮融资：2022 年，宇树科技完成了 B 轮融资，具体融资金额未公开，投资方包含了经纬创投等知名投资机构。

B+ 轮融资：2024 年 2 月，宇树科技再次获得融资，B+ 轮融资额达到 10 亿元。这一轮融资进一步巩固了宇树科技在机器人领域的市场地位。

C 轮融资：2024 年 9 月，宇树科技宣布完成 C 轮融资，融资金额高达 20 亿元人民币。此次融资由北京机器人产业投资基金领投，美团、琥珀资本、上海科技创新基金、中关村科学城、红杉资本等机构跟投组成。此轮融资后，公司估值飙升至 80 亿元，展现了资本市场对宇树科技的高度认可。

宇树科技的融资历程展现了其在机器人领域的强劲实力和市场潜力，不仅是资本与技术的协同演进，更体现了科技创新中的家国情怀与社会责任。从天使轮创业初心到 C 轮产业赋能，其发展历程印证了科技自立自强的国家战略：突破足式机器人技术壁垒，助力高端制造升级，彰显“把关键核心技术掌握在自己手中”的使命担当。投资方矩阵（如北京机器人产业基金、中关村科学城）的参与，体现了资本服务实体经济的政策导向，推动硬科技领域“产学研用”深度融合。在快速发展中，宇树坚持工程师精神与商业伦理并重，如通过技术创新解决工业巡检、应急救援等社会痛点，践行“科技向善”理念。其发展亦是新时代创业者的启示录：以爱国情怀驱动创新，用社会责任锚定方向，方能在资本浪潮中走出高质量发展之路，为制造强国战略贡献民企力量。

（资料来源：作者整理）

案例思考与实训：

(1) 请结合资本市场环境（如 2022 年后硬科技投资热潮），分析宇树科技如何通过融资节奏平衡技术研发的投入与商业化压力？

(2) 人形机器人产业链涉及精密零部件、AI 算法、场景落地等多环节，宇树科技如何通过融资方的资源（如美团本地生活场景）加速构建生态闭环？

(3) 基于本组选择的创业项目，分析其可能面临的融资需求和挑战。请为该创业项目设计一套初步的融资方案，包括融资目标、融资阶段划分、投资人选择标准、融资谈判策略等内容。

项目与创新体验

欢迎进入资源挑战

假如给你 10 元钱，你能在两个小时内创造多少利润呢？信封中放有种子资金，你的团队可以用尽可能多的时间做计划，但一旦打开信封，你们就只有两个小时的时间在下一课开始之前去赚尽可能多的钱（只能使用信封中提供的种子资金；在两个小时之前和之后，你都不能募集资金；在两个小时之后，团队就不能再做任何事情了）。

需要注意的事项：

(1) 不能从其他地方获得额外现金。

(2) 不允许从事非法活动。

(3) 不允许参与抽奖活动。

(4) 不允许买彩票。

(5) 不允许参与任何形式的赌博。

下节课之前，请各组准备好展示 PPT。PPT 需要回答以下问题：

(1) 你们做了什么？

(2) 赚了多少利润（利润 = 收入 - 成本）？

(3) 关于资源，你学到了什么？

小组得分将由以下因素决定：赚取的利润，创造力。

假设你创造了利润，你可以在偿还老师 10 元种子基金后，将所赚取的钱据为己有。种子资金是无息贷款，不是股权投资。如果你没有赚到利润，这是老师可接受的损失。

开始行动吧！

练 习 题

一、选择题

1. 创业资源中，以下哪项属于无形资源？（ ）
   A. 设备　　B. 品牌
   C. 厂房　　D. 资金
2. 步步为营策略的核心思想是（ ）。
   A. 一次性投入全部资源　　B. 分阶段投入资源，以最少资源推动进程
   C. 完全依赖外部融资　　D. 优先使用高风险资源
3. 资源拼凑的关键要素不包括（ ）。
   A. 手头资源　　B. 标准化资源
   C. 将就　　D. 为新目的组合资源
4. 以下哪项是天使投资的特点？（ ）
   A. 仅投资成熟企业　　B. 提供资金和专业知识支持
   C. 需要企业提供抵押物　　D. 投资金额通常在 1 亿元以上
5. 科创板上市融资的核心特点是（ ）。
   A. 采用审批制　　B. 要求企业必须盈利
   C. 采用注册制　　D. 仅支持传统行业企业
6. 创业融资中，债权融资的主要缺点是（ ）。
   A. 稀释控制权　　B. 需按时偿还本息

C. 投资者参与管理　　　　　D. 融资成本低

7. 在种子轮融资阶段，资金的主要来源是(　　)。

A. 风险投资机构　　　　　B. 创业者及亲友

C. 政府补贴　　　　　　　D. 银行贷款

二、填空题

1. 创业资源按性质可分为物质资源、财务资源、人力资源、技术资源、__________和组织资源。

2. 资源拼凑的三种类型包括全面拼凑、__________和选择性拼凑。

3. 创业融资的渠道中，通过互联网平台向公众募集资金的方式称为__________。

4. 科创板上市采用__________制度，而非传统审批制。

5. 债权融资的回报形式是固定的__________。

6. 创业企业首次公开募股的英文缩写是__________。

7. 股权融资的投资者按持股比例享有企业的__________。

三、判断题

1. 声誉资源属于有形资源。(　　)

2. 天使投资通常在企业成熟阶段介入。(　　)

3. 选择性拼凑策略要求在所有领域进行资源整合。(　　)

4. 债权融资会稀释创业者的股权。(　　)

5. 科创板要求企业必须盈利才能上市。(　　)

6. 创业拼凑的概念最初由法国人类学家提出。(　　)

7. 大学生创业优惠政策包括一次性创业补贴和税收减免。(　　)

四、简答题

1. 资源拼凑与步步为营策略有何异同？请结合案例说明。

2. 创业企业在种子轮和天使轮融资中面临的主要挑战是什么？创业者应如何应对？

3. 债权融资与股权融资的优缺点分别是什么？创业者应如何选择？

4. 假设你计划开发一款大学生英语口语培训产品，请基于资源整合策略设计初期资源获取方案。

第 7 章 开展创业营销

作为创业成功的关键一环，创业营销直接决定创业企业能否在竞争中立足与发展。本章将深入创业营销核心领域，聚焦价格决策，渠道构建与营销策略三大关键，探讨如何科学平衡成本、需求与竞争，制定公平合理的价格；如何评估直销、经销、电商等渠道特点，构建惠及用户的商效网络；以及如何融合经典理论与创新手段，设计诚信有效的市场方案。创业者应将守正创新精神与社会责任担当融入每一次营销决策，以正确的价值导向驱动企业行稳致远，既追求商业成功，更创造社会价值，为经济高质量发展贡献青年力量。

学习目标

1. 理解创业营销中定价方法与策略等。
2. 掌握营销渠道的选择依据、类型特点。
3. 学会运用多种营销理论和工具。
4. 熟悉创业营销策划方案的撰写方法。

【导入案例】

破局之道：元气森林的口碑策略

元气森林作为新锐的国产饮料品牌，自2016年成立至今实现了火箭式的增长。这离不开在新媒体时代元气森林成功的口碑营销，基于5T理论分析具体体现在以下几个方面：第一，“Talkers”的寻找与投放。元气森林在寻找谈论者时，既利用准确的市场定位，找到喜欢新事物的Z时代(1995—2009年出生)青年人群，又运用“KOL+KOC”相结合的模式，向市场投放Talkers。第二，“Topics”的自带与制造。元气森林以“健康”为品牌基调，使用赤藓糖醇代替阿巴斯甜制作代糖产品，“0糖0卡0脂的健康饮品”理念使其自带话题和光环；元气森林还主动创造话题，成为“社交货币”，一方面利用首发新品、季节限定和IP联名等营销活动频繁冲上微博热搜，另一方面通过赞助和冠名多档热门综艺(如《元气满满的哥哥》)和热播剧场(如《开端》)吸引流量。第三，“Tools”的全面与细化。元气森林积极打造全媒体平台矩阵，构建了“两微一抖B快红视”的公域，在各大电商平台均设有旗舰店，元气森林仅在淘宝的旗舰店就坐拥粉丝超800万。针对不同平台的传播特点，元气森林推出不同的营销模式。在淘宝、抖音、快手等短视频直播平台，元气森林主要通过网红带货进行营销；在微博平台，元气森林以互动为主，经常设置抽奖活动，利用各种噱头送福利；小红书平台，元气森林则更多地利用KOC进行传播，实现广告的精准投放。第四，“TakingPart”的亲民与有趣。例如，在微信平台，元气森林通过小红书等其他平台的引流，引导用户关注“元气森林”服务号，同时可以添加“元气家—元元子”的专属客服，进入元气森林官方福利群，通过发放优惠券、新人福利等，与用户进行良性互动，建设产品“私域”。在进行用户互动时，元气森林塑造了可爱的虚拟形象“小元子”，“小元子”经常使用网络流行语以及“哟”“嘿”等语气词，从不摆官方架子，充分体现了互动的亲民性和有趣性。第五，“Tracking”的高效与及时。自上市以来，元气森林就不断使用大数据追踪产品口味的受欢迎程度，进行产品的研发和调试，收集用户意见，提升产品质量，使其更好地适应市场需求。例如，2021年4月，关于“元气森林乳茶非0糖”的话题引起人们关注。针对这一事件，元气森林第一时间做出回应，解释“0糖”与“0蔗糖”的区别，向公众道歉，表示将升级产品包装，并对买过乳茶的客户进行补偿。成功的口碑营销既是元气森林发展的破局之道，也为其他创业企业在新媒体时代如何开展营销实现成长提供思路和借鉴。

(资料来源：根据网络资料编写)

思考题

元气森林的“口碑营销”策略能否复制到其他行业(如农产品)？如果让你推广一款乡村特色农产品，如何结合元气森林的经验设计营销方案？

7.1 创业价格决策

在创业过程中，价格决策是市场营销组合中至关重要的一环。它直接关系到消费者对产品的购买意愿，并影响到企业的利润、市场份额、品牌形象以及顾客满意度等多个方面。因此，创业者需要综合考虑创业中各种因素，掌握价格决策的基本原理和方法，制定出既符合市场需求又能保证企业盈利的价格策略。

7.1.1 创业价格决策的影响因素

创业企业在为新推出的产品制定价格时，应使价格处于适中的水平。价格太低，无法获取利润；价格太高，无法产生足量需求。创业企业必须考虑多种因素的影响，以制定出合理的价格。

1. 定价目标

产品定价目标是指企业在特定时期内为实现战略目标而对价格制定确立的核心目的和要求。在企业生命周期的不同阶段，战略目标和定价目标会动态调整。创业阶段的定价目标通常包括以下几种。

(1) 生存目标。多数新创企业竞争力不足，首要任务是维持运营、避免倒闭，因此，常采用低价策略，只要边际贡献能覆盖部分固定成本就会维持生产，待发展壮大后再调整定价目标。

(2) 市场占有率目标。市场占有率即产品销售量 (或销售额) 在市场同类产品中的占比，反映企业市场地位和盈利潜力。创业企业常分阶段实施策略：前期用补贴、渗透定价等方法积累用户；后期依规模优势，通过升级或延展生态实现盈利。例如，中国互联网服务领域 (电商、共享经济、即时配送等) 创业企业初期常以战略性亏损抢占市场，形成网络效应后再转为价值定价。

(3) 竞争目标。创业企业构建竞争性定价策略需精准施策：首先通过竞品分析明确质量与价格基准，结合市场定位制定差异化方案；其次依据竞争态势灵活选用渗透、溢价或跟随定价策略。蒙牛成立初期第一个广告就是“向伊利学习，做内蒙古第二品牌”，将伊利确定为它的竞争对手，并通过阶段性产品溢价与主力低价策略的“双轨定价”快速突围。

(4) 质量领先目标。部分创业企业以打造质量标杆为目标，通过构建质量壁垒形成差异化竞争，采用价值定价覆盖品质成本，在细分领域树立品质标杆。例如，亚朵酒店自 2013 年创立便定位高品质城市精品酒店，瞄准年轻时尚消费群体，历经十年发展，凭借卓越服务与创新产品体系，稳居国内中高端连锁酒店领先地位。

(5) 利润目标。利润目标作为企业发展的核心驱动力，创业企业通常以目标利润率为基准制定价格，如设定投资回报率阈值 (如 10%) 倒推定价。该模式要求精准核算成本并建立动态调整机制。稻盛和夫提出“正当性利润观”，主张在竞争环境中平衡生存需求与价值伦理，京瓷等企业的实践都印证了科学利润管理对突破生存瓶颈的关键作用。

2. 成本因素

产品成本涵盖生产、流通环节的物质消耗及人力投入等因素，它是创业企业定价底线与生存根基。创业企业需系统核算全链条成本，通过供应链优化构建竞争优势。小米初创期采用轻资产模式，将硬件生产外包省去建厂成本，依托线上渠道削减中间环节，以高性价比快速突围手机市场，印证了成本管控对竞争破局的关键作用。

3. 市场需求

市场需求弹性是价格决策的关键变量。创业企业需通过需求曲线分析，系统评估消费者支付意愿、价格弹性及替代品效应，科学划定定价区间。遵循需求定律，价格与需求呈负相关，这种弹性特征既构成定价上限，也要求企业动态调整以寻求供需均衡点。以理想 ONE 为例，它精准定位了家庭用户核心需求 (空间安全、智能驾驶、续航)，采用价值定价法锚定 35 万元的售价，覆盖 40% 电池成本并形成较 BBA 同级车型 20% 价格优势。

4. 竞争状况

创业企业定价需结合市场结构特征：完全竞争市场 (如农产品等标准化领域) 宜采用成本领先战略；垄断竞争市场 (如快消品等差异化领域) 应通过产品创新构建差异化优势。完全垄断与寡头垄断市场存在价格控制风险，建议新企业谨慎进入。企业需持续监测竞争对手成本结构与定价动向，建立动态调整机制，并运用组合策略平衡竞争压力与盈利空间。建议定期开展行业成本调研与支付意愿分析，构建数据驱动的定价优化体系。

5. 其他因素

价格决策还需考虑国内外经济状况、通货膨胀、政策法规、消费者心理等外部因素，这些因素会影响企业产品的销量和利润，进而对企业产品的定价产生不同程度的影响。

7.1.2 创业企业定价方法

创业企业在为产品定价时，可选择一种或几种定价方法的组合。

1. 成本导向定价法

(1) 成本加成定价法。成本导向定价法以单位成本为基础，加上一定的利润比例确定产品的单位销售价格，即

$$P=C(1+R)$$

其中，P 是单位产品售价；C 是单位产品成本；R 是成本加成率。

采用该种定价方法，需注意两个事项：一是精确核算成本，一般以平均成本 (单位固定成本与单位变动成本之和) 为准；二是根据产品的市场需求弹性及不同产品确定合理的

利润百分比（成数）。

(2) 目标利润定价法。目标利润定价法是指企业根据目标利润的原则，首先确定一个目标利润，然后加上总成本，再除以总产量，得出单位产品的销售单价。

$$P=(C+G)/Q$$

其中，P 是单位产品价格；C 是总成本；G 是目标利润；Q 是总产量。

(3) 投资回报率定价法。投资回报率定价法是指根据企业的投资回报率制定目标价格的方法，其计算公式为

$$P=C+I\times R/Q$$

其中，P 是单位产品的目标价格；C 是单位成本；I 是总投资；R 是投资回报率；Q 是产品销售量。

成本导向法比较简单易行，但可能忽视市场需求和竞争状况。因此，较多企业更偏向于选择需求导向定价法和竞争导向定价法，基于竞争和消费者心理的定价策略越来越受到重视。

2. 需求导向定价法

需求导向定价法是指企业根据市场需求、产品为顾客创造的价值来确定产品价格。这种方法从顾客角度出发，强调顾客对产品的价值认知、产品的独特性和顾客满意度，但这种方法需要对顾客需求有深入的了解和准确的判断。

(1) 认知价值定价法。认知价值定价法是指企业通过营销策略塑造消费者的高价值认知，并据此制定价格。其核心在于传递超越竞争者的价值感知，如耐克鞋溢价十倍、星巴克咖啡溢价五倍，海底捞以服务认知支撑高价。创业企业实施该策略的关键：一要深度调研消费者心智价值，二要整合营销组合抢占认知高位，推动消费者为价值感知买单。

(2) 需求差异定价法。需求差异定价法指企业根据市场需求的多维度差异（如人群、区域、时间、产品形式等）制定差异化价格。例如，同一品牌服装线上线下差价 50%、知名品牌汽车国内外价格相差五倍、航班分舱定价、儿童免票政策、旅游淡旺季收费差异及电脑颜色溢价等，均体现该策略应用。在具体实施需求差异定价法时需把握三点：一是显著区分市场细分群体，二是合理设置价格梯度，三是避免过度差异引发消费者抵触。

【拓展阅读 7–1】农夫山泉——需求差异定价

(3) 逆向定价法。逆向定价法指企业以消费者可接受价格倒推批发价及出厂价的定价策略。其核心逻辑是以市场需求为基准而非成本。该模式尤其适用于批发零售行业，通过保障渠道利润稳定结构、提升市场渗透率，并灵活应对市场动态调整价格，实现供需精准匹配。其计算公式为

出厂价格 = 市场可销零售价格 ×（1 – 批零差率）×（1 – 销进差率）

(4) 集团定价法。在“互联网 +”时代，创业企业开始采用 B2C 平台集团定价策略。以拼多多模式为例，企业通过平台发布商品，消费者自发拼团，达到数量门槛后可享受折扣优惠。该模式既能实现品牌曝光，又能集中获取大单，成为快速触达市场的高效促销手段。

3. 竞争导向定价法

竞争导向定价法是以市场竞争状况为基础，根据竞争公司的价格、生产条件、服务情况等，结合自身竞争实力确定价格。这种方法更加贴近市场，但需要充分的市场调研和数据分析能力。

(1) 流行价格定价法。流行价格定价法指企业根据行业竞争格局，随行就市参照主要竞争公司价格或行业均价制定价格，以获取平均报酬。创业企业因产品同质化、竞争力不足，常选择价格跟随策略，这既节省资源又易被消费者接受。例如，汉堡行业巨头定价集中在 15~25 元区间，新入局者多采用同类价格区间，通过品质和服务建立信任。

(2) 密封投标定价法。密封投标定价法是指以投标竞争的方式确定商品价格的方法。一般由招标方 (买方) 公开招标，并说明拟采购的商品品种、规格和数量等具体要求，有意向的投标方 (卖方) 在规定时间内竞争投标，密封低价，招标方 (买方) 择优选择卖方进而签订合同。这种定价方法适用于从事建筑工程、大宗商品、成套设备和原材料供应等领域的创业项目。

7.1.3 创业企业定价策略

1. 新产品定价

创业企业开发的新产品在短期内具有进入壁垒，受到专利保护，则常用的定价策略为撇脂定价策略、渗透定价策略、满意定价策略和仿制品定价策略。

(1) 撇脂定价策略。撇脂定价策略指新产品上市初期通过高定价锚定价值形象，后期逐步降价扩大市场份额。实施撇脂定价策略需满足两个核心条件：产品具备显著创新性且目标客群具备支付能力，同时市场竞争壁垒较高或暂无低价对手。该策略常见于高科技领域，如苹果、特斯拉、大疆无人机等创新产品均采用此模式。

(2) 渗透定价策略。渗透定价策略指新产品入市时以低价快速渗透市场，提升销量与占有率。该策略适用于产品创新性不足、竞争激烈的市场环境。实施该策略一般需具备四个条件：市场容量大、价格敏感度高、规模效应显著、低价能延缓竞争。典型案例包括名创优品、蜜雪冰城、Costco 及 360 杀毒软件等。

【拓展阅读 7-2】瑞幸咖啡——渗透定价策略的市场扩张与迭代

(3) 满意定价策略。满意定价策略是介于撇脂定价与渗透定价之间的平衡策略，又称“君子价格”，通过确定消费者与企业间的最优利益区间，实现双赢。该策略以稳健姿态获取合理收益，适用于竞争平缓、需求稳定的场景，该策略尤其受实力有限的创业企业青睐。典型案例包括部分中端消费品及标准化服务领域。

(4) 仿制品定价。仿制品是企业采取模仿式创新所生产出来的新产品。仿制品定价基于质量与价格关系，对应科特勒提出的九种价格—质量策略：优质优价 (溢价)、优质中价 (高价值)、优质低价 (超值)、中质高价 (高价)、中质中价 (普通)、中质低价 (优良价值)、低质高价 (骗取)、低质中价 (虚假经济)、低质低价 (经济)。

2. 产品组合定价

创业企业往往不止生产一种产品，对产品的定价可综合考虑产品组合中各种产品的定价，制定出产品组合价格策略，使整个产品组合的利润实现最大化。产品组合定价策略主要涵盖以下几种。

(1) 产品线定价。产品线定价策略指企业按相近原则划分产品档次，为同一系列不同规格、型号及质量的产品分档定价。例如，电视机按尺寸(如 30 寸、55 寸、120 寸)及配置(低、中、高配)设定梯度价格。实施该策略时需平衡成本，建立可感知的质量差异以支撑价格梯度，确保消费者的价值感知与定价逻辑匹配。

(2) 备选品定价。备选品是指那些与主要产品密切关联的可任意选择的产品。例如，烧烤屋的烧烤 + 啤酒，烧烤为主要产品，啤酒为备选产品。企业需慎重考虑哪些项目应包含在主要产品中，哪些适用为备选产品。企业为备选品定价可采取两种策略：一是为主要产品定低价，备选品定高价(如 KTV+ 小食饮品)；二是为主要产品定高价，备选品定低价(如京东换购活动)。

(3) 附属产品定价。附属产品定价指通过配套产品获取收益的定价策略。企业常以低价出售主体产品(如打印机、拍立得)，搭配高利润附属品(墨盒、相纸)弥补收益，同时锁定用户持续消费。该策略类似互联网“二段收费”，而该策略广泛应用于耗材依赖型产品(如空气净化器滤网、咖啡胶囊等)。

(4) 副产品定价。副产品定价常见于肉类、石油、化工等行业，指利用主产品加工过程中产生的附属品创造收益。厂商通过开发副产品市场，抵消储运成本，增强主产品竞争力；若副产品无价值且处理成本高，将推高主产品成本及定价。例如，石油提炼产生的高分子材料可制成塑料袋，形成盈利市场。

(5) 捆绑式定价。捆绑式定价策略指企业将产品组合销售，套餐价低于单品总价。该策略通过畅销品带动滞销品，提升滞销品交易量并减少库存压力，同时加速新品的市场渗透，促进消费者首次体验。实施该策略时需注意，组合需具备竞争力，并提供单件销售作为参照。典型案例包括快餐套餐、化妆品组合、健身年卡等。该策略适用于所有零售行业。

3. 心理定价

创业企业定价需兼顾市场因素和消费者心理感知，心理定价策略通过价格设计满足消费者心理需求。心理定价常见形式包括尾数定价、整数定价、招徕定价、最小单位定价及免费定价，旨在通过价格锚点、吉祥数字偏好等心理机制提升消费者购买意愿。

(1) 尾数定价。尾数定价指保留价格尾数(如 9.9 元)，通过营造降价错觉刺激购买。价格末位常用 9、8、5。数据显示 0.99 元定价比整数多卖 62.7%，1.99 元定价多卖 117%。创业企业在实施时需考虑文化差异，避免敏感数字。

(2) 整数定价。整数定价与尾数定价策略相反，采用 0 结尾的整数标价(如 100 元)，常见于礼品、奢侈品领域。该策略通过提升商品档次来满足消费者炫耀心理，适合定位中高端的创业企业采用。

(3) 招徕定价。招徕定价利用顾客求廉心理，通过特价商品吸引客流，同时促进其他商品销售。该策略常用于品类丰富、竞争激烈且市场饱和的促销场景。

(4) 最小单位定价。最小单位定价指企业按不同包装规格设定非比例价格，通常小包装单价更高。以农夫山泉矿泉水为例，550 毫升单瓶售价为 1.6 元，但 1.5 升大瓶换算后每 500 毫升仅 0.9 元。该策略既满足便携需求，又利用消费者“小包装更划算”的心理错觉，规避实际单价计算。

(5) 免费定价。免费定价策略指产品免费赠送，借助其他途径实现盈利的模式，对新企业尤为有效。免费定价策略分为产品免费但服务收费策略和免费增值模式策略。

产品免费但服务收费策略指产品免费送给客户，但客户需为额外的安装、定制、培训或其他附加服务付费。例如，移动运营商赠送 5G 手机，但需绑定套餐并保持最低使用年限。该策略能快速建立用户信任并提升企业品牌知名度，但对企业服务体系的持续运营能力要求较高。

免费增值模式策略指基础服务免费，通过升级功能收费盈利，常见于互联网领域。国内案例如微信、支付宝等工具类应用，百度网盘 (通过付费扩容和加速下载创收)；国际案例如 Dropbox(云存储扩容)、LinkedIn(高级猎头服务) 等，均采用此模式，平衡用户规模与增值服务转化。

【拓展阅读 7-3】创业企业价格调整及应对策略

7.1.4 创业价格决策的实施步骤

第一步：市场调研。创业企业在进行价格决策时，首先是进行市场调研，了解市场需求、竞争对手的价格策略以及顾客对产品的价值认知等信息。

第二步：成本分析。创业企业需对产品的成本进行深入分析，包括生产成本、研发成本、销售成本等，确保所制定的价格能够覆盖所有成本并实现一定的盈利。

第三步：确定定价目标。明确定价目标，如提高市场份额 (市场占有率目标)、实现盈利最大化 (利润目标)、树立品牌形象 (产品—质量领先目标) 等。

第四步：选择定价方法。根据市场调研结果和定价目标，选择合适的定价方法，如成本导向定价法、需求导向定价法和竞争导向定价法。

第五步：制定价格策略。结合产品特点、市场需求和竞争状况，制定出具体的价格策略等。

第六步：评估与调整。实施价格策略后，需通过顾客反馈、市场反应及销售数据分析进行评估，并据评估结果适时调整，以贴合市场需求和企业目标。

价格决策的实施步骤如图 7-1 所示。

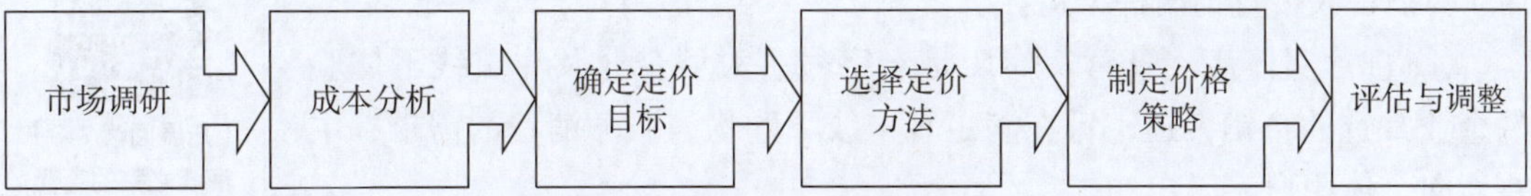

图 7-1 创业价格决策步骤

7.2 营销渠道的选择

对于创业企业而言，选择合适的营销渠道是市场成功的重要一环。营销渠道不仅决定了产品如何到达消费者手中，还影响着品牌形象、市场覆盖率和销售成本等多个方面。在资源有限的企业初创阶段，创业者必须仔细评估不同渠道的优劣势，选择最适合自身发展的营销渠道。

7.2.1 营销渠道的类型

营销渠道是产品从生产者到消费者的传递路径，涉及多个相互依赖的组织和个人，主要分为直销渠道和非直销渠道两种。直销是企业直接向消费者销售，非直销则是通过中间商向消费者销售。

1. 直销渠道

在互联网时代，企业直销渠道有线上和线下两种。直销渠道的好处是可以省去中间环节、降低成本，还能直接收集用户反馈，但需要企业有较强的销售和市场开拓能力。直销的成本主要在引流和店铺运营上。对用户来说，直销渠道最可信、风险最小，产品质量也有保障。

(1) 线上直销渠道。线上直销渠道最常见的有企业官网、企业 App、第三方电商及微信小程序官方直营店三种渠道。

① 企业官网。企业官网是 To B、To C 企业的标配，不仅展示企业文化和产品，还提供直接购买服务。官网直销信任度高，且免第三方佣金，但前期需加强营销引流。

【拓展阅读 7–4】理想华莱——基于微信生态的线上直销渠道创新

② 企业 App。一些企业除官网外，还会开发移动端 App，方便忠实用户浏览购买。但品牌和 App 众多，用户难以保留单一品牌 App。创业企业运营 App 或面临亏损风险。

③ 第三方电商及微信小程序官方直营店。众多企业会在京东、淘宝等第三方电商平台，以及微信小程序开设官方直营店。该方式虽然需支付佣金，但比自营 App 风险小，更适合创业企业。

(2) 线下直销渠道。线下直销渠道一般包括直营实体店 (品牌实体店) 和销售人员直销两种渠道。

【拓展阅读 7–5】海澜之家的直营实体店布局

① 直营实体店。直营实体店是老字号、大型企业及注重线下体验的企业常选的直销渠道，旨在满足客户线下购物、服务消费的需求，主要面向个体用户。

② 销售人员直销。销售人员直销即企业销售人员通过上门、活动等

线下方式促成销售，适合转化周期长、需大量人力维护企业客户关系的企业。

2. 非直销渠道

非直销渠道即分销渠道，对小企业或新企业来说，需权衡其投资回报率，以最大化渠道效益。企业选择非直销渠道可省去店铺运营成本，但需支付分销商佣金等，而且客户对非直销渠道的信任度受其质量和知名度影响。

(1) 线上非直销渠道。主要为第三方电商及微信小程序内的分销商店铺，以及一些直播平台的主播带货分销等渠道。

① 第三方电商及微信小程序分销商店铺。第三方电商及微信小程序分销商店铺(如老佛爷百货、山姆会员商店等)的专业度、影响力、成单量、评价等，会影响客户购买决策。创业企业需权衡成本与平台质量。

② 直播平台分销。直播平台分销，即借助直播平台，主播团队备好货、定好价等，在直播中展示产品，促使客户直接下单。常在新品推广、大促时，企业与主播、平台合作销售。

(2) 线下非直销渠道。分销商或中间商是线下非直销渠道的主要参与者，他们处于生产者与消费者之间，促进交易发生，是具有法人资格的经济组织或个人，包括批发商和零售商。

① 批发商。批发商是从生产单位等购进商品，再卖给其他批发商、零售商等的商业企业，包括独立批发商和生产商所有的批发商。独立批发商有商业批发商、经纪人和代理商三种。商业批发商专业从事批发，买断商品后再出售。经纪人促成交易，不存货，不融资，无商品所有权，不承担风险。代理商受生产商委托销售商品，无所有权，靠佣金盈利。生产商所有的批发商指其分销机构和销售办事处。

② 零售商。零售商直接向最终消费者销售产品和服务，用于个人及非商业用途。线下零售商有固定场所和空间陈列销售商品，消费者购买行为主要在此完成，包括 12 种业态：食杂店、便利店、折扣店、超市、大型超市、仓储会员店、百货店、专业店、专卖店、家居建材商店、购物中心、厂家直销中心。

营销渠道类型如图 7-2 所示。

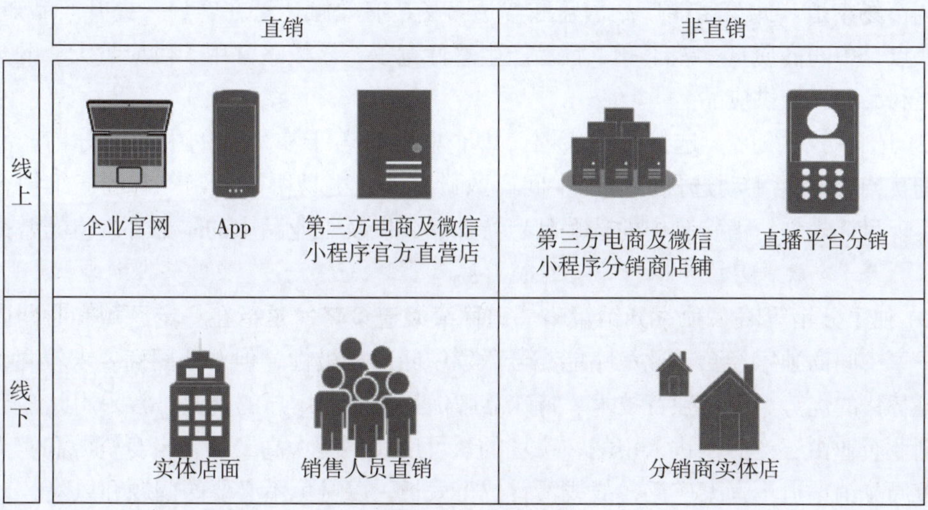

图 7-2 营销渠道类型

7.2.2　营销渠道策略的选择

企业选择营销渠道时，需综合考虑业务性质、产品特点、资金预算及客户行为等。渠道策略可按长度分为长、短渠道策略，按密度分为密集、选择、独家分销策略，按多元化分为单一、多元化渠道策略，按关系分为独立、合作策略。

1. 依据渠道的长度

企业可根据产品属性、市场规模及消费者分布，选择长渠道或短渠道策略。短渠道仅含一层中间环节，长渠道则有两层或多层。常见模型有零阶、一阶、二阶、三阶渠道，以达最佳市场覆盖和渗透。

零阶渠道为企业直接供货给最终消费者，又称为直销渠道。模型为生产商—消费者。一阶渠道是企业先供货给零售商，零售商将产品销售给最终消费者的渠道。其分销模型为生产商—零售商—消费者。二阶渠道是指企业先供货给批发商，批发商供货给零售商，再由零售商销售给最终消费者的渠道。其分销模型为生产商—批发商—零售商—消费者。三阶渠道是指企业通过代理商将产品分销给批发商，批发商再供货给零售商，零售商最后销售给最终消费者的渠道。其分销模型为生产商—代理商—批发商—零售商—消费者。

渠道层次少，易协调控制，成本低，但市场覆盖弱；层次多，市场覆盖强，却难协调、控制，成本也高。创业企业应量力而行，直销或一阶分销更适宜。同时，可整合资源，借用他企渠道促进销售。

2. 依据渠道的密度

根据目标市场特点，合理确定市级、区域级或全国级渠道密度，确保产品及时送达消费者。依据渠道的密度，渠道策略分为密集分销策略、选择分销策略和独家分销策略。

(1) 密集分销策略。密集分销策略即宽渠道策略，指企业选用众多中间商分销产品，以拓宽市场渠道。此策略能广泛覆盖和渗透市场，有效触达潜在客户，提升产品知名度。但其缺点是中间商质量参差不齐，且易产生恶性竞争。该策略常用于供应量大、购买频次高的便利品和产业供应品。

(2) 选择分销策略。选择分销策略，即企业挑选若干实力强的中间商分销产品。此策略的优点在于能主动选优，且因中间商数量有限，更易协调控制，有利于维护企业商誉，实现目标规划。消费品中的选购品、特殊品，以及工业品中的零部件、机器常采用此策略。

(3) 独家分销策略。独家分销策略，也称窄渠道策略，是指在一定区域和时间内，仅授权一家中间商独家经营。此策略能充分激发中间商积极性，但对中间商要求较高，需具备不可替代的优势。具有独特技术、特殊品牌优势或专业用户的企业，常采用此策略。

创业企业由于产品刚进入市场，市场的认可度还不是太高，加上自身资源和实力的不足，布局分销渠道不宜太广泛，战线不宜拉得太长，以避免不必要的问题和风险。

3. 依据渠道的多元化

依据渠道的多元化，渠道策略可分为单一渠道策略和多元化渠道策略。两者的区别是企业选择一种还是多种渠道推广、销售产品。伴随着互联网的发展，渠道的多元化策略是发展趋势。

(1) 单一渠道策略。单一渠道策略是只采用一种渠道进行产品分销，如在线下仅采用专卖店分销，或者仅采用经销商分销，或者仅采用直销，或者仅在线上直销(如刚创立时的三只松鼠)等。

(2) 多元化渠道策略。多元化渠道策略指企业采用多种渠道分销产品。根据产品特性和市场定位，企业选择此策略以互补各渠道优势，提升营销效果。创业企业可结合直接、间接渠道，或线上、线下渠道，降低成本，增加收入。

数字化时代，企业纷纷采用全渠道策略，通过线上线下多种渠道与消费者互动，提供一致、个性化、无缝的购物体验。该策略融合社交媒体、电商网站、实体店、App 等，满足消费者全方位需求。零售行业率先兴起“新零售”概念，如今已拓展至医疗、汽车、金融等领域。研究显示，全渠道营销客户购物频次高出 1.7 倍。创业企业应紧跟趋势，规划布局全渠道策略。

【拓展阅读 7-6】华为的全渠道策略

4. 依据渠道的关系

依据渠道的关系，渠道策略分为独立策略和合作策略。两者的区别在于企业与分销商之间是否存在特殊的契约关系和交易约定，通过合作实现共赢目标。

(1) 独立策略。独立策略指企业与分销商为纯粹的买卖关系，各自独立销售。这在传统分销体系中常见，双方无交易约定。此策略下，企业管理成本低，但分销商缺乏区域管理意识，不接受企业管理，易导致价格体系混乱，损害企业长远利益。

(2) 合作策略。合作策略指企业与分销商为共同目标采取互利行为。企业挑选实力强、网络完善、关系良好的批发商作为分销联盟商，并纳入管理范围。通过签订合作协议，明确职责权利，为联盟商提供保障，实现各方利益最大化。合作策略包括联合促销、储运、提供专卖产品、信息共享、培训和地区保护等。此策略使企业与分销商建立基于利益的合作关系，非单纯交易关系，有助于企业精耕区域市场，维护价格体系，建立良好市场秩序，促进渠道成员全力支持企业发展。海天味业即是此策略的典型，它与经销商、批发商形成联盟，搭建密集渠道网络，快速触达消费终端，构建核心竞争力。

创业企业可以采取渠道合作策略，抢占市场空间。同时，还可以通过资源整合，与具有相似目标市场的其他企业建立合作关系，联合营销、互相推广、共享资源，以扩大品牌影响力。

【拓展阅读 7-7】创业企业营销渠道的开发步骤

7.3 创业营销策略

创业营销策略是指在创业过程中，为了实现企业的营销目标和市场定位所采取的一系列有计划、有针对性的市场营销方法和手段。在当今高度竞争的市场环境中，创业企业面临着诸多挑战，其中如何制定并实施有效的营销策略是关键之一。营销策略不仅关乎产品的销售，更影响着企业的品牌形象和市场地位。本节将探讨创业企业如何制定并实施有效的营销策略。

7.3.1 营销策略理论

目前常见的营销策略理论有 STP、4P、4C 等。

1. STP 营销理论

STP 理论指企业先进行市场细分，再确定目标市场，最后将产品或服务定位在目标市场的特定位置。这有助于创业企业发掘机会、开拓市场，充分利用资源获取竞争优势，并了解各细分市场特点，制定调整营销组合策略。

企业在制定营销策略前，需先精准了解市场需求，选好目标市场。STP 营销理论就是市场定位理论，由菲利浦·科特勒 (Philip Kotler) 在温德尔·史密斯 (Wendell Smith) 的理论上发展而来。STP 就是市场细分 (segmentation)、目标市场 (targeting)、市场定位 (positioning)，帮企业找准市场方向，制定有效策略。

市场细分是企业深入了解消费者需求，把市场上的产品 / 服务细分。企业通过访谈等方法，根据消费者的购买动机、态度、行为等差异，把市场划分成多个细分市场，各细分市场内的消费者需求相似，但又存在明显差异。

目标市场是指企业在市场细分的基础上，评估并选定具有发展潜力且符合企业目标和资源能力的细分市场作为营销对象。选定后，企业需精准识别市场需求和自身特点，制定占领目标市场的营销策略。

市场定位是对产品卖点进行精心包装，明确核心竞争力。企业需结合市场结构和竞争状况，找出并建立独特的竞争优势，如服务或产品的差异化。市场定位是 STP 的核心，强调为品牌塑造独特、不可替代的特性，并传递给目标群体，以占据其心智中的独特位置。

2. 4P 营销理论

4P 营销理论是杰罗姆·麦卡锡 (John McCarthy) 于 20 世纪 60 年代提出来的，即产品 (product)、价格 (price)、渠道 (place)、促销 (promotion)。

产品是企业向市场提供的满足消费者需求的商品或服务，包括实物商品、无形服务及数字产品等。企业产品策略强调独特卖点，将消费者的功能诉求置于首位。

价格是指企业根据不同的市场定位，制定不同的价格策略。企业在定价时应考虑成本、竞争、顾客需求等因素。企业的价格策略是品牌策略体系，应注重品牌的含金量。

渠道是指企业合理选择分销渠道和组织商品流通，以实现营销目标。企业渠道策略重视分销商培养和销售网络建设，通过分销商与消费者建立联系。

促销是指企业通过广告、促销活动和公共关系等手段推广产品或服务，提升品牌知名度。企业促销策略着眼于刺激消费者行为，以短期优惠促成消费增长。

4P 营销理论的关键因素是产品、价格、渠道和促销，从企业角度考虑市场和竞争，重点在于如何提供有竞争力的、成本优势的产品和服务，占据市场份额。

3. 4C 营销理论

1990 年，罗伯特 · 劳特朋 (Robert Lauterborn) 提出了 4C 理论，包括顾客 (customer)、成本 (cost)、便利 (convenience) 和沟通 (communication)。

顾客主要指顾客的需求。企业必须首先了解和研究顾客，根据顾客的需求来提供产品。同时，企业提供的不仅仅是产品和服务，更重要的是由产品或服务产生的客户价值。

成本是指顾客获得产品或服务的成本。企业需考虑客户愿意付出的成本和代价，产品定价的理想情况应该是既低于顾客的心理价格，又能够让企业有所盈利。

便利指产品或服务的获取便捷性。企业需考虑如何使顾客更便捷地获取产品或服务。优质的售前、售中、售后服务是客户价值的重要组成部分。

沟通指企业与顾客间的交流互动。企业应建立有效沟通渠道，与顾客进行积极双向沟通，构建基于共同利益的新型企顾关系，寻求双赢共识。

4C 营销策略的关键因素是顾客、成本、便利和沟通，企业要从客户的角度考虑市场和竞争，强调与客户建立良好的沟通和提供有益的商品和服务，以满足客户的需求和期望。

【拓展阅读 7-8】
4R、4I 和 4V 营销模型

7.3.2 营销策略类型

在移动互联网和数字经济时代，科技进步促使企业营销策略日趋多样，主要包括工具类、手段类、传播类及融合类四大营销策略。

1. 工具类营销策略

当代企业多利用移动互联网、大数据技术，通过社交媒体、视频平台、搜索引擎等载体，宣传品牌、价值及促销信息，这属于工具类营销策略。工具类营销策略主要分为：社交平台营销策略、视频平台营销策略和数字化营销策略。

(1) 社交平台营销策略。社交平台营销是企业挑选合适的社交媒体 (如微信、小红书、Keep 健身等) 进行策划活动。通过 KOL/ 知名博主发布高质量内容吸引用户，将用户转化为粉丝后与其积极互动，提升客户品牌忠诚度，再利用平台广告系统，精准投放广告实现变现。形成“内容—粉丝—用户—变现”的商业闭环。

(2) 视频平台营销策略。视频平台营销需选对企业目标和受众的平台，如B站、抖音、视频号等。以短视频营销为例，先选合适的平台，再制作有趣、独特的内容吸引用户，通过分析数据优化策略。企业可在视频中分享优惠信息，或在其他平台投放广告，提高品牌曝光度，鼓励用户互动，将用户转化为客户或粉丝。

(3) 数字化营销策略。数字化营销是运用现代通信技术和数字媒体实现营销目标的方式。它借助AI、大数据等技术，以低成本拓展市场、吸引消费者。其核心在于提供个性化服务和体验，通过数字化渠道精准营销，效果可衡量。例如，奈飞利用大数据和机器学习，开发精准推荐算法，提高用户满意度和黏性。创业企业实施数字化营销需强大技术和数据分析能力支撑。

2. 手段类营销策略

手段类营销策略指企业根据市场、消费者需求及自身情况，选择的具体营销手段，包括饥饿营销、借势营销、比附营销等。每种手段都有特定应用场景，企业可灵活选择组合。

(1) 饥饿营销。饥饿营销是企业故意调低产量或限制供应，以制造供不应求的假象，维持高售价和利润率，维护产品形象。其最终目的是提升品牌附加值，树立高价值品牌形象。例如，小米手机预售、富士拍立得相纸缺货以及各种品牌的“限量版”“秒杀”等，都是饥饿营销的典型案例。

企业通过广告促销勾起用户购买欲，再采取饥饿营销让用户等待，进而提升用户购买欲，有利于提价销售或奠定客户基础。但使用饥饿营销需谨慎，过度使用可能损害企业诚信，消耗品牌忠诚度，甚至延长销售周期。创业企业在实施时需权衡各因素，确保策略合理有效。

(2) 借势营销。借势营销是企业策划创意，借助社会热点、名人名企活动等强势能量，找到与企业元素的关联点，创作融合联想性、广告性、娱乐性的文案，快速传播以提高企业及其产品的关注度、知名度和美誉度的一种顺势谋事的营销手段。

借势营销集新闻、广告、社区粉丝效应于一体，是企业新品推介、品牌展示的营销利器。它强调快速跟进，时效性强，文案设计需具匠心，融合热点与企业元素。企业可从时政新闻、文化活动、节假日气氛、关联品、旺销品等多方面进行借势。例如，华为借势国庆阅兵热点，推出限量版手机，在产品设计中融入阅兵图案并内置主题壁纸。将爱国情怀与事件热点紧密结合，既拉动短期销量，又强化科技强国的品牌形象，实现商业价值与情感共鸣的双重效果。

(3) 比附营销。比附营销是一种有效策略，其核心是让自己的产品或品牌与知名品牌产生联系并进行比较，以促使目标受众快速认识、感兴趣并购买。例如，蒙牛初创时，巧妙利用比附营销，宣传时与伊利联系，称“做内蒙古第二品牌”，借此提升了自身品牌影响力。

比附营销是巧借知名品牌的营销策略，通过与其关联并承认自身稍逊，来提升品牌影响力和认知度。采取比附营销策略的关键在于找准关联点，以获得受众的信任和认同。

3. 传播类营销策略

传播类营销策略注重营销与传播的融合，以消费者为信息接收者，通过多媒体渠道统一传达资讯，旨在有效吸引目标受众注意，促其购买或对品牌产生好感。具体包括病毒营销、口碑营销、社群营销等策略。

(1) 病毒营销。病毒营销是巧用公众的积极性和人际网，让营销信息像病毒般快速传播。它靠提供有价值的产品或服务，激发用户主动分享，从而实现营销杠杆效应，现已成为网络营销的一大独门绝技，被众多商家和网站广泛应用且成效显著。

病毒营销的特点在于利用他人资源，呈几何级传播，高效接收且更新迅速。其核心是“病毒”的制造，即设计吸引人的内容或活动，促使用户自愿分享。像“羊了个羊”游戏、支付宝中国锦鲤、ALS 冰桶挑战赛都是经典案例。病毒营销成功的关键在于找到有感染力的“病原体”，融入热点话题，制作创意独特的“病毒”，具备新闻性、新奇性和娱乐性，让传播者享受传播乐趣。同时，要锁定易感染人群，设计引爆点，确保每名宿主都能激活、发酵和扩散“病毒”。最后，找到原动力，选择恰当时机引爆感染源。

【拓展阅读 7–9】乐乐茶“烟腔乌龙”——病毒营销的文化符号伦理陷阱

(2) 口碑营销。口碑营销是指企业在品牌建设中，通过消费者间的正面口头评价提升形象、促进销售。其本质是赢得消费者信赖，使他们成为二次传播者。企业运用手段，引发消费者对企业及其产品的谈论交流，激励其向周边人群推荐。口碑营销具备可信度高、成功率高、传播成本低，且能二次扩散的特点。

口碑营销分析框架包含五要点，即口碑营销分析框架“5T”模型：一是 talker（谈论者），即谁会主动提及你，如粉丝、用户等；二是 topic（话题），给顾客一个谈论的理由，如产品、价格等；三是 tool（工具），把握各渠道特点，快速传播信息；四是 talkingpart（参与），企业应主动加入热点讨论，找准契合点；五是 tracking（跟踪），用数据监测工具追踪客户反馈和意见。

(3) 社群营销。社群是因相同喜好、需求和价值观而聚集的组织，让成员有参与感，能表达期待、评价和建议，它以社交为基础。社群营销则通过社交媒体构建、运营社群，吸引并转化用户，以用户需求为导向，深度互动打造良好用户关系和品牌形象，实现品牌传播和销售转化。

众多企业，特别是新崛起的消费品牌，正积极构建私域流量池。面对高昂的流量获客成本，它们以社群为基石，私域为突破口，开展营销活动。例如，花西子的“用户体验计划”、三顿半的“飞行计划”，通过策划活动建立用户社群，并成功运营社群，有效促进了品牌传播和销售转化。

【拓展阅读 7–10】肆拾玖坊“三级众筹”——武侠社群营销典范

4. 融合类营销策略

融合类营销策略，是巧妙结合多种营销手段，打造更全面、多元化的营销体系。它的核心理念是“1+1>2”，通过整合各类资源，让营销活动效果更出众。比如，线上线下相融合、跨界合作、IP 联名，还有利用社交媒体、数字化技术等工具，以及内容与工具的巧妙结合，都是融合营销的好方法。这里重点介绍跨界营销、内容营销两种融合策略。

(1) 跨界营销。跨界营销是企业间跨越行业界限，在不同品牌、渠道、营销、文化上融合创新，通过强强联手策划活动，给消费者带来新鲜体验，提升品牌形象，实现共赢。它具有资源匹配、品牌效应叠加、消费群体一致、品牌非竞争、功能互补非核心、品牌理念相符、以消费者为中心的七大特点。

跨界营销的核心在于整合双方优势资源，相互助力，共创市场新机遇和营销新成效。它可以是传统与潮流的碰撞，如茅台 × 瑞幸的酱香拿铁等，带来新颖产品体验；也可以是品牌与热门 IP 的结合，企业通过 IP 授权、内容共建等多种形式挖掘共同价值，如与漫威、迪士尼等热门 IP 联名，吸引 IP 原生粉丝，提升品牌形象。

(2) 内容营销。内容营销是企业通过创作和分享有价值、与自身相关且连贯的内容，来吸引并留住目标受众，进而促进盈利的营销策略。它重视内容品质与吸引力，并强调在多媒体平台上的有效传播与互动。例如，宜家在官网和社交媒体上发布家居装饰、室内设计等内容，不仅吸引潜在客户，还树立了家居领域的专业形象，增强了品牌知名度和好感度。

内容营销的特点包括提供有价值的内容、以用户为中心、多样化的形式和渠道、长期性和持续性、注重故事性和情感连接以及可衡量和优化。这些特点使得内容营销成为一种有效且可持续的营销策略，有助于品牌与用户建立深厚的关系，提升品牌价值和市场份额。

7.3.3 创业营销策划方案的主要内容和基本格式

创业营销策划方案是企业在创立初期或新产品 / 服务推出时，为了实现营销目标而制订的一份详细计划。

1. 主要内容

(1) 营销目标与定位。营销目标与定位内容包括明确营销活动的目的 (如提高品牌知名度、促进销售、建立市场地位等)，定义目标市场、目标客户群体及其需求，设定具体的营销目标和预期成果 (KPIs)。

(2) 市场分析。市场分析内容包括分析行业趋势、竞争对手情况、市场容量和增长潜力，评估目标市场的消费者行为、购买习惯和偏好，识别市场机会和潜在威胁。

(3) 营销策略。

① 产品 / 服务策略。产品 / 服务策略内容包括描述产品 / 服务的特点、优势及如何满足客户需求，规划产品 / 服务的定价策略、分销渠道和促销手段，制订产品 / 服务的生命周期管理计划。

② 品牌与宣传策略。品牌与宣传策略内容包括：确定品牌定位、品牌形象和品牌信息；设计创意广告和宣传材料，包括口号、视觉识别元素等；规划如何通过社交媒体和公关活动提升品牌影响力。

③ 销售与渠道策略。销售与渠道策略内容包括：设计销售渠道 (如直销、代理商、电商平台等)；制订销售计划和目标，包括销售预测、市场份额等；规划客户关系管理和售

后服务支持。

④ 促销与推广策略。促销与推广策略是制订合理的产品促销计划，以“广告宣传 + 促销活动”的形式来推广产品，刺激消费者购买。

(4) 营销预算。营销预算包括：列出各项营销活动的预算细节，包括广告费用、市场调研费用、促销费用等；制订预算分配计划，确保资源有效利用。

(5) 执行时间表。执行时间表内容包括关键里程碑、任务分配和截止日期，确保所有团队成员对计划有清晰的认识和责任感。

(6) 风险管理与应对策略。风险管理与应对策略内容包括：识别潜在的市场风险和内部挑战；制定应对策略，包括灵活调整预算、重新定位市场、改进产品等。

(7) 效果评估与监控。效果评估与监控内容包括：设定评估标准，用于衡量营销活动的效果；制订监控计划，持续追踪和分析市场反馈、销售数据等关键指标。

2. 基本格式

创业营销策划方案通常采用书面报告的形式，其基本格式如下。

(1) 封面：包含公司名称、营销策划方案标题、日期和编制人员信息。

(2) 目录：列出报告的主要内容章节和页码。

(3) 摘要 / 执行摘要：简要概述整个营销策划方案的核心内容、目标和预期结果。

(4) 正文：按照上述主要内容逐一展开论述。

(5) 附录：提供相关的数据图表、市场研究报告、广告样本等补充材料。

在撰写创业营销策划方案时，需要注意以下几点。

(1) 明确目标。在撰写策划方案前，要明确策划的目标和意图，确保策划方案与公司整体战略相符合。

(2) 充分调研。在制定策略前要进行充分的市场调研，了解市场和消费者的需求和趋势。

(3) 数据支持。在营销策划方案中要使用可靠的数据和图表支持分析和策略，提高策划方案的可信度和说服力。

(4) 简洁明了。营销策划方案要简洁明了，避免过多的文字和烦琐的描述，突出重点和核心内容。

(5) 条理清晰。营销策划方案要条理清晰，逻辑严谨，方便阅读者理解和接受。

案例思考与创新实训

案例与实训一：六顶思考帽助力简爱酸奶

在竞争激烈的乳制品市场中，新品牌想要脱颖而出并非易事。简爱酸奶作为一家创业企业，却成功在市场中站稳脚跟，并获得了消费者的认可，这背后对于六顶思考帽思维方式的运用功不可没。六顶思考帽是由爱德华·德·博诺博士开发的一种思维工具，它将思考分为六个不同的方向，并分别用六种颜色的帽子来代表，即白色思考帽（事实与数据）、红色思考帽（直觉与情感）、黑色思考帽（风险与批判）、黄色思考帽（价值与利益）、绿色思考帽（创新与创意）、蓝色思考帽（组织与控制）。通过这种方式，团队可以从不同角度全面地分析问题，做出更科学的决策。本案例将深入剖析简爱酸奶如何运用六顶思考帽进行创业营销。

一、简爱酸奶的创业历程

简爱酸奶成立于 2014 年。创始人夏海通洞察到市场上真正无添加、高品质的酸奶稀缺。随着消费者健康意识的提升，他看到了市场机遇，决定创立简爱，专注提供“无添加”高品质酸奶。创业初期，面临品牌知名度低、市场竞争激烈、成本高等挑战，简爱团队运用六顶思考帽思维，全面规划产品研发、市场定位、营销策略等，力求突破重围。

二、六顶思考帽在简爱酸奶营销中的应用

1. 白色思考帽：基于事实与数据的市场洞察

白色思考帽帮助简爱酸奶基于事实和数据进行市场洞察。根据欧睿国际数据，全球营养健康食品市场 2021–2024 年的年均复合增长率为 5.8%，预计未来三年仍将维持这一增速。国内无添加酸奶市场方面，乳业专家宋亮分析数据显示，2024 年“零添加”酸奶市场规模约 200 亿元，占整体酸奶市场的 25%，显示其已具备一定市场基础。简爱酸奶通过调研锁定 25~40 岁中高收入群体，该群体在低温酸奶消费中占比超 60%，成为核心目标客群。在供应链端，进口奶源因成本优势（进口奶粉价格约为国产的 65%）成为支撑高端定位的关键，而非导致成本上升。

2. 红色思考帽：凭借直觉与情感的产品定位

红色思考帽让简爱酸奶从直觉和情感层面出发进行品牌塑造。简爱酸奶将“无添加”这一产品特点升华为健康生活方式的符号，引发消费者情感共鸣。在包装设计上，简爱酸奶选用极简白色包装并搭配鲜果图案，传递出纯净自然的感觉，强化“无添加”的品牌形象，同时，通过关联健身、母婴等健康场景，让消费者在这些场景中更容易联想到简爱酸奶，进一步加深品牌印象。

3. 黑色思考帽：评估风险与批判的营销策略制定

戴上黑色思考帽，简爱酸奶对各种潜在风险进行评估。传统商超渠道虽然覆盖面广，但进场费高昂，占销售额的 35% 以上，这无疑增加了企业的运营成本。市场竞争激烈，零添加酸奶赛道已聚集君乐宝、卡士等品牌，头部企业市占率超 40%，产品同质化风险加剧。此外，初期广告投放的投资回报率 (ROI) 低于 1.2 倍，意味着广告投入难以获得理想的收益。这些风险让简爱酸奶在制定营销策略时更加谨慎。

4. 黄色思考帽：挖掘价值与利益的渠道拓展

黄色思考帽帮助简爱酸奶挖掘价值与利益，拓展营销渠道。简爱酸奶与健身场馆、高端超市等精准场景合作，利用这些场所的目标客户集中优势，提高了产品的销售效率。通过与各类 KOL 合作进行内容营销，借助他们的影响力和粉丝基础，实现单客获客成本显

著低于行业均值。同时，品类延伸方面也取得了成果，儿童酸奶单月复购率超 30%，为企业带来了新的利润增长点。

5. 绿色思考帽：激发创新与创意的产品创新

绿色思考帽激发简爱酸奶的创新与创意。简爱酸奶注重产品迭代，每年推出 3~5 个新口味，满足消费者多样化的需求，保持市场新鲜感。在包装上不断创新，推出 45 克便携杯方便消费者携带，以及家庭装满足家庭共享需求，场景覆盖率大幅提升。在技术方面实现突破，开发无糖发酵技术，领先行业标准，增强了产品的竞争力。

6. 蓝色思考帽：组织与控制营销活动

蓝色思考帽在简爱酸奶的营销过程中发挥组织与控制作用。简爱酸奶建立了月度策略复盘机制，对营销活动进行及时总结和调整，将营销费用偏差率严格控制在标准区间。构建了包含品牌认知度、复购率、净推荐值 (NPS) 的三维评估体系，全面评估营销效果。同时，有效协调研发、市场、销售部门的资源，将新品从研发到上市的周期大大缩短，提高了企业运营效率。

三、简爱酸奶的营销成果

通过运用六顶思考帽全面规划和执行营销活动，简爱酸奶成绩斐然。品牌知名度迅速提升，在短短几年内，从鲜为人知的创业品牌发展成为消费者心中高品质酸奶的代表之一。产品销量持续增长，市场份额逐步扩大，不仅在一线城市站稳脚跟，还向二、三线城市拓展。简爱酸奶的成功吸引了资本关注，获得多轮融资，为企业进一步发展提供资金支持。此外，品牌在行业内荣获多项荣誉，如“2023 年度最具创新力品牌”等，进一步提升了品牌影响力和美誉度。

（资料来源：根据网络资料编写）

案例思考与实训：

(1) 简爱酸奶在运用六顶思考帽时，是如何平衡不同颜色思考帽之间的关系的？

(2) 结合简爱酸奶的案例，分析六顶思考帽对创业企业突破市场竞争有哪些重要意义。

(3) 从简爱酸奶的案例中，其他创业企业可以在产品创新方面借鉴哪些经验？试用六顶思考帽开展结构性思考与训练。

案例与实训二：花西子——从籍籍无名到东方彩妆顶流

在竞争白热化的彩妆市场，新品牌的成功突围宛如一场艰难的战役。花西子却在激烈的竞争中，从创立之初的默默无名，一路逆袭成为备受瞩目的东方彩妆代表，其创业营销历程堪称一部精彩绝伦的商业传奇。我们深入剖析花西子的营销之路，能为怀揣创业梦想的人带来诸多宝贵经验。

一、花西子的诞生与崛起之路

2017 年创立的花西子，面临国际大牌主导、本土品牌多在中低端竞争的局面。创始人抓住国潮兴起、年轻消费者喜爱东方美学的契机，定位“东方彩妆，以花养妆”。2018年推出的空气蜜粉融合东方雕花工艺，凭借精美外观和出色定妆效果，在社交媒体引发热议，积累了口碑与用户。此后花西子持续创新，推出雕花口红、眼影盘等产品。如今，花西子不仅在国内市场占据重要地位，还走向海外，成为国货彩妆的标杆。

二、花西子的营销秘籍

(1) 精准定位，剑指东方美学高地。花西子精准定位中高端彩妆市场，目标消费群体为18~35岁年轻女性。她们追求个性化、高品质，且对东方文化情有独钟。花西子提出“以花养妆”，将花卉精华融入彩妆，既满足妆效又强调养肤。例如，同心锁口红，添加天然植物油脂，滋润且雕花精致，融合东方美学与现代工艺，深受目标消费者喜爱。

(2) 深度挖掘东方文化，塑造独特品牌形象。“花西子”之名，蕴含东方文化底蕴，“花”为原料，“西子”为古典美人，传递“以花为媒，西子为容”之意境。产品设计上，花西子融入东方传统元素，如口红膏体雕刻花卉图案，眼影盘外壳借鉴古代妆奁，包装采用中国风色彩与图案，尽显东方韵味。宣传上，花西子与热门文化节目合作，推联名款产品，拍东方意境广告，如2023年的敦煌飞天主题视频，将彩妆与传统文化结合，让消费者在欣赏中感受品牌文化魅力。

(3) 多渠道营销，全方位触达消费者。线上，花西子主攻社交媒体，布局微博、微信、小红书、抖音等，发布美图、教程、心得，与美妆博主合作种草，品牌知名度迅速提升，小红书笔记超百万，话题热度不减。电商平台则通过直播带货、主题促销等方式增销，明星、美妆主播助力直播，详细展示产品，实时解答疑问，激发消费者购买欲。线下，花西子开设实体店和体验店，延续东方美学装修，设试用、化妆区，提供沉浸式购物。花西子还与丝芙兰、调色师等合作，入驻门店，拓宽销售渠道，提高市场覆盖率。

(4) 注重消费者体验，培育品牌忠诚度。花西子全方位关注消费者体验。在研发阶段，通过市场调研和用户反馈，精准把握消费者需求，确保产品配方、质地、色彩均达用户期望。产品包装讲究细节，设计便携实用，如磁吸盖口红，便捷且质感十足。销售时，线上客服随时待命，提供专业咨询；线下导购专业热情，为消费者量身推荐产品。售后体系健全，快速处理退换货和投诉。会员制度丰富，提供积分兑换、专属优惠、生日福利等，增强消费者黏性。同时，定期举办会员专属活动，如美妆讲座、新品试用，加深与消费者的互动和情感联系。

（资料来源：根据网络资料编写）

案例思考与实训：

(1) 花西子的市场定位如何助力其在竞争中脱颖而出？

(2) 花西子挖掘东方文化元素进行品牌塑造的方式对创业企业有何启示？

(3) 花西子线上线下协同营销的策略对创业企业拓展市场有哪些借鉴意义？

(4) 花西子注重消费者体验的举措对创业企业建立品牌忠诚度有什么借鉴价值？

项目与创新体验

1. 项目依托

在高校校园里，学生对个性化、创意化的文化纪念品的需求日益增长，但校内现有的纪念品商店提供的产品种类有限、设计陈旧，难以满足学生追求独特和纪念意义的需求。基于这一现状，小组提出了“印象校园”创意纪念品开发与销售项目的创业想法。

经过一段时间的努力，小组开发出了“印象校园”系列纪念品的原型，包括印有校园标志性建筑和特色景观的拼图、带有学校校徽及励志校训的创意书签、以校园四季风景为主题的明信片等。这些纪念品在设计上融入了校园文化元素，兼具美观性和纪念价值。

2. 物品准备

准备大白纸用于绘制项目营销策划，便签纸方便随时记录创意和建议，彩笔用来突出重点和装饰展示内容。

3. 体验过程

(1) 项目初步规划。

依据创业营销的4P理论和STP理论，在大白纸上规划项目整体框架。

① 4P理论。

产品(Product)：明确“印象校园”纪念品的产品种类。

价格(Price)：考虑到学生的消费能力，采取定价策略。

渠道(Place)：线上和线下购买渠道。

促销(Promotion)：通过何种手段促进销售。

② STP理论。

市场细分(Segmentation)：按照年级、兴趣爱好、消费习惯等因素细分市场。

目标市场选择(Targeting)：选择目标顾客。

市场定位(Positioning)：塑造文化纪念品品牌，满足顾客需求。

(2) 组与组之间的“循环交流”。

每组留下一名同学作为项目讲解员，向其他小组同学详细介绍本项目规划，包括产品特点、营销策略等，并认真记录他人提出的问题、建议和质疑。

其余同学分别选择其他感兴趣的小组进行交流。交流过程中，运用创业营销理论，为各小组项目提出创新想法，并结合市场需求和竞争情况，讨论各小组项目的可行性并给出建设性意见。大家把创意和想法写在便签纸上，贴在对应项目的大白纸上。

(3) 所有小组之间的“世界交流”。

各组成员自由参观其他小组的项目展示，学习借鉴其优点。在参观过程中，思考如何完善“印象校园”的营销方案，并将交流中的思考、观点和新创意直接写在对应项目的大白纸上。

(4) 项目营销策略优化。

所有小组成员根据以上两轮的交流和其他同学的建议，再次讨论小组项目的营销策略，依据项目实际情况和发展目标，选择最合适的营销方案或灵活组合运用，推动“印象校园”项目发展。

4. 反思与总结

(1) 你在以上的体验交流中有哪些收获?

(2) 分析和理论如何相互配合发挥作用?

(3) 在制定和打磨项目营销策略时，你遇到的最大挑战是什么？是如何解决的?

【拓展阅读 7-11】
聚焦式会话

练 习 题

一、单项选择题

1. 创业企业制定价格决策时，首要考虑的基础因素是（　　）。
   A. 市场需求　　B. 成本因素
   C. 竞争状况　　D. 政策法规
2. “撇脂定价策略”适用于以下哪种情况?（　　）
   A. 市场竞争激烈，需求弹性大　　B. 产品创新性强且差异化明显
   C. 企业以市场占有率为目标　　D. 产品处于成熟期
3. 创业企业根据市场需求和消费者价值感知制定价格的方法属于（　　）。
   A. 成本导向定价法　　B. 需求导向定价法
   C. 投资回报率定价法　　D. 竞争导向定价法
4. 以下属于“密集分销策略”特点的是（　　）。
   A. 仅选择少数优质中间商　　B. 中间商数量多且覆盖广
   C. 仅授权一家中间商独家经营　　D. 依赖直销渠道
5. “4R 营销理论”中的“R”不包括（　　）。
   A. relevance(关联)　　B. reaction(反应)
   C. relationship(关系)　　D. recognition(认知)

二、多项选择题

1. 创业企业定价目标包括（　　）。
   A. 生存目标　　B. 市场占有率目标
   C. 利润目标　　D. 竞争目标
2. 以下属于需求导向定价法的是（　　）。
   A. 认知价值定价法　　B. 成本加成定价法
   C. 逆向定价法　　D. 投资回报率定价法

3. 全渠道营销策略的优势包括（　　）。

A. 线上线下融合提升用户体验　　B. 降低中间商成本

C. 通过数据共享优化资源配置　　D. 仅依赖单一渠道减少风险

4. 病毒营销成功的关键要素包括（　　）。

A. 设计有感染力的“病原体”内容　　B. 精准选择易感人群

C. 依赖传统广告投放　　D. 快速引爆传播节点

5. 在 4C 营销理论中，下列哪一项不属于其核心要素？（　　）

A. Cost（成本）　　B. Convenience（便利）

C. Competition（竞争）　　D. Communication（沟通）

三、判断题

1. 创业企业应优先选择竞争导向定价法以应对市场压力。（　　）

2. “饥饿营销”的核心是通过限制供应量制造稀缺感。（　　）

3. 心理定价策略中的整数定价法常用于奢侈品。（　　）

4. 动态定价法在完全竞争市场中应用最为广泛。（　　）

5. “直销渠道”仅指企业通过官网直接销售产品。（　　）

四、问答题

1. 创业企业在不同定价目标下（如生存目标、市场占有率目标等），如何灵活调整定价方法和策略以应对市场变化？以某一特定行业的创业企业为例进行分析。

2. 结合当前数字化发展趋势，线上直销渠道和线上非直销渠道在未来会如何演变？创业企业应怎样提前布局适应这些变化？

3. STP、4P、4C 等营销策略理论之间存在哪些内在联系和区别？创业企业在实际运用中应如何有机结合这些理论来制定营销策略。

第 8 章

制订创业计划

创业计划书是一份全面说明创业构想及如何实施创业构想的书面文件，它是创业的顶层设计和行动指南，其核心是一套完整的问题解决方案。本章主要梳理了创业计划及其用途、创业计划书的撰写、创业计划的展示三大部分内容，其中，创业计划及其用途的内容包括创业计划的概念、作用、表现形式以及一份优秀的创业计划书应具备的特点；创业计划书的撰写内容包括创业计划书的撰写逻辑、内容框架以及撰写建议；创业计划的展示则涵盖了创业计划的展示场景、展示思路、展示准备以及展示建议内容。

学习目标

1. 理解创业计划的概念及作用。
2. 掌握创业计划书的基本结构和撰写要求。
3. 理解创业计划的展示逻辑，掌握创业计划的展示技巧。

【导入案例】

创业计划通关秘籍：从餐巾纸到千万融资的实战故事

1995年，杰夫·贝佐斯(Jeffrey Bezos)创立了亚马逊(Amazon)，在这成功的背后，鲜为人知的是，亚马逊的创业计划是在一张餐巾纸上画出来的。杰夫·贝佐斯用一张餐巾纸向投资人描述了创立亚马逊的计划，并成功地得到了宝贵的20万美元的种子投资。

1999年，马化腾拿着改了6个版本、20多页的创业计划跑遍了高交会馆，推销QQ，最终引起了IDG和盈科数码的重视，拿到了腾讯公司发展史上最为关键的一笔风险投资，共220万美元。

360董事长周鸿祎在回顾自己的创业之路时，曾无限感慨："在创业之初，我也经过了无数次的失败，后来才知道我讲了太多大而空的概念。我现在敢于和年轻人做分享，并不是因为我成功了，而是我也曾跌倒、失败过！"曾几何时，创业计划这块硬伤曾是周鸿祎的痛，在创办360之初，他因为说不清楚商业模式和企业价值，导致融资之路异常曲折。他曾见过很多投资人，被劈头盖脸地骂过，也被无情地嘲笑过，但他始终不曾放弃过。在投资人的"指导"下，他一遍又一遍地修正说辞，直到最后，"久病成医"了，不仅说得很流利，还拿到了IDG的投资，到如今，面对任何一个项目，他说三句话就能勾起投资人的兴趣。

罗永浩在得到专栏"罗永浩的创业课"曾说过："对一个没有背景、没有人脉、没有漂亮履历的年轻创业团队来说，商业计划书至关重要，在投资人对你建立信任之前，它几乎是唯一重要的东西。想到这薄薄的十几页纸是要用来换几百万的真金白银，你应该明白，花再多的时间和耐心去准备它都是不过分的。"

（资料来源：根据相关网络材料整理而成）

思考题

1. 什么是创业计划？
2. 如果让你写一份创业计划书，你知道应该从哪些方面写吗？
3. 写创业计划书需要一个完整的故事逻辑，你的创业计划书逻辑是什么？
4. 如果你有一次项目路演的机会，你会如何准备？如何做好展示呢？

8.1 创业计划及其用途

创业计划不仅是创业者梳理商业模式、明确战略路径的工具，更是连接创意与实践的桥梁。它既服务于团队内部的目标对齐与执行分工，也承担着对外吸引投资、获取合作资源的重要作用。通过系统的计划撰写，创业者能更清晰地评估项目可行性，预判潜在风险，并为后续融资、团队组建及市场拓展奠定基础。

8.1.1 创业计划的概念与作用

创业计划，又称为商业计划 (Business Plan，简称 BP)。创业计划书是一份全面说明创业构想以及如何实施创业构想的书面文件，是描述所要创立的企业是什么，以及该企业将成为什么的故事。创业计划是创业的顶层设计和行动指南，能够给我们提供完整的创业思路和操作路径，其核心是一套完整的问题解决方案。

创业计划书是创业者在正式启动创业项目前，基于前期对整个项目的调研、策划的成果，对创业项目进行全面说明的计划性文件。它是初创公司的第一张名片，也是最重要的对外介绍的文档。总的来说，创业计划具有对内、对外两大功能。

1. 对内：梳理项目

以太创服 CEO、董事长周子敬曾说过："BP 是最核心的一个销售材料，它的使命是让投资人有兴趣购买公司的股票。BP 讲述了一个符合投资人预期的成长故事，商业的要素都是为了证明这个可能性。为什么有些创始人写不好 BP？根本原因是创始人自己都没想清楚项目的逻辑。"梳理项目的思路是要回答清楚以下几方面的问题：

Who：你们是谁？为什么你们能做？

Where：目标市场有多大？

Why：所处行业痛点或用户需求是什么？

How：如何解决行业痛点或者用户需求？

Which：竞争对手如何？为什么你们能做好？

What：你们的运营现状及未来策略是什么？

When：融资计划是什么？

撰写创业计划书的过程，本质是在把你脑海里已经想清楚的问题，落到纸面上的过程，项目逻辑梳理清楚以后，创业计划书基本就完成了一半，剩下的就是结构化的呈现。

2. 对外：展示项目

创业计划书是创业者对外寻求资源支持、融通与整合资源的重要工具和说明书。在面对客户、合作伙伴、投资人以及创新创业大赛的评委等群体时，创业计划书是创业者宣讲展示、融资路演、寻求支持的核心和必备文件。一份精心设计、亮点突出的创业计划书，更容易获得投资者的青睐，吸引更多的资源；一份用心编写的创业计划书还有助于帮助创业者寻找到合适的创业合伙人，吸引所需要的人力资源，它是创业者获取融资和寻求合作的试金石。

思考一下，如果你是一名天使投资人，你看项目主要关注哪几个方面？

从投资人或评委的视角来展示项目，往往能达到事半功倍的效果，天使投资人看项目主要关注以下几点。

(1) 团队：创始团队的专业背景、互补程度、协作性，创始人的认知能力、创新能力。

(2) 市场：行业有没有前景，市场有多大，是否是伪需求？

(3) 产品 / 行业方向：所谓的“赛道”天花板够不够高，未来的想象力够不够大？

(4) 壁垒：项目和其他的竞争对手相比有什么优势？行业是否有准入门槛？这是未来是否具有竞争力和能否获取利润的前提。

8.1.2 创业计划的基本表现形式

创业计划的基本表现形式，主要有 Word 版本和 PPT 版本。

1. 创业计划的 Word 版本

创业计划的 Word 版本是创业计划书的传统表现形式，是创业计划书的完整报告形态。创业者用 Word 制作的标准化创业计划书，一般信息详细、论证严密。对创业公司来说，通常在特定场景下会制作这种形式的创业计划书，完整的创业计划书对创业者的融资非常重要，便于投资人进行投资审核。还有对于参加创业大赛来说，提交上来的参赛作品多数以 Word 文档的形式呈现，这种文档类型能充分说明创业计划书的各个细节，能让评委全面、详细、充分地了解参赛项目。

2. 创业计划的 PPT 版本

对于创业公司来说，创业计划的 PPT 版本是比较主流的表现形式，其优势是内容简洁清晰、图文并茂、易于理解、演示效果好，并具有较强的逻辑化、结构化、纲领化等特征。创业计划的 PPT 版本通常用于与潜在投资人进行早期沟通，或者用于政府报告、业绩报告、合作伙伴报告、小组报告和多人会议的路演活动等场景。

创业计划的 PPT 版本是对创业计划的 Word 版本的简化凝练，主要包括结构化要点；创业计划的 Word 版本是创业计划书的 PPT 版本的详细展开和充分论证。对于这两种常见的创业计划版本，通常的阅读逻辑是：投资者或评委想要看的创业计划往往是 PPT 版本，如果觉得融资可能性大，再看 Word 版本的完整创业计划，但是创业者在制作创业计划书时顺序则是反过来，先要有一个完整的 Word 版本创业计划，再从中提炼出一个 PPT 的演示版本。

此外，还有一种特殊形式的创业计划，叫一页纸创业计划书，指用一页纸描述创业计划，这种极简的创业计划书，形式简洁但内涵丰富，包含关键要点。

在许多创新创业大赛中，创业者通常需要提交各种形式的参赛资料，如 Word 版本创业计划书、PPT 版本创业计划书以及项目介绍视频等；对外融资时，还有可能要提交创业计划书的附件，包括产品说明书、配套的数据资料，包括调研数据、获客数据、转化率计算依据等材料。

8.1.3 优秀创业计划书应具备的特点

一份优秀的创业计划书，需要在短时间内能抓住投资人、评委及阅读者的眼球，激发他们继续阅读下去做深入了解的兴趣。那什么样的创业计划书才能称为优秀的创业计划书呢?

1. 简洁明了

创业计划书要在最短的时间内传递最有效的信息，任何没有实际意义的表达都是冗余的，直接明了最好。创业计划书的首页要表达出鲜明的主题，体现出项目的特色，激发阅读者的兴趣。计划书不是文学作品，不需要大量的辞藻修饰，最好能用数字、图表辅助文字讲述，真实的市场数据是创业计划书最好的证据，做好市场调研，让创业计划书落到实处。

2. 结构合理

创业计划书结构合理的重要表现就是内在逻辑顺畅、内容完整。一份优秀的创业计划书，一定要有清晰的商业逻辑、业务逻辑和呈现逻辑。在呈现逻辑上，可借鉴“金字塔原理”来表达。一般来说，创业计划书需要包括以下内容执行摘要、产品与服务、团队与管理、市场预测、商业模式、财务规划、风险分析等。创业计划书必须遵循一定的常规结构，条理清晰，可读性强，这样才能让投资者、评委或阅读者很容易就找到关键信息。

3. 重点突出

一份优秀的创业计划书，一定要定位准确，把握机会，找到细分市场需求。从内容上讲，创业计划书可覆盖的要点非常多，但这些要点的重要性不尽相同。切忌对所有要点事无巨细、面面俱到、平均用力，这样会大大弱化一个创业项目的特色与优势。在撰写创业计划书时，应简明扼要地叙述问题，突出创业项目的表述重点。

4. 形式专业

创业计划书是创业者思维方式、认知能力、行为方式等综合创业能力的体现。一份优秀的创业计划书，一定是在形式上精心设计，包括模板、色系、字体、字号、标点、图表、动画 (切忌过多动画) 等。作品即人品，专业美观的创业计划书能给人非常直观的良好第一印象。好的结尾与好的开始同样重要，甚至更为重要。那什么样的结尾是有力的?要用精简的话，强调项目的价值点，或梦想，或愿景。另外，在完成创业计划书后，创业者需要认真检查，避免表达和语法的低级错误。

8.2 创业计划书的撰写

在撰写创业计划书之前，创业者往往需要做大量的前期准备，如收集信息、核准数据、统筹资源等。撰写创业计划书的过程本身就是一个梳理创业思路、论证创业项目、磨合创业团队的过程。如果创业者已经梳理清楚了自己的创业项目，那应该从哪些方面去写创业计划书呢?

8.2.1 创业计划书的撰写逻辑

撰写创业计划书需要一个完整的故事逻辑，创业者如何让自己的创业计划书既符合逻辑又好看?创业计划书的表达逻辑可以先从“作者逻辑”切换到“读者逻辑”，提供“所有必需信息”，然后按照“要话先说”的顺序排列。

作为一份完整的问题解决方案，创业计划书需要论证三个核心要素：一是焦点问题，证明所选择的需要解决的问题有巨大的价值和想象空间；二是解决方案，证明提出的解决方案具有很强的创新性和可行性；三是创业团队，证明创业团队是实施创业项目的最佳人选。而从内容逻辑上来说，创业计划书就是以需求为导向、以用户为核心，围绕这三个核心要素进行充分论证的过程。在这个论证过程中，饱满而流畅的商业故事同样重要。

(1) 讲好创业背景故事。你为什么想创业?为什么想建立这个公司?公司是如何开始建立的?你和你的创业团队又是怎么走到一起的?

(2) 厘清创业主线思路。第一，提出焦点问题。用几句话清楚说明你发现目前市场中存在一个什么空白点，或者存在一个什么问题，以及这个问题有多严重。第二，呈现解决方案。你有什么样的解决方案，或者什么样的产品，能够解决这个问题。你的方案或者产品是什么，提供了怎样的功能?项目的商业价值是什么?如何挣钱?

(3) 亮出你的竞争优势。这个市场有多大?你认为这个市场的未来是怎么样的?为什么这件事情你能做，而别人不能做?你有什么特别的核心竞争力?你有什么与众不同的地方?

好的商业故事强大而有力，创业者会用讲故事的方法把内容串连起来，更能吸引阅读者。

8.2.2 创业计划书的内容框架

一份完整、标准化的创业计划书，必须包含一些基本的要素和模块，我们基于多年的教学实践，总结出了一套标准化创业计划书的内容框架，这套内容框架具有普遍的适用性。当然，每一份创业计划书都可以凸显自己的特色和表现方式，可以根据不同行业、不同产品、不同发

【拓展阅读 8-1】
周鸿祎眼中的 BP 玩法

展阶段的项目对创业计划书内容框架做出相应的调整与修正。

这套标准化的创业计划书内容框架包括以下十大模块内容。

(1) 封面 (项目名称)。

(2) 执行摘要 (项目概述)。

(3) 市场概况 (行业背景 / 市场现状 / 痛点分析等)。

(4) 解决方案 (产品与服务)。

(5) 竞争优势 (产品与服务的优势 / 竞品分析)。

(6) 商业模式 (盈利模式 / 营销策略 / 成本核算等)。

(7) 运营现状 (早期、中后期等)。

(8) 团队介绍 (团队核心优势 / 团队主要分工、背景及特长等)。

(9) 未来规划 (里程碑事件)。

(10) 融资计划 (收入预估 / 融资计划等)。

1. 封面

创业计划书的封面页，是创业计划书的门面，体现了项目的重要信息，一般包括项目名称、项目定位等。项目名称通常是品牌名称或产品名称；项目定位一般作为主标题或在项目名称之后作为副标题，用一个短语或短句来清晰地描述公司的核心定位，体现项目的本质特征、核心价值或主营业务。

项目定位的表述要简洁清晰，如中国“互联网 +”大学生创新创业大赛几个全国金奖项目——荔枝微课：最好的知识分享微课直播平台；富杞来：野生黑枸杞全产业链综合扶贫项目；潜力无限：国内首创水下多场景检测机器人；激光焊锡：国产首创超精密微电子装联装备；等等。

【拓展阅读 8–2】能一句话说清的才最有力

对于早期项目来说，项目定位应该更为聚焦。写这部分的建议是：第一，项目名称最好不要直接用公司名字；第二，定义产品尽量要体现项目定位和亮点；第三，封面设计可以加入公司 logo 等元素。

此外，还需要注意封面与正文的搭配。封面和正文的内容必须相互关联，且风格必须统一，达到前后呼应的目的。

2. 执行摘要

执行摘要也称项目概述，它是整个创业计划书的内容摘要，它的主要作用就是简明扼要地对整个项目做总体性、概括性、定位性的描述，介绍创业项目最基础、最本质、最核心、最突出的信息和情况，同时是整份创业计划书内容的精华。

执行摘要一般包括项目简介、业务描述、理念表达、优势亮点等。其中，写好项目简介尤其重要。项目简介的主要功能和作用，是介绍项目“是什么 / 做什么”的问题。这是创业者对项目的根本认知、核心定位、发展方向和价值理念的梳理，目的是让阅读者在最短的时间内对整个项目形成简洁清晰、提纲挈领的总体认知，引起其继续了解更多信息的兴趣。可以尝试用一句话或一小段话来写项目简介：我是什么人？在做什么事？想解决什么问题？有什么亮点？创业计划书后面的各个部分是对这一概括性表述的详细展开和论证。

创业计划书中的执行摘要很重要，通常适用于word版本创业计划书，较少用于PPT版本，篇幅一般为1~2页，因此撰写时应尽量做到简化、突出优势，吸引投资人。具体要求：一是行文流畅、客观、逻辑性强；二是摘要应具有针对性，根据阅读者的不同而调整相应的内容和表述顺序；三是摘要一般放在最后完成，先完成创业计划书的主体写作，之后再提炼出整份计划书的精华，写摘要；四是完成后仔细检查，避免出现一些语句不通或语法有误等低级错误。总之，撰写创业计划书的执行摘要，务必反复推敲，精益求精，争取尽最大努力给阅读者留下良好的第一印象。

3. 市场概况

市场概况，关乎创业方向、创业项目所要解决的社会问题的市场价值和想象空间。市场概况这一模块的主要功能是论证创业项目的“为什么”问题，即为什么要做这样一个创业项目。

市场概况一般包括行业发展背景、行业市场政策、行业发展周期、行业产业布局、行业未来前景、目标市场分析、社会环境因素、供需现状分析、市场规模、市场空间等内容。这部分一般由行业背景和市场现状，引出痛点问题：创业项目在哪个行业，这个行业有多大，增速有多快？你发现目前市场中有什么空白，或存在什么问题？这个问题有多严重，效率有多么低下、供给有多么缺乏？比如：滴滴解决的是打车困难的核心问题——可供使用的汽车运力供给不足；摩拜是为了解决最后一公里的交通痛点；针对雾霾天，做防雾霾的口罩和空气净化器项目；针对老龄化社会，面向养老院、老人护理、健康美食、健康旅游等会有很多新的市场机会和创业机会；等等。

【拓展阅读8-3】爱尚旅行的商业计划书

说明市场空间巨大，最好能用数据来表达，这部分核心是讲清楚行业天花板、行业集中度等，其中的难点是如何计算目标市场大小。举个例子：小李，想做一个中高端童装的电商平台，他了解到，随着国内消费升级的趋势，越来越多的父母开始注重子女的穿衣品质，但是没有一个专门针对儿童的服装平台，他上百度查了查，中国服饰市场是个2万亿的规模，小李觉得有机会做成一家大公司。思考一下，大家觉得小李所说的逻辑成立吗？这到底是不是一个2万亿的市场？

我们做痛点分析时，针对2B业务，主要考虑能否帮B端提高收入，提高效率，降低成本；针对2C业务，可参考马斯洛需求理论，尽量从用户视角，描述需求的场景和体验。举个例子，百度招聘产品经理，招聘题目是：百度如果要做音乐该怎么做？有一个人只写了6个字：搜得到，能下载。这个人就是后来当上了百度副总裁的李明远。

【拓展阅读8-4】权威行业数据哪里找？

4. 解决方案

产品，是创业者为解决特定的社会问题，为用户、市场、社会提供的具有使用价值的“标的”。广义的产品，包含物理性产品和非物理性产品（如服务），通常统称为解决方案。

解决方案是创业计划书的核心模块之一，主要内容是对创业项目的产品(服务)做系统性描述和说明，并论证其具有先进性、创新性及差异化的竞争优势。解决方案具体内容主要包括产品的技术描述、产品的技术权限、主要产品的目录、产品或服务特征、产品的研发计划、产品的知识产权、产品生产的环境等。

本部分可以先用一两句话讲清楚准备做什么事(解决什么问题)，针对目标用户的需求痛点，解决方案是什么，提供了怎样的功能，有没有产品示意图、流程框架图，技术突破在哪里，等等。我们来看看第三届中国“互联网+”大学生创新创业大赛金奖项目“编程猫”的产品介绍：“编程猫”是一家针对少儿编程的在线教育平台，提供图形化模块的在线编程教育课程，学员可以在平台上设计游戏、软件、动画等内容并进行展示和交流。平台借助AI实现规模化一对一教育，解决了编程教师紧缺的问题。这个“编程猫”的案例清晰地定义了目标用户(少儿)与痛点(编程教师紧缺)，展示了具体的解决方案形态(在线教育平台)，突出了核心功能(图形化编程、作品创作与交流、AI一对一教学)，并点明了关键技术突破(AI赋能个性化教育)。通过解决特定问题并提供独特价值，“编程猫”成功论证了其产品的创新性、先进性和差异化竞争优势，完美契合了创业计划书中“解决方案”部分的核心要求。

【拓展阅读 8-5】像卖可乐一样卖“瓶装大米”——盒马鲜生把95后带回厨房

5. 竞争优势

竞争优势也称为比较优势，是通过本产品与竞品之间核心评价指标，如技术指标、功能指标、效果指标等方面的对比分析，体现本产品与市场现有产品之间的差异，证明本产品能够更好地解决用户需求痛点，从而体现本产品的竞争力。

通常的表述思路是：一是厘清市场上还有哪些玩家，大家的差异点是什么，为什么我能赢。二是选取关键维度做对比分析。一般使用图表等可视化工具，可以从细分市场优势、技术优势、管理优势、团队优势、渠道优势、资金优势、信息优势等方面来评估，把排名前5至前10名竞争对手的情况与自己的产品做横向对比。

如果是技术产品，则描述产品的技术创新，颠覆传统做法，同时展示技术专利，做到独一无二。技术创新+知识产权保护，别人无法模仿、抄袭，建立高强度壁垒。如果是商业模式创新，则要体现独特的优势资源或者背景，因为模式创新你能做，别人也能做，唯一能拼的就是谁的渠道多、资源广、背景强，这才是硬指标。撰写竞争优势需要客观评价对方优势、劣势，切不可为了抬高自己，过分贬低对方，直接用数据或表格的形式进行对比分析，好坏立判。

【拓展阅读 8-6】如何表述竞争优势

6. 商业模式

商业模式是得益相关方的交易结构，是整个公司价值创造、价值交易、价值分配的关系网络和操作流程。商业模式模块应重点体现三方面的内容：运营模式、盈利模式、营销模式。

(1) 运营模式。运营模式是指一个项目整体运行的流程中所有得益相关方的交易结构，侧重于“事如何做”，它既包括公司内部节点协同运行的流程结构，也包括公司外部节点如上下游、合作方等之间的商业逻辑关系，呈现方式一般是运营模式结构图。

(2) 盈利模式。盈利模式是指项目的收入来源、定价机制及盈利逻辑，侧重于“钱如何赚”。盈利模式部分重点探讨的内容有：项目的主要收入来源有哪些？成本和收益结构如何？利润空间有多大？利润率是多少？等等。创业者如果已明确如何用产品进行盈利，就清晰地阐述产品的盈利模式即可；如果还没想好该如何盈利，直接告诉阅读者，你的用户量可以达到什么规模，这个规模能够支持你的盈利模式。

(3) 营销模式。营销模式本质就是获客方式。具体可以从这几个方面来论证：我的客户是谁，用户是谁？他们在哪里？如何能接触到目标用户？如何能够低成本高效率地获取到客户？有哪些宣传推广获客的渠道？线上和线下的推广获客方式有哪些？等等。

【拓展阅读 8-7】“得到”在菜市场举办了一场经济学的主题展

此外，具体针对创业项目内部梳理时，可以用好“商业模式画布”工具；针对创业项目做外部展示时，商业模式主要指盈利模式，即你的项目是怎么赚钱的。

7. 运营现状

运营现状，也是项目进展，主要呈现项目过去和现在的状况，说明项目“干得怎么样了”。创业项目的运营现状，是一个创业故事的验证和变现过程。通过运营现状的分析和描述，可以说明创业者已经做了哪些工作，做到了什么程度，取得了哪些成绩，以及项目处于什么发展阶段。运营现状一般包括项目发展历程、成果展示、团队组建进展和数据情况等。

项目发展历程一般呈现项目整个发展过程中的时间脉络、阶段特征和标志事件，侧重于“时间轴”的脉络梳理和概括总结，通常以图文形式呈现。

【拓展阅读 8-8】突出用户及销售方面的关键数据

成果展示包括创业项目在各个方面已经取得的标志性成绩，侧重于从“事件轴”对已取得的成绩进行梳理和汇总，是评估企业现状、判断创业未来成败的重要依据。

成果展示可以从三个方面呈现。一是从产品角度看：产品研发到了什么阶段？取得了什么进展？关键技术是否有突破？产品原型做得怎么样？产品是否已量产上市？等等。二是从客户验证角度看：用户的评价如何？产品销售有何成效？合同额度有多少？等等。三是从受肯定的角度看：获得了哪些重要奖项？取得了什么重要资质？获得过哪些政府政策或资金支持？达成了哪些战略合作？等等。

团队组建进展呈现的内容包括：团队建设取得了哪些成就？核心团队是否完整和强大？邀请了哪些重量级人才加入？有哪些重要的战略合作伙伴？等等。

早期项目重规划，中后期项目看数据，呈现核心业务数据是关键。运营数据主要评估三点：能否证明你的模式成立？能否证明你的强大增长能力？能否展示你在赛道中的位置和竞争力？

8. 团队介绍

在将创业项目落地变现的过程中，创业团队是承上启下、里应外合的关键和枢纽。团队介绍模块需要论证的是：凭什么是这个创业团队来做？为什么这个创业团队能把这个项目做成？这个创业团队的核心竞争力是什么？团队介绍最好能体现这几个方面的内容：核心团队、股权结构、公司架构、专家顾问。

(1) 核心团队。核心团队由项目创始人及其合伙人等核心高管组成。在评委或阅读者眼里的理想创业团队往往具有以下特点：一有丰富的行业经验。二创始人有大公司从业背景或创业经验。三有战斗力的完整团队。团队主要成员的分工、背景和特长，能侧重说明团队的匹配度、互补性及完整性。例如，CEO 张 × × 毕业于 × × 大学，在管理、财务、技术开发、销售、团队等领域有超过 3 年的经验，他主导公司的市场战略和客户关系，是团队的领军人物。

(2) 股权结构。股权结构是公司所有持股人的股权比例及其相关权益约定，核心团队的股权结构问题关乎创业公司发展的根本性问题。此部分可以通过以下问题来表述：股权结构现状如何？各股东占比是多少？为什么会有这样的股权结构？团队的“权责利”是如何约定的？是否有股权调整和退出机制？等等。

【拓展阅读 8–9】
公司治理的
“9 条生命线”

(3) 公司架构。公司架构主要指公司部门设置、职能划分及其管理关系，一般用组织架构图来呈现。

(4) 专家顾问。专家顾问部分的介绍主要侧重于他们与创业项目的需求匹配情况以及责权利的约定等。

9. 未来规划

未来规划，也称为战略规划，重点展示创业者对项目未来发展的规划及预测，包括战略目标的设定，实现目标的路径，对核心业务指标及核心财务指标等做出合理、可信的数据预测等。例如，业务里程碑事件的标准是什么？具体时间点如何确定？等等。

(1) 战略目标的设定。战略目标的设定既要考虑过去，也要面向未来，重点体现以下内容：一是呈现未来 3~5 年公司发展的核心指标预测，特别是重点说清楚未来一年的发展预测。二是对主要业务指标、主要财务指标给出明确的预测数据，包括用户数、用户活跃度、生产规模、市场占有率、销售收入、利润率、增长率等。

针对 ToB 项目，主要写出核心业务指标未来 3 年的预期；针对 ToC 项目，主要写出用户量和收入体量的预测，如开店数、商品交易总额、利润的预测等。例如，核心业务指标的某个目标成达，如年销量 1000 万元，或者日活用户达到 100 万，也可以是产品版本的迭代，如第二代产品迭代等。对于早期的项目，如种子天使轮项目，重点写好 6 个月内规划，简写 1~3 年规划；如是 B 轮项目，可以写 2~3 年的规划。预测需要传递一个比较乐观的发展预期，但一定不能脱离实际，否则会让阅读者觉得团队的目标不够踏实。

(2) 实现目标的路径。实现目标的路径是实现战略目标的路线图和方法论。实现路径由一个一个关键节点或阶段小目标组成，而这些关键节点就是一个一个里程碑事件。对于自己所提出的每一个阶段目标，创业者都要论证其合理性与可行性。

(3) 核心业务指标及核心财务指标的预测。核心业务指标及核心财务指标预测，其本质就是在实现目标、采取行动的过程中，创业项目的投入和产出。财务预测重点体现企业未来 3 年的核心财务指标数据：成本、收入、利润、利润率等，可以做更为详细的财务报表分析，包括资产负债表、现金流量表和利润表，主要保证财务预测的规范性、合理性和专业性。

10. 融资计划

融资是创业计划书对外的主要功能和目的之一。融资计划，通常包括融资方式、估值方法、资金用途、退出机制等。本部分主要回答以下几个问题：你打算融多少钱？用什么方式融资？你如何确定你的项目估值？融资成功之后，这些钱你打算怎么花？

(1) 融资方式。多种多样，常见的有股权融资、债权融资、银行贷款、政府补贴奖励、众筹等，对于创业公司来说，股权融资是较为普遍的融资方式。

(2) 估值方法。基于市场的冷热情况，使用区间报价法进行估值。早期项目估值很主观，取决于业务方向以及团队履历，更多的是基于行业对标或投资人对该行业的经验来进行估值。对于早期项目，估值并非越高越好，而是在一个合理的水平范围内最好，否则会错过一些潜在的投资机会等。

(3) 资金的用途。需要跟公司业务的核心驱动力相匹配，简单给一个大致合理的分配比例，不需要特别精准。如果是技术驱动型的公司，建议资金主要用于团队建设；如果是消费领域的公司，建议资金主要用在市场推广或产品上。

(4) 退出机制。融资计划要向投资者清晰地描绘投资获利和退出的时间及方式。执行退出机制，标志着投资人实现收入，也是进行下一轮投资的开始。退出机制可以避免投资人受更大的损失，也是创业计划书中投资人比较关注的部分。投资退出机制通常包括上市退出、并购退出、清算退出三种方式，创业者需要在创业计划书中指出哪种退出机制的可能性最大。退出机制主要体现其科学性、针对性和合理性。

8.2.3 创业计划书的撰写建议

创业计划的价值最终需通过规范化的文本呈现，而撰写创业计划书的过程本身即是创业者系统性思考的深化。在明确创业计划的核心价值后，如何将其转化为兼具逻辑性与说服力的规范文本成为关键问题。创业计划书的撰写主要有以下五方面的建议。

1. 以客户为中心

“以客户为中心”是创业计划书的灵魂。创业计划书的行文语言要言简意赅，表述时要有“客户思维”，内容完整、结构合理、表达清晰的创业计划书往往更能吸引人。阅读者是创业计划书的用户，因此，应考虑阅读者能否在短时间内准确理解创业者想要传递的信息。此外，在创业计划书的各个关键环节，要以客户为中心寻找痛点，以客户为中心来设计商业模式等，充分运用以人为本的核心设计理念来梳理创业计划书的内容。

一份创业计划书的第一个投资人就是创业者自己，创业者要从投资人的视角来撰写创业计划书，并在写好之后自我检查以下内容：如果我是一名职业投资人，这份创业计划书对我有没有吸引力？我会为这份创业计划书买单吗？这就需要创业者用投资人的思考模式来思考问题，了解投资人及其投资基金的诉求和周期，分析投资人的投资习惯。

2. 多用图表

撰写创业计划书时，生动形象的表现形式同样重要，与长篇累牍的文字表述相比，图表更能展现内容的逻辑与凸显重点。在创业计划书中，图表的作用主要表现在两个方面：一是辅助作用，辅助创业计划书中的其他信息达到排版上的美化效果，突出创业计划书的重点；二是演示作用，图表作为创业计划书的演示主体，展示数据信息和创业者的逻辑思维。

图表的表现手法多种多样，在创业计划书的信息阐述上要坚持可读性与条理性相统一的原则，不同类型的图表有不同的侧重点，最好能交叉使用。适当使用对比表格、曲线图、模型图等对数据进行强调和支撑，阅读效率会更高。例如，公司架构最好用组织架构图来展示，必要时配以文字说明；运营现状切忌事无巨细地长篇大论，要重点突出发展历程中的重大事件、里程碑或具有代表性的成就，注意结合图文的方式进行说明。另外，一般会用图表的方式呈现数据，比如核心业务指标（用户数、市场占有率等）和核心财务指标（收入、利润等），如未来1~3年的财务预测，包含12个月的现金流量表、全部预测假设条件和预测财务报表等。

3. 巧用数据

好的创业故事可以吸引投资人的注意力，巧用数据则更能打动投资人的心。创业计划书应遵循客观实际、严谨可信的设计原则，多根据事实说话，兼顾定量的表述和分析。数据的验证是每一个环节得出结论的有效证明，在企业计划书中最好将市场分析，产品运营的验证、获客、转化，商业模式的有效性等用数据的方式进行体现。

此外，尽可能做到信息有出处、数据有依据。在引用信息和数据时则尽可能引用权威机构发布的资料，或者是自己开展调研统计分析后得到的一手数据。创业者要通过何种途径获取权威数据呢？一是历史数据，如想要了解某个地区的人口数量、经济指标，可以去当地的图书馆或地方政府档案馆，阅读历年政府工作报告或年鉴；二是行业报告中的数据，这部分数据可以通过行业协会、行业论坛的在线网站获得，或者查看行业报告的年终版本等；三是引用论文网站的数据；四是大数据网站及舆情网站的数据，互联网上有众多的大数据网站，如人民网“舆情频道”、百度的“百度舆情”等都有详细的统计数据；五是自行采集基础数据。获取数据的途径有很多，但一定要确保数据的真实性，不要有任何的数据修饰和造假行为。一旦这些行为被发现，创业公司或创业团队不仅会失去投资者的投资或评委的肯定，更失去了创业当中最重要的诚信。

4. 引入第三方正面评价

在推荐自己的产品或服务时，最好能通过引入第三方的正面评价来提升产品或服务的可信度。创业者可以引入的第三方评价包括：媒体报道、权威机构验证、知名合作伙伴评价等，如产品或服务已产生积极的影响，在媒体当中引起了广泛关注，把相关的报道呈现出来；重要的支撑材料，包括商标、著作权等知识产权、技术成果、信用背书等资料；用户评价，如用户在使用该产品或服务时，评价很高，直接截图用户的评价体验，用户说好，才是真的好。而增加这部分内容可以有效提升创业项目的真实性，既让创业企业或创业项目的实力和产品形象得到更好的展示，也能极大增强投资者的信心或评委的良好印象。

5. 不断修改完善

撰写创业计划书不是一蹴而就的事情，一份优秀的创业计划书一定要经过多次推敲和论证，这本身就是一个不断修改完善、精益求精的过程。每一次商业模式的梳理都是一次迭代。在商业模式的探索中，不断尝试，不断验证，不断总结，创业计划书会随着产品和企业的成熟而成熟，这当中包括项目发展思路、战略的优化改进，还有内容的敲定、语句的雕琢、信息的补充、结构的调整等。不要把创意仅仅停留在思考上，要及时付诸行动、不断实践。创业计划书需要在实践验证中不断做动态调整，而且经过实践验证后，创业计划书的可信度和可行性能得到大大的提升。

8.3 创业计划的展示

创业计划书完成后，创业者下一步就是要通过各种形式来进行展示和推介创业计划，从而获得项目运营和发展所需要的资源。创业计划的展示又称为创业计划的路演，对创业者来说，路演是将创业项目做充分的解说、介绍、展示以获取资源的重要方式。可以说，创业计划书是路演最重要的支撑材料，而路演是创业计划书最主要的对外应用场景。如何准备一场完美的路演呢？首先，在视觉上，离不开PPT的制作与设计；其次，在听觉上，需准备充分的演讲与答辩。路演PPT的核心不仅仅是设计能力，更是思考能力和表达的能力。本节将从创业计划的展示场景与思路、展示准备以及展示建议三方面来阐述。

8.3.1 创业计划的展示场景与思路

创业计划的展示是信息的传递过程，创业者需要在非常有限的时间内阐述清楚自己的创意和产品，并回答一些来自评委或投资者的问题。

1. 创业计划的展示场景

创业计划展示一般有两种场景：比赛路演和商业路演。

(1) 比赛路演。比赛路演主要以比赛的形式进行，其核心的目的是通过比赛的形式促进参赛者对创新创业的认识和行动，从而鼓励更多的人积极创新、勇于创新，使他们拥有创业的自信力。比赛路演会对参赛者的各个方面进行比较详细的规定，如有相对标准的比赛规则，对于参赛提交的文案资料有更详细的规定和指导，其教育性、学习性更强一些。

例如，中国“互联网+”大学生创新创业大赛是由教育部与政府、各高校共同主办的一项技能大赛。大赛旨在深化高等教育综合改革，激发大学生的创造力，培养造就“大众创业、万众创新”的主力军；推动赛事成果转化，促进“互联网+”新业态的形成，服务经济提质增效升级；以创新引领创业、创业带动就业，推动高校毕业生更高质量创业就业。在中国“互联网+”大学生创新创业大赛中，创业计划书是入场券，路演答辩才是决胜的关键。路演PPT与路演稿有机结合，配合路演答辩的完美表现，可以在有限的时间内最快获得评审的认可。

(2) 商业路演。商业路演是指用于商业行为的路演，其主要目的是促进投资者与创业者的对接。商业路演主要包括两类：一是开放式商业路演。开放式商业路演主要面向大众开放，组织者欢迎各种有兴趣观看的人参与。一般参加开放式商业路演的门槛比较低，创业者或创业团队都可以尝试多次路演进行磨炼。二是封闭式商业路演。封闭式商业路演不对大众开放，观众主要是定向邀请，多是投资界的专业人士或对路演项目有投资意向的人士。参加封闭式商业路演的创业者，一般要通过筛选，并会按照相关的规则进行演示、交流等。相对于开放式商业路演而言，这种类型对项目和观演人员的要求会更高一些，投融资的目的性更强一些。

不管是哪种形式的路演，对于初创期的项目展示，最好是以创业者讲演为主，因为创业者是整个创业项目的主导者和灵魂，通过讲述让听众充分认识创业团队、看到项目潜力，从而获得投资者的认可。

2. 创业计划展示的具体思路

一般路演给创业者上台演讲的时间不会超过10分钟，有时候只给5分钟，在短短几分钟的路演中，如何才能给评委和投资人留下深刻印象，吸引他们的关注，在每次遇到合作伙伴、潜在客户时，如何清晰地、充满激情地讲好团队的梦想、公司的业务和优势是创业者的基本功。这种清晰思考问题和表达观点的能力，其实就是逻辑能力。有没有办法能够让我们在最短的时间讲清楚我们的观点，高效沟通呢？“金字塔原理”可以给我们很好的参考借鉴。

“金字塔原理”是由咨询管理公司麦肯锡公司的咨询师芭芭拉·明托提出的。那什么是金字塔原理呢？用一句话说，金字塔原理就是说任何一件事情都可以归纳出一个中心论点，而这个中心论点可以由3~7个论据进行支撑，每一个论据其本身又可以成为一个论点，同样，也可以被3~7个论据支撑，如此重复的形状就像金字塔一样，故称金字塔原理。以创业计划展示为例，我们按照金字塔原理来梳理一下创业计划的展示思路，如图8-1所示。

【拓展阅读8-10】
金字塔结构

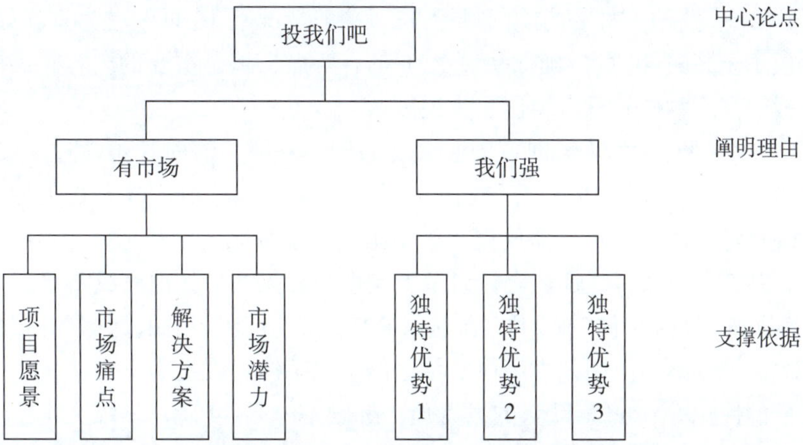

图 8-1　创业计划展示——金字塔结构

8.3.2　创业计划的展示准备

当完成创业计划书撰写后，如何将文字转化为具有感染力的现场呈现，成为决定项目能否赢得资源支持的关键环节。展示不仅是文本内容的视觉化延伸，更是创业者传递信念、构建信任的互动过程。不同于静态的文字描述，展示需在有限时间内聚焦核心逻辑，通过故事化的表达激发听众共鸣，并借助数据可视化、场景模拟等手段增强说服力。创业计划的展示准备可以参照以下四方面的建议。

1. 讲稿准备

创业计划的展示不仅可以让投资人更好地了解创业者的项目，也可以让创业者的团队更好地展示自己的实力。在创业计划展示前，创业者要首先明确自己的目标，然后根据项目的特点和投资人的需求确定讲稿内容。

讲稿的内容不一定要展示创业计划书的全部内容，但关键的内容一定要涉及，如你是谁？为什么做这个？要做什么？要怎么做？为什么是你来做？做得怎么样了？未来准备怎么做？等等。基于这 7 个问题我们也可以把 PPT 的页面顺序梳理出来，当然，我们也可以根据不同的项目、不同的侧重点、不同的故事逻辑对 7 个问题做相应的顺序调整。

此外，在撰写讲稿时，还要明确展示的时间，根据不同的时长对讲稿的内容设计要有不同的侧重，目前一般的演讲时长为 5 分钟 /6 分钟 /8 分钟等；撰写展示大纲，如开场、主内容、结尾等；根据项目情况，分配好各模块的演讲时长；撰写讲稿时，与 PPT 呼应，体现项目亮点；试讲调整稿件，注意一般讲稿的语速设计为 180~220 字 / 分钟。

2. PPT 准备

作品即人品，投资人能透过创业计划书看出创始团队的逻辑能力、表达能力和审美能力。路演 PPT 的风格最好与自己的项目特点相符，并符合投资人的审美。在制作 PPT 时，收集的素材要注意版权问题，同时要注意素材的质量。以下是一些具体要求。

(1) 页数要求。路演 PPT 的篇幅不要太长，一般情况下 10 页左右为宜，如果 10 页说不清楚，最长不要超过 20 页，确保每页 PPT 都有要点，越是重要的内容越靠前，包括导航页和内容页，言简意赅、重点突出、少说废话。

以中国“互联网 +”大学生创新创业大赛为例，一般路演时长不超过 10 分钟，这就意味着创业者需要在 10 分钟内讲好自己的项目。其实，这个难度还是很大的，在这么短的时间内，讲解者可能要翻页，播放视频、动画，甚至可能会紧张忘词，这些都需要时间去平复干扰。PPT 页数太多，往往会让讲解者受束缚，无法自如地完成路演。

(2) 文字设计。注意字体的选用。在演示 PPT 中，应该采用阅读性强的字体，美观和艺术性是其次，尽量不要使用艺术字体，传达信息比字体美观更为重要。

注意字号的使用。在 PPT 默认的设置里，标题字号是 44 磅，一级文本字号是 32 磅，二级文本字号是 28 磅，共有五级文本。建议最多用到二级字号，太小会影响阅读效果。

注意字数的把握。一页 PPT 上有大量文字会让阅读者抓不住重点，演示 PPT 应尽量少文字，多图表。相比文字，图表的可视性更强，且可以更直观、简洁地表达出要点。图表与数字相结合进行阐述，同时幻灯片应该留有大量的空白，这样可视性强且具有说服力。

(3) 颜色搭配。演示 PPT 的颜色选取要简单，最好能根据公司或项目的 Logo 或者风格的主色调来选取 PPT 模板的颜色。例如，可口可乐公司的色调是红色为主，百事可乐公司是以蓝色为主色调，而阿里巴巴则采用橙色的色调。同时，尽量不要红配绿、红配紫，整个 PPT 总颜色最好不超过 3 种。

如果项目是软件类、医药类、化学类，或者是创意项目还没有可视化的产品，这个时候怎么办呢？这种情况下，我们一般根据产品的调性寻找相应的抽象素材搭建风格，也可以有不错的效果。例如，第八届中国“互联网 +”大学生创新创业大赛省赛金奖项目溶瘤利刃，是一个医药类的创意项目，产品还没有上市，没有实际产品，项目是一种基因治疗方案，创业团队就可以寻找对应抽象的基因图谱素材进行设计，PPT 整体颜色也是围绕素材主色，显得非常合适与协调。

(4) 特效不宜多。演示 PPT 用到的动画或特效不需要多，尽量越少越好，主要是要让阅读者的注意力集中在演示者和演示内容上。可在一些环节适当使用特效，如在封面上可用简单的出场动画；介绍产品和其他特殊性能时，可插入一些动画和视频。除非演示产品具有声音的特性，一般不要采用任何的音效。多特效占时间，而且经常由于版本问题出现乱码而乱了方寸，大大影响到演示的状态和效果。

(5) 整体原则。制作 PPT 之前要根据路演的要求以及推介对象关注的重点进行内容的整体规划，如需要介绍哪几个部分？每个部分需要展示哪些要点？需要通过什么样的形式呈现？等等。创业计划书中所引用的图片、数据、关键词、逻辑等要保持整体性原则。讲稿与 PPT 必须“合二为一”，讲稿的文字和 PPT 的展示要一一对应，具有高度的一致性。整份创业计划书排版美观，简单大方即可。此外，在投递创业计划书时，建议将 PPT 转成 PDF 版本，这样可以确保内容不会被随意修改，保持材料的一致性。

3. 短视频准备

短视频资料的多媒体性质具有不可替代的优势，但无法系统完整地体现创业项目的核心要点，一般将其作为创业计划呈现的补充材料。项目介绍的短视频资料，时长约为 1 分钟，一般不超过 3 分钟。短视频资料的内容主要是为了直观地呈现项目的产品属性、优势特色、应用场景以及是如何解决用户需求痛点的，体现创新优势和效果成就，吸引更多人的关注和支持。

创业项目短视频的制作需要注意以下几点：一是内容的精准和简洁，要在短短几分钟内准确地传达项目的核心信息，吸引观众的兴趣。二是形式的多样和创新，可以通过动画、实景拍摄、演示等方式来展示项目，让视频更加生动有趣。三是语言的生动和有吸引力，要用简洁明了的语言表达项目的核心理念，让观众容易理解和记忆。四是团队的展示和表现，要展现出团队的凝聚力和实力，让观众对团队有更多的信任和认可。值得注意的是，不要将短视频资料做成动画版的 PPT 来展示。

4. 提问准备

路演展示后一般是提问环节。投资者的问题关注点一般是对展示时表达不清晰的问题或有疑惑的问题进一步探寻。因此，提前梳理和准备一些常见问题，路演时做到收放自如。投资者或评委的提问主要集在以下几个方面。

(1) 产品或服务。

你们主要帮客户解决了什么问题？

你们是如何解决这个问题的？

你们主要负责哪个环节，还是生产、研发、销售都是你们来做？

你们的产品的独特优势是什么？

你们的技术是否已经商用化了？

你们的产品的最大卖点是什么？

你们主要的竞争对手是谁？

你们的技术创新点体现在哪一个部分？

……

(2) 市场及竞争优势。

你们进入的市场规模如何？

你们如何估算市场规模？

目前市面上做得较好的有谁？跟他们比，你们的优势是什么？

为什么你们能做？

你们的核心竞争力是什么？

你们对市场未来乐观预期的依据是什么？

……

(3) 商业价值。

项目的收入来自哪里？

产品成本构成是什么？收益是否覆盖成本？

销售额最高的是哪个产品？利润额最高的是哪个产品？

哪个产品和服务的收益可复制、高增长？

如何保障企业持续增长和稳定收益？

产品覆盖了多少客户？客户是否有复购？客户是否愿意为你们推广产品？客户转化率是多少？

营销策略是什么？（价格、销售、推广、渠道、文化、故事等）目前哪个渠道取得了哪些成效？

……

(4) 项目团队。

项目团队有多少人？具体分工如何？

团队的决策机制是怎样的？

团队成员是相关专业的吗？

你的项目团队有哪些优势？这些优势在项目中是怎么体现的？

项目的权益结构和股权结构是怎样的？

介绍下外部专家等对项目的支持情况。

……

(5) 运营现状。

产品有进行试验吗？效果如何？

你们现在做到了什么阶段？

目前营收状况如何？

你们目前发展中受到最大的制约是什么？

……

(6) 财务情况。

你们的运营成本如何？

你们何时开始有收入？

你们如何实现收支平衡？

你们是否需要融资？融资将如何使用？

你们准备进行何种类别的融资？

你们融资数额及出让股份是怎么估算的？有何依据？

……

(7) 风险评估。

公司发展面临最大的风险是什么？

公司是否在风险防范上有措施？具体有哪些措施？

公司是如何规避核心人才流失的？

公司是如何确保创业团队稳定的？

公司是如何应对其他公司的模仿的？

公司的壁垒是什么？

……

(8) 其他问题。

一句话说清楚你们的项目。

项目名称是怎么来的?

请谈一谈你们是如何想到要做这个项目的?

做这个项目，你最大的收获和成长是什么?

做项目的过程中，你应用了哪些所学知识技能，解决了什么问题?

项目中直接就业和带动就业的数字是怎么算出来的?

如何确保项目能持续运营下去?

……

8.3.3 创业计划的展示建议

创业计划的正式展示一般需要 5~10 分钟的 PPT 和视频宣讲以及互动回答，即答辩环节。创业者通过对创业项目做充分的解说、介绍、展示以获取资金或其他资源的支持与合作。在正式展示之前需要做好充分的准备和反复的演练。

1. 开场

打造引人注目的开场。在路演的开头，创业者需要吸引评委的注意力并激发他们对于自己创业计划的兴趣。可以使用引人入胜的故事、创业经历分享、统计数据或者令人惊讶的事实来引起他们的兴趣；也可以将现场发生的事情自然地转化成自己的感悟、感想，再接入现场演讲主题；还可以向评委提出一个常见的问题，快速抓住评委的心理，让他们关注、专注到你接下来的演讲上。

当然，无论创业者采用哪种方式开场，都需要注意两点：一是不能拖沓、跑题；二是注意控制时间。如果是 8 分钟的演讲，最好提前设置好每个环节的时间，开场白不宜超过 3 分钟，1 分钟为佳，否则就会影响核心内容的演讲时间。

2. 演示

演示是创业计划展示过程的第二个环节，也是核心环节。一般该环节从介绍项目名称和团队成员开始。在演示中，尽量避免使用晦涩的专业术语，对于技术类的项目，如果在演示时全篇都是技术性语言表述，很难给评委留下印象。可以巧用“生活化场景”把项目与生活例子结合起来，这不仅能让评委快速了解项目，而且更容易给评委留下深刻的印象。记住：多讲数字，没有什么能比数据更有说服力。

此外，在路演中，还要注意以下几点。

一是自信和流畅的表达至关重要。如果演讲人自己都不够自信，那凭什么要求投资人投资呢？要对自己的项目有自信，更要把对项目的信心传递给投资人。

二是演示时要确保语速适中、清晰明了。语速应该尽量让听众感到舒适，既不会慌慌张张，也不要慢慢吞吞。语调方面，重点内容需要适当加重以起到强调的作用，注意抑扬顿挫。

三是注意与听众有“情感链接”。路演可以是场景描述，可以是互动，最重要的是要投入其中，将听众带入你营造的情境里，如果怕冷场或者可能的技术故障，预想几个可能的尴尬场景，化解尴尬、缓和气氛。

四是面对投资人说，而不是念。不要盯着屏幕，屏幕应该只是演讲人身后的提纲。演讲时除了要注重语调，还要注意非语言表达，如姿态、手势和眼神，以增强你的表达力。

3. 答辩

答辩环节是创业计划展示的有益补充，评委或投资者会就一些关心或者遗漏的问题进行深入的研讨和沟通，这时对评委或投资者的关注点把握是极其重要的。答辩时应注意三点：一是对于有准备的问题要做到简单精练，干净利落的回答。二是对于无准备但会回答的问题，快速整理思路，有逻辑地回答。三是对于无准备且不会的问题，放平心态，虚心请教，避免强词夺理式的争论。

在大多数人看来，演示开始的节点是演示者开口讲解的那一刻，而不是演示者入场的那一刻。但实际上，当演示团队入场时，演示就已经开始，此时评委和投资者已经开始观察和评判团队的行为表现了。因此，演示者在开场前就需要做好相应的准备工作，包括演示设备的使用、开口讲解时点的把控以及创业计划展示的时间把控等。如果展示时间是5分钟，当演讲结束时，倒计时正好停留在0秒钟上，时间控制精准得当，就会给台下的观众和评委留下很好的印象。而这背后需要创业者千锤百炼的努力。创业者参加路演前要认真准备，反复演练，力争达到最好的效果。建议在路演前反复进行计时演讲排练至少20遍；如果计划在路演过程中插入视频展示或产品展示，更要严格把控演讲时间，把握展示时机和时间，确保视频和产品的展示不会干扰正常的演讲节奏和气氛。如果是统一使用主办方的电脑，则必须提前到路演现场进行设备的调试，确保各项内容播放正常。

案例思考与创新实训

案例与实训一：利用思维导图展示创业计划

一份创业计划书一般长度在20~30页，如何才能高效地梳理出自己的创业计划呢？思维导图简洁的表述方式可以更快速清晰地将创业者的思路进行传达，使听众更容易理解创业者要传递的内容。在撰写创业计划之前可以先用思维导图构建整体的思路大纲，然后将头脑中的商业构想细化，同时展开市场调查，并根据数据的积累和市场的变化不断地完善整份计划。

【拓展阅读8–11】
思维导图概述

用思维导图构建创业计划的整体思路大纲可以帮助创业者更加直观地了解企业计划书都要写些什么。要建立起一个清晰的思维导图，首先要梳理创业计划书的内容框架，我们根据本教材梳理的创业计划内容框架进行思维导图的绘制。具体如下。

一、创业计划内容结构思维导图（图 8-2）

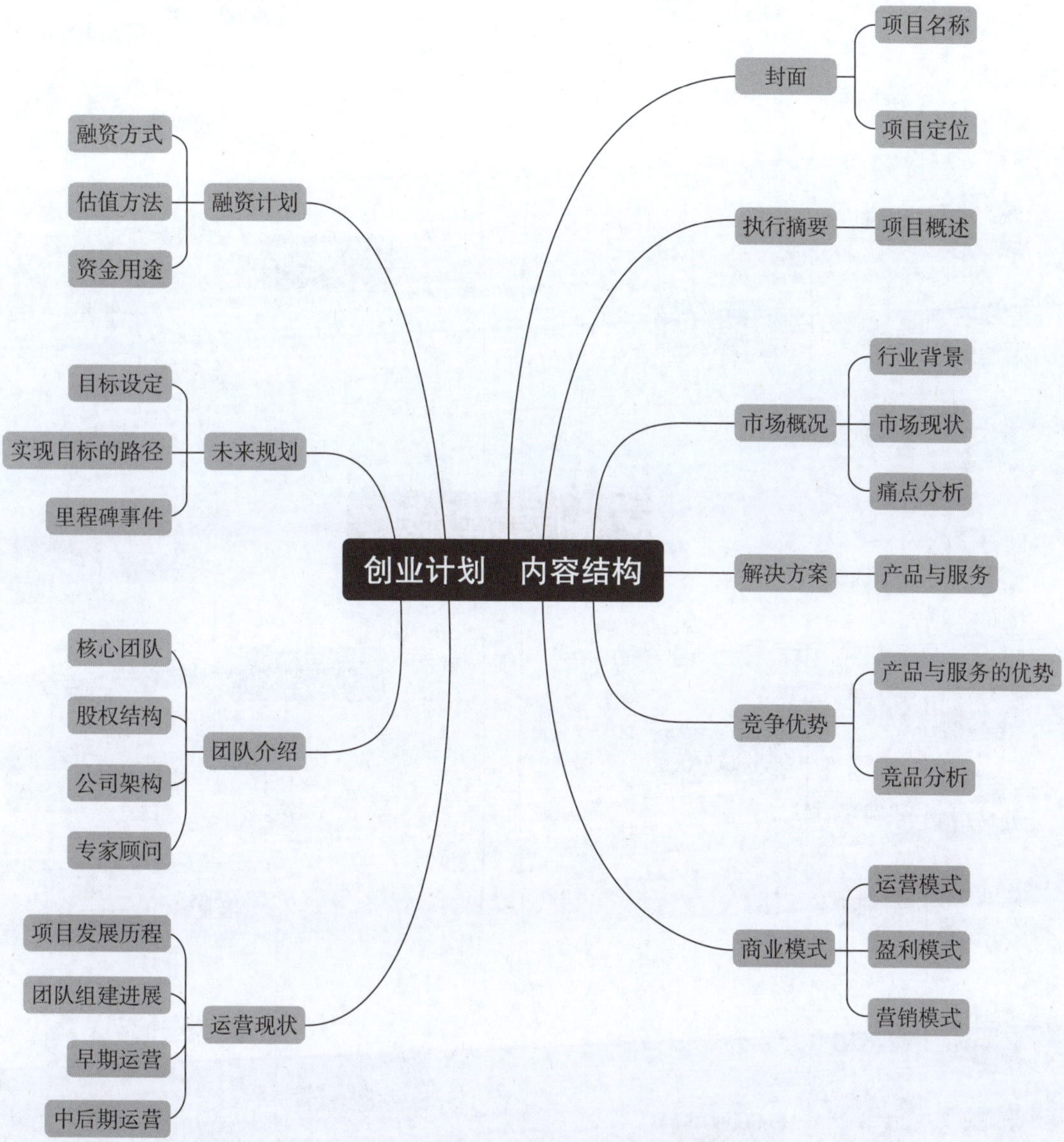

图 8-2 创业计划内容结构思维导图

二、案例：咖啡店创业计划思维导图（图 8-3）

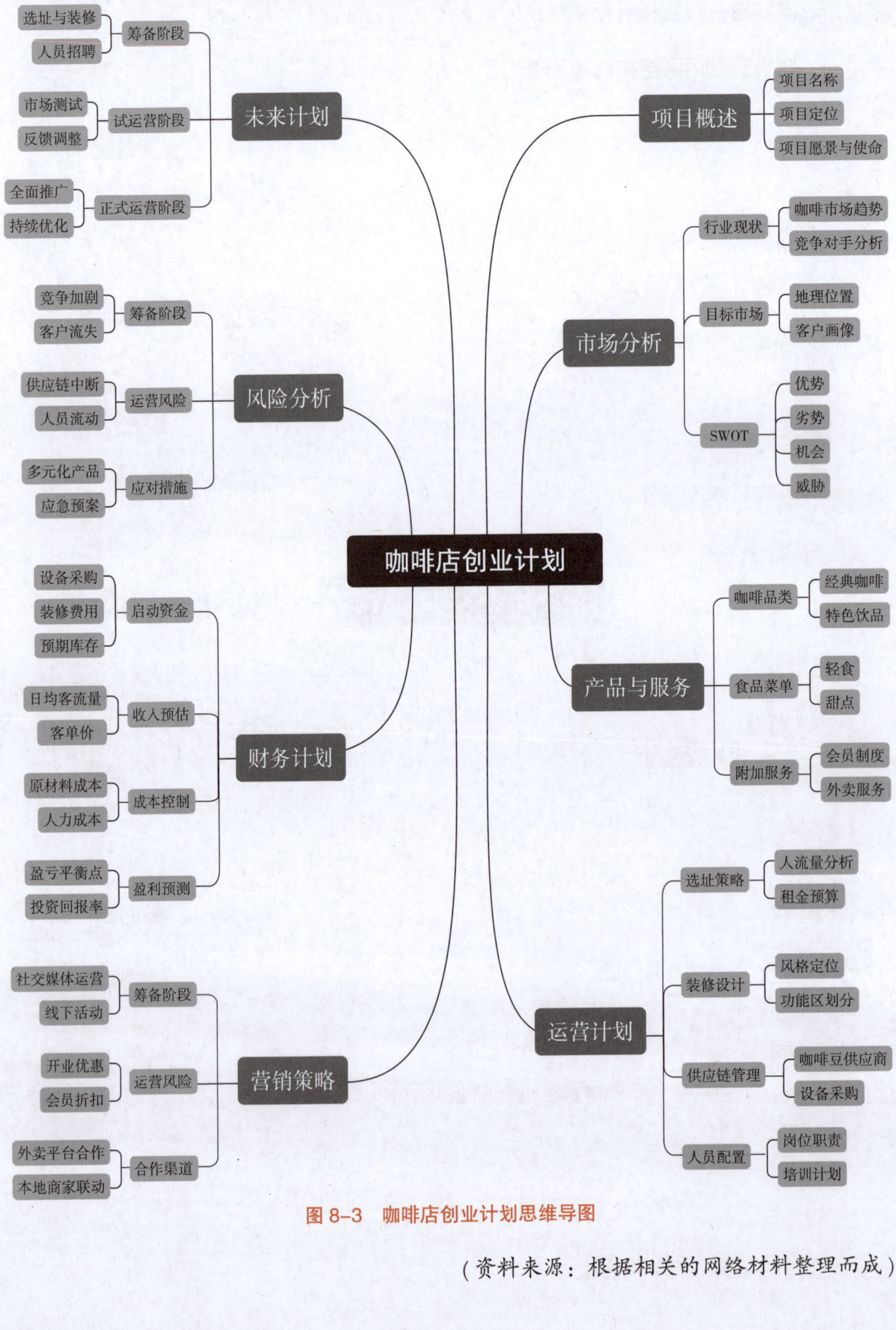

图 8-3　咖啡店创业计划思维导图

（资料来源：根据相关的网络材料整理而成）

案例思考与实训：

(1) 如何用思维导图来梳理创业计划？

(2) 用思维导图展示创业计划有哪些注意的要点？

(3) 针对小组的创业项目，选择一个感兴趣的创业项目，尝试利用思维导图对其创业计划进行呈现。

案例与实训二：绿能智行——共享电单车换电柜的创业计划

一、项目名称

绿能智行——共享电单车换电柜的创业计划。

二、执行摘要

绿能智行致力于通过“智能换电柜＋标准化电单车”模式，解决短途出行中电动单车续航不足、充电效率低及安全隐患等问题，推动绿色出行普及。其核心产品包括集成物联网技术的智能换电柜和快充电池，用户可通过扫码快速更换电池，单次换电仅需10秒，续航里程提升至50千米，日均换电次数减少至2次。

1. 核心数据

覆盖高校、商圈及产业园区超2000个换电柜，日均服务用户10万人次。

三年内实现碳减排量相当于种植6万棵树。

2024年营收目标突破1.2亿元，毛利率达25%。

2. 关键里程碑

2021年完成校园试点验证。

2022年获5000万元A轮融资。

2023年启动全国城市网格布局。

三、市场痛点与分析

1. 痛点分析

(1) 用户端：传统共享电单车续航不足（日均故障率30%）、充电等待时间长（高峰期排队15分钟以上）。

(2) 企业端：运维成本高（单辆车日均维护费8元）、电池回收难。

(3) 政策端：多地限制共享电单车总量，要求企业提升智能化水平。

2. 市场机会

(1) 需求增长：据弗若斯特沙利文数据，2025年中国共享电单车市场规模将达800亿元，换电服务渗透率仅5%。

(2) 政策支持：中央及地方财政每年投入超50亿元补贴绿色出行项目。

(3) 技术成熟：石墨烯快充电池能量密度提升至300Wh/kg，物联网管理成本下降40%。

四、解决方案

1. 产品与服务

(1) 硬件。

智能换电柜：集成 RFID 芯片、AI 摄像头，支持远程监控与防盗预警。

快充电池：10 分钟充 80%，循环寿命超 2000 次。

(2) 软件。

用户端 App：实时显示换电柜位置、剩余电量及导航功能。

运维平台：基于大数据预测电池需求，动态调配资源。

2. 商业模式

收入来源	占比 (%)	说明
用户租金	60	0.5 元 / 次，日均订单 2000 单
广告收入	20	换电柜屏幕投放本地商户广告
B 端合作	15	外卖平台电池托管服务
政府补贴	5	绿色交通专项补贴

成本控制：换电柜制造成本从 3.5 万元降至 1.8 万元 (规模化采购 + 模块化设计)；单柜日均运维成本≤ 12 元 (AI 故障预警降低人工干预频率)。

五、营销策略

1. 用户增长策略

(1) 试点验证。

高校场景：首年覆盖 10 所高校，通过“免费骑行 30 天”活动吸引种子用户。

数据驱动：A/B 测试优化换电柜点位布局，提升单柜日订单量至 180 单。

(2) 城市扩张。

重点区域：优先布局地铁口、社区及商圈，与物业签订排他协议。

用户裂变：老用户推荐新用户双方各得 10 元优惠券。

2. 品牌建设

绿色标签：联合环保组织发起“骑行减碳”活动，定期发布碳减排报告。

政企合作：参与政府示范项目，成为“智慧交通”官方推荐服务商。

六、风险分析及应对

风险类型	具体风险	应对措施
政策风险	电单车总量管控	申请成为城市级绿色出行示范企业，争取配额倾斜
技术风险	电池安全问题	通过 ISO26262 汽车级安全认证，购买全额保险
运营风险	换电柜被占用	安装智能锁具，与城管部门建立联合巡查机制
市场风险	用户习惯难以改变	提供“1 元体验周”活动，联合外卖平台发放骑行红包

七、创业团队与资源

1. 核心成员

王某：CEO，清华大学能源工程硕士，曾任某新能源企业研发主管，主导开发首款商业化石墨烯电池。

李某：COO，中欧商学院MBA，擅长政府关系与供应链管理，曾操盘某共享经济企业华东区落地。

张某：CTO，北京航空航天大学自动化专业，曾任物联网公司算法工程师，拥有10项换电柜相关专利。

2. 资源整合

技术资源：与宁德时代共建电池实验室，共享专利池。

资本资源：A轮融资引入新能源汽车产业基金，获得北京市朝阳区科创引导基金配套支持。

政企资源：与北京市交通委签订战略合作协议，共享交通大数据。

八、未来计划

1. 短期目标（2024年）

覆盖全国50个城市，投放换电柜超5000个。

推出"家庭版换电柜"，切入电动单车市场，目标用户新增300万。

2. 长期规划（2025—2027年）

智能化升级：开发AI调度系统，实现电池跨区域调配，降低闲置率。

国际化拓展：在东南亚市场试点，输出"中国标准"换电解决方案。

碳交易变现：与碳排放权交易所合作，将减碳量转化为可交易的碳资产。

（资料来源：根据相关网络资料整理而成）

案例思考与实训：

(1) 本项目与其他项目的创业计划有哪些不同？

(2) 本项目创业计划的亮点有哪些？

(3) 结合本创业计划，你认为项目路演的注意事项主要有哪些？

(4) 尝试用思维导图画出本项目的创业计划。

项目与创新体验

(1) 仔细阅读3~5份你感兴趣的创业计划书，分析这些创业计划书的结构及内容分布。

① 你读到的创业计划书的封面信息是什么？

② 整份创业计划书是按照什么样的逻辑顺序来呈现的？

③ 整份创业计划书主要划分了哪几个内容模块？

④ 创业者是如何进行市场分析的？

⑤ 创业者是如何介绍团队的？

⑥ 这几份创业计划书你觉得写得怎么样？有什么可借鉴的地方吗？

(2) 选择 2~3 个你感兴趣的创业栏目，像《创客中国》《创业英雄汇》等，观摩和分析项目路演情况。

① 栏目中的创业者是如何讲述自己的创业故事的？

② 创业项目是按什么样的逻辑顺序来展示的？

③ 在创业项目展示过程中，让你印象最深刻的点有哪些？为什么？

④ 如果你是投资人，你会投资这些创业项目吗？为什么？

⑤ 如果给你一次项目路演的机会，你将会如何介绍你的项目？

(3) 设计你的创业计划书。

制订你的创业计划，提前做好市场调研、信息搜集、素材整理等工作，着手设计你的创业计划书。

① 你如何设计自己的创业计划书目录？一级标题包含哪些？

② 对项目的执行摘要进行打磨，每一个内容模块可以呈现出的亮点分别有哪些？

③ 梳理完全部的内容框架后，你会做出哪些调整？为什么？

④ 用思维导图展示你所设计的创业计划书。

(4) 把你设计的创业计划书进行“电梯”检验。

完成创业计划书之后，我们还需要向他人展示。检验创业计划书是否足够精简和吸引人的方法之一就是进行“电梯”检验。

【拓展阅读 8-12】
“电梯”检验

练 习 题

一、选择题

1. 创业计划书的执行摘要通常包含以下哪些内容？(　　)

A. 公司介绍　　B. 产品目录

C. 财务规划　　D. 市场预测

2. 以下哪项不属于商业模式的核心要素？(　　)

A. 盈利模式　　B. 运营模式

C. 品牌定位　　D. 营销策略

3. 创业团队介绍中应重点突出(　　)。

A. 成员学历背景　　B. 股权分配比例

C. 互补性技能　　D. 社交媒体影响力

二、思考题

1. 请用思维导图展示一个校园外卖配送项目的创业计划框架，并说明核心模块的逻辑关系。

2. 如果投资人要求你用 3 句话概括项目价值，你会如何表达？

3. 如何量化说明“用户需求未被满足”这一痛点？

4. 若创业团队中出现核心成员离职，你的应急方案是什么？

第 9 章

新企业的创办与成长

新企业的创办和成长，不仅使企业家精神的落实有了具体载体，也让创业带动就业有了具体可行的平台和契机。创业者怀揣着创新的想法，经过一系列验证，最终需要通过创办新企业来实现。在创办新企业的过程中，需要进行企业组织形式和组织架构的选择，还要面临新企业的生存和挑战，克服“创业容易守业难”的艰辛，最终让创意和才能得以发挥。

学习目标

1. 掌握新企业的组织形式和组织架构。
2. 了解新企业的生存与挑战。
3. 掌握新企业的成长阶段和管理策略。
4. 了解公司内部创业管理。

【导入案例】

霸王茶姬，从新秀到顶流

霸王茶姬在热闹的奶茶行业属于后来者，但它在7年时间里全球门店数量已突破4500家。

霸王茶姬第一家店诞生于2017年11月云南昆明。经营实体门店，无论是加盟，还是自营，最重要的第一步都是选址，这在一定程度上决定了项目的生死。霸王茶姬的创始人张俊杰选择将门店开在昆明市东风西路和五一路的十字路口，这个位置在昆明3号线与5号线地铁换乘站A口，对面是云南美术馆、云南省中医院；向北走200米就是昆明老街(类似北京前门大栅栏)、光华街、文明街和钱王街一带；向东走200米，是顺城购物中心(类似北京三里屯)，那里有一家星巴克臻选店；再走200米，是南屏步行街(类似北京王府井)，这里有昆明百货大楼。地铁口、购物中心、大量酒店、步行街、写字楼、高端小区，等于把商务办公、居住、旅游人群集齐了！这个十字路口据估算每天至少路过10万人次，能卖超过1000杯奶茶，具有足够的市场空间，为霸王茶姬越过初创期走向成长奠定了基础。

当时的茶饮市场百花齐放，喜茶、奈雪的茶等茶饮品牌竞争激烈，创办初期的霸王茶姬并不清楚自己要什么，于是开始广泛借鉴同行，导致产品品类混杂，有奶茶、水果茶、纯茶等，门店数据也表现平平。经过多番考量，创始人张俊杰考虑到，当时市场上水果茶很火热，几家头部奶茶连锁店都在卖水果茶而且水果茶成本高、保存难、坏果率高，于是他放弃从水果茶切入，专注于“原叶鲜奶茶”，这样的奶茶成本低，保存方便，制作简单，利润也高，更适合自己起步，也避开了拥挤的水果茶赛道。在定价上，避开高端和低端价格带，做15~25元的中端定位，这一策略，既不追求高端的奢华，也不牺牲品质迎合低端市场，巧妙避开了硬碰硬的同质化竞争。于是，霸王茶姬通过多次迭代，除了原叶茶、新鲜奶外，演变成了今天的“0反式脂肪＋控糖选择＋茶多酚咖啡因”，这恰好满足了很多为了提神，但又不喜欢咖啡人群的刚需。

在把握好定位之后，霸王茶姬开始逐步扩张，但在成长过程中面临诸多问题，比如：市场激烈竞争；线下门店装修不具吸引力；加盟商时而有自己的想法，有的还会自己做促销活动；在融资扩张中股权的流失；与投资者发展思路不统一等，成长之路充满坎坷。

为进一步占领市场，2021年，张俊杰亲率三家旗舰店打入长沙，与竞争对手“茶颜悦色”贴身肉搏，但由于品牌力不强，本地根基薄弱，结果惨败。之后，霸王茶姬改换战场，将总部从云南搬到了成都，成都是整个西南地区的消费中心，且没有强势本地新茶饮品牌，为霸王茶姬从一个区域性品牌转变为全国性品牌的成功奠定了基础。

之后，张俊杰重新梳理了招聘、培训、绩效及内控体系，建立了IT团队和内控系统，改变了加盟商管理体系，采取了先建立分公司再开门店的形式，增加了总部的权力，加强了总部对加盟商的管理和支持，招揽、把控和扶持加盟商，做好区域，稳扎稳打。在此基础上，也换上新 logo，改变装修风格，在核心城市树立品牌，做大店，给予消费者一定的社交空间。在门店选址上紧贴星巴克，同时大力推进供应链的标准化及稳定性，为品牌扩张做准备。

在营销方面，霸王茶姬以“会友”作为主线，从空间、人群中提炼出情感价值，将茶和年轻人热爱的音乐、运动、Citywalk 等文化活动关联，从线上到线下，把品牌“陪伴”的概念打透，通过做极致的社交来塑造产品形象，提高用户黏性。

霸王茶姬同时引进智能现制调饮机，让门店做到“8 秒 / 杯，2‰差异率”的出品标准和效率，实现降本增效。

霸王茶姬成立之时，茶饮市场竞争已经相当激烈，但也蕴含着巨大的市场机遇。霸王茶姬凭借其独特的品牌定位、产品差异化以及对市场趋势的敏锐洞察，成功在市场中站稳了脚跟。

（资料来源：根据网络公开资料编写）

思考题

1. 霸王茶姬初创期面临了怎样的市场竞争？
2. 霸王茶姬成立以来，经历了哪几个重要阶段？
3. 霸王茶姬在成长过程中遇到了哪些问题？其如何应对？

9.1 新企业创办

创业始于机会，而长久的成功则来自可以转化这个机会的组织。新企业在创办过程中主要涉及企业组织形式的选择、企业组织架构的选择、企业选址等问题。

9.1.1 新企业的组织形式

新企业组织形式是指根据企业所有权分配、责任归属等方面的不同而形成的各种不同的企业结构。企业组织形式体现的是一个经济组织的财产构成、内部分工协作与外部社会经济联系的方式。

1. 企业组织形式的类型

我国目前的市场主体类型按照现代企业组织形式对财产组织和所承担的法律责任划分，通常分为独资企业、合伙制企业和公司制企业（包括有限责任公司和股份有限公司）。

(1) 独资企业。独资企业是依照《中华人民共和国个人独资企业法》设立，由一个自然人投资，财产为投资者个人所有，并且投资者以其个人财产对企业债务承担无限责任的经营实体。当个人独资企业财产不足以清偿债务时，选择这种企业形式的创业者需依法以其个人其他财产予以清偿。

申请设立个人独资企业，需满足以下 5 项条件：①投资者为一个自然人；②有合法的企业名称；③有投资者申报的出资，国家对其注册资金实行申报制，没有最低限额；④有固定的生产经营场所和必要的生产经营条件；⑤有必要的从业人员。

独资企业属于自然人企业，本身不是独立的法律主体，不具有法人人格，其从事民事或商事活动是以独自企业主的个人人格或主体身份进行的，实质上是自然人从事商业经营的一种组织形式。

个人独资企业成功与否依赖于所有者个人技能和能力的高低。当然，所有者也可以雇用有其他技能和能力的员工。

(2) 合伙企业。合伙企业是根据《中华人民共和国合伙企业法》设立，由全体合伙人订立合伙协议，共同出资、合伙经营、共享收益、共担风险，并对合伙企业债务承担无限连带责任的营利性组织。

合伙企业包括普通合伙企业和有限合伙企业两种形式。两者最大的区别在于有限合伙企业有两种不同的所有者：普通合伙人和有限合伙人。其中，普通合伙人对合伙企业的债务和义务负责；而有限合伙人仅以投资额为限承担有限责任，一般不享有对组织的控制权。另外，普通合伙企业合伙人可以用货币、实物、知识产权、土地使用权或者其他财产权利出资，也可以用劳务出资。而有限合伙企业有限合伙人不得以劳务出资。

对于普通合伙企业，除要有合伙企业的名称、经营场所以及从事合伙经营的必要条件之外，还应当具备两个以上合伙人、书面合伙协议、出资要求等。

(3) 公司制企业。公司制企业是最常见的企业组织形式，是指由出资者共同出资并享有独立法人财产、自主经营、自负盈亏的经济组织。所有权与经营权分离，是公司制的重要产权基础。根据《中华人民共和国公司法》(简称《公司法》)，我国的公司制企业分有限责任公司和股份有限公司两种形式。

有限责任公司以出资者认缴的出资额为限对公司承担责任，公司以其全部资产对公司的债务承担责任。根据《公司法》规定：有限责任公司由 50 个以下的股东出资设立，对股东人数没有规定下限，既可以是自然人，也可以是法人，经过订立公司章程、股东缴纳出资可以申请设立登记。并且股东可以用货币、实物、知识产权、土地使用权等非货币性资产作价出资，出资额没有限制。有限责任公司的组织机构有股东会、董事会、监事会，如果股东人数较少或者规模较小的，可以设 1 名执行董事，不设立董事会，设 1~2 名监事。

股份有限公司，其全部资本分为等额股份，股东以其认购的股份为限对公司承担责任，公司以其全部资产对公司的债务承担责任。

2. 不同企业组织形式的优劣势

不同企业组织形式在法律依据、责任形式、经营主体、税负等方面存在一定的差异，在组织特征上存在各自的优劣势，见表 9-1。

表 9-1 不同企业组织形式的优劣势对比

<table>
<tr><th colspan="2">组织形式</th><th>优势</th><th>劣势</th></tr>
<tr><td colspan="2">独资企业</td><td>手续简便：设立条件宽松，不需要准备公司章程。
经营灵活：决策效率高，进入或退出市场较灵活。
税负较轻：只需要缴纳个人所得税。
保密性强：技术和财务容易保密</td><td>风险较大：对企业债务负无限责任。
资金有限：资金和信用有限，不利于融资和企业扩展规模。
企业寿命有限：企业寿命受到业主个人因素影响</td></tr>
<tr><td colspan="2">合伙企业</td><td>组建简单：手续简单，不需要复杂审批。
灵活度高：合伙人可随时调整经营策略和分配方式。
税负较轻：按照合伙个人的所得缴纳个人所得税。
资金来源：资金来源相对较广</td><td>风险大：合伙人承担无限连带责任。
缺乏永续性：企业寿命受到合伙个人因素影响。
规模受限：规模受到合伙人资金和能力的限制</td></tr>
<tr><td rowspan="2">公司制企业</td><td>有限责任公司</td><td>有限责任：股东只需以其出资额对公司承担责任。
易于存续：公司具有独立寿命，易存续。
科学决策：多元产权结构有利于决策科学化</td><td>融资能力有限：不能公开发行股票，筹集资金规模受限。
税收负担重：存在双重纳税。
资产运作受限：出资转让受到一定的限制</td></tr>
<tr><td>股份有限公司</td><td>有限责任：股东只承担有限责任，风险小。
筹资能力强：可以迅速聚集大量资本，利于扩张。
易于存续：公司具有独立寿命，易存续。
产权流动性强：产权可以以股票的形式充分流动，信息透明</td><td>设立程序复杂：审批严格，费用高。
税收负担重：存在双重纳税问题。
限制多：法律要求严格、定期公开财务及重大事项，商业秘密容易暴露</td></tr>
</table>

9.1.2 新企业的组织架构

企业的组织架构也称组织结构，对企业的经营管理具有非常重要的影响。在不同发展阶段，不同规模和不同工作性质的企业，对组织架构的要求也有所不同。

1. 常见的企业组织架构类型

企业组织架构的类型多种多样，每种类型都有其独特的优点和适用场景。以下是几种常见的企业组织架构类型。

(1) 直线型组织架构。直线型是最简单的企业组织架构形式。在这种架构中，每个下属部门仅接受一个上级的命令，各级主管负责人对所属单位的一切问题负责。这种架构的优点是结构简单、责任分明、指挥统一、命令易于贯彻执行；缺点是缺乏弹性，适应环境变化的能力较差。

(2) 职能型组织架构。职能型组织架构以工作方法和技能作为部门划分的依据，从企业高层到基层，把相同职能的人员组合在一起，设置相应的管理部门和职务。这种架构的优点是按职能分工，职责明确，能够充分发挥职能机构的专业管理作用；缺点是各部门往往只关心本部门的工作，部门间缺乏横向联系，可能导致部门间协调困难。

(3) 直线—职能型组织架构。直线—职能型组织架构的特点是以直线为基础，在各级行政主管之下设置相应的职能部门，如销售、供应、财务等部门，从事专业管理，作为该级行政主管的参谋，实行主管统一指挥与职能部门参谋指导相结合的结构模式。在直线—职能型组织架构下，下级机构既受上级部门的管理，又受同级职能管理部门的业务指导和监督。各级行政管理者逐级负责，高度集权。这种架构的优点是既保持了直线型组织架构统一指挥的优点，又吸收了职能型组织架构发挥专业管理职能作用的长处；缺点是职能部门之间的横向联系较差，信息传递路线较长，不易于集中统一领导，容易出现领导工作负担重和办事效率低等问题。

直线—职能型组织架构是在对直线型和职能型组织架构取长补短的基础上建立起来的，目前我国大多数企业都采用了这种组织架构。

(4) 扁平式组织架构。扁平式组织架构是通过减少管理层级、压缩职能部门和机构、裁减人员而建立起来的一种紧凑而富有弹性的新型组织架构。它是通过培养弥漫于整个组织的学习气氛和建设学习型组织，所形成的一种能够认识环境、适应环境，进而能动地作用于环境的有效组织。扁平式组织架构减少了管理层级，使个人或部门在一定程度上有了相对自由的空间，能有效地解决企业内部沟通的问题。

扁平式组织架构是一种能充分发挥个人潜能的组织架构。现在流行的许多组织架构，比如稻盛和夫的阿米巴模式、韩都衣舍的小组模式、罗辑思维的项目团队模式，从本质上说都是扁平式组织架构。这种架构的优点是信息传递速度快、失真少，管理费用低，决策迅速，能够调动下属的积极性和创造性；缺点是对领导者的素质要求较高，且领导者管理幅度加大，可能导致管理失控。

2. 新企业组织架构的选择

新企业在人、财、物等方面都相对匮乏，其业务职能主要围绕着推动销售、抢占市场、增加产能、供应体系和运营能力建设等方面展开，新企业组织架构形式的选择需要根据企业具体情况而定。可以对构成企业组织的各要素进行排列、组合，明确管理层次，分清各部门、各岗位之间的职责和相互协作关系，并使其获得最佳的工作业绩。新企业的组织架构选择一般主要考虑如下因素。

(1) 企业发展规模和阶段。通常情况下，新企业规模较小，团队成员较少，倾向于选择简单、高效的直线型组织架构或扁平式组织架构；随着企业规模的扩大和业务的复杂化，再逐步转向职能型等较复杂的组织架构。

(2) 行业特点和市场需求。不同行业和市场环境需要不同的组织架构来应对。例如，高科技企业可能倾向于采用扁平式或直线型的组织架构，以便能够快速创新；而制造业企业可能更注重职能型的组织架构，以便能够优化生产流程。

(3) 团队成员的素质和能力。新企业在选择组织架构时，除了考虑发展规模和行业特点，还应结合团队成员的素质和能力综合考量。如新企业团队成员经验丰富，自驱力强，可考虑扁平式组织架构。如团队成员能力参差不齐，但核心成员具备管理经验，可考虑直线—职能型组织架构。团队成员的素质和能力决定了组织架构的实施效果。新企业应选择能够适应快速变化、具备创新精神和团队协作能力的团队成员，并为其提供良好的工作环境和激励机制。

(4) 灵活性和可调整性。新企业需保持组织架构的灵活性和可调整性，以便能够快速响应市场变化和企业发展需求；随着企业的发展和市场的变化，再不断调整和优化组织架构，以适应新的市场环境和企业战略。

9.1.3 新企业选址

企业选址是创办企业及企业发展中的重要环节，企业位置的好坏决定消费者是否易于接触企业。好的地理位置可以使一个普通企业生存下去，糟糕的地理位置则可以使优秀的企业落败。企业选址不同，给消费者的印象也不同，创业者需要了解做出正确选址决策的信息和技能。

1. 影响企业选址的因素

(1) 经济因素。在企业选址中，首先要考虑区域经济方面的情况，主要需要进行产业与市场方面的分析。

产业聚集情况。某一领域具有高度关联的企业和研究机构在地理位置上的聚集，可以形成产业集群，这是一个地区经济竞争力的重要标志。创业企业若能够选址在其行业集群中，就能够形成聚集效应，在竞争与合作中整合资源，进一步提升竞争优势；若选择缺乏行业竞争者的地方，则可以构建互补效应，形成独特优势。

市场情况。首先，考虑企业是否能够便利地接近目标客户，同时需要考虑顾客流量，特别是针对服务企业，因为店铺客流量对业务量的影响比较大。其次，需要根据目标客户群体对特定的商圈进行分析，针对不同商圈的特征选择合适的经营地点。比如，车展附近往来旅客比较集中，适合餐饮店、酒店等；商业区是居民购物、休闲的场所，适合大型综合商场，或者特色鲜明的专卖店。

(2) 政治因素。政府是影响产业和市场发展的重要外部力量，创业者需评估现在已经存在的以及将来可能出现的法律和法规，特别是当地政府对创业活动支持和鼓励的政策体系，将企业建在政府支持该产业的地区，如果创业企业的业务领域和发展方向与当地政府的政策和规划方向相契合，将更有利于企业的发展。

政府的城市建设规划也是选址的重要影响因素。有的区域从当前看是可行的，但随着政府规划的发展和市场的改造，也可能会出现不合适的情况；而有些地址当前看不理想，但从前景规划来看会有更好的发展。因此，创业者需了解地区内交通、市政、公共设施等方面的规划发展。

(3) 技术因素。由于技术发展迅猛且影响巨大，技术市场的变化具有高度的不确定性，为了了解和把握技术变化的趋势，许多企业选址通常会考虑技术研发中心、科技孵化器等机构的附近，特别是科技型企业，以更便利地跟踪前沿科技趋势，快速接收和利用最新技术。例如，20 世纪产业集群的典范：美国加利福尼亚州的硅谷，是高科技新企业的摇篮；中国北京的中关村，也聚集了大批优秀科技企业。

(4) 社会和人口因素。创业企业选址需充分考虑区域内社会及消费者具体情况，不同区域的社会文化倾向、习惯及风俗会有一定的差异，该地区的人口及聚集情况也会对企业发展产生影响，具体需考虑该地区人口数量的稳定性及家庭的年龄结构、购买力等。

同时，创业企业选址还需考虑地理位置、交通便利性和成本因素等。地理位置直接影响到企业的可达性和客户的便利性。选择靠近目标客户群、交通便利的区域有助于提升企业的市场影响力。交通设施的完善程度、道路的通行能力和交通拥堵状况等都会影响企业的运输效率和成本。

2. 创业企业选址的基本过程

创业企业选址受到各种内外因素的制约和影响。一般来说，创业企业选址的基本过程包括信息收集、选址评估和选址决策三个步骤。

(1) 信息收集。掌握充分信息是企业有效决策的基础，创业企业的选址主要收集以下几方面信息：企业自身的定位、目标市场、业务类型、资金预算等，市场方面的行业信息、竞争对手信息、交通与基础设施、消费者需求和偏好等信息。

(2) 选址评估。收集了丰富的信息后，创业者需要对信息进行归纳和整理，进一步评估所选地区的自然风险、政治稳定性、产业发展前景等因素。这有助于企业识别潜在的风险和机遇，为选址决策提供更加全面的考虑。同时，创业企业可以综合得出若干建立新企业的候选地点，运用科学的定量分析方法对候选地点进行评价。目前，有关选址决策最常用的评价方法包括量本利分析法、综合评价法、运输模型法。不同的方法适用于不同的行业和企业类型。

(3) 选址决策。在综合运用定量和定性方法对企业选址的候选地点进行评价后，创业企业需要根据行业情况、发展思路和战略，以及资源情况，最终确认创业企业的建立地点。在绝大多数情况下，创业企业的选址决策都是当前环境条件下最适合的决策，并没有绝对的最优答案。

3. 不同类型企业的选址

(1) 生产制造型企业选址。生产制造型企业选址需要考虑劳动力条件、原材料供应条件，以确保企业能够获得足够且质量较高的劳动力资源，确保企业有稳定的原材料供应；还需要考虑交通运输、基础设施等地理条件，如水电气等供应是否充足、排水排污设施是否便利完善等。

(2) 商业型企业选址。商业型企业的选址需要考虑人流量、交通便利性、竞争环境、租金和土地成本、政策法规等。商业型企业选址最好选择商圈核心地带，便于企业的宣传和与客户的接触。但是，商圈内店铺的房价或租金相对较贵，会对新企业的经营支出构成压力。所以，新企业在资金有限的情况下，可以选择租柜台、联合经营、委托代销等方式开展业务；也可以在商圈边缘客流量较大的地方进行选址，并要在商圈内部进行广泛宣传，以吸引客户。

(3) 服务型企业选址。服务型企业的选址需要根据具体企业类型及其经营特点来确定。最核心因素是客流量。需深入了解目标客户的需求和偏好，选择符合客户需求的区域。比如，如果目标客户群体是居民，则要在居民区附近选址；目标客户群体是学生，则要在学校附近选址；目标客户群体是社团机关，则要在机关附近选址。

此外，为不同类型的中小企业和新企业提供的各种类型的企业孵化器也是不错的选择。大多数企业孵化器为新企业提供了减免租金的办公空间，同时为其发展提供了支持性服务，比如财务支持、融资服务、技术指导、管理咨询、知识产权服务等。同时，孵化器所提供的聚集效应营造了良好的创业氛围，还提供相应的公共政策方面的支持和优惠。

【拓展阅读 9-1】
各企业的选址考量

9.2　新企业的生存与成长

根据中国中小企业发展报告的数据，中国新创企业的平均寿命为 3.5 年左右，而中小企业的平均寿命则只有 2.5 年左右。新企业渡过从 0 到 1 的孕育期，便面临以生存和发展为核心的成长管理过程。与成熟的企业不同，新企业的成长管理有其自身的特殊性，顺利度过并获得快速增长，是每个新企业面临的重要任务。

9.2.1　新企业的特点与生存环境

1. 新企业的特点

新创企业具有生产经营方面的局限性，也有其的特点。

(1) 在资源的局限下求生存。新企业的首要任务是在市场竞争中生存下来，但新创企业由于规模小，企业组织结构简单，团队不完善，人才缺乏，同时面临巨大的产品开发、市场拓展等方面的压力，普遍存在成本偏高、融资困难、现金流不足等问题，产品竞争压力大，盈利能力也需要进一步开拓。新企业需尽快找到客户，拓展市场，以结果为导向，以生存为第一要务。

(2) 具有创新性和灵活性。新企业具有较强的创新性，正是因为其敢于创新、善于有效地解决市场问题，才能走过 0 到 1 的关键环节，这也是其参与市场竞争的有力武器。同时，与成熟企业相比，新企业的另一个突出特点在于，其机制灵活，以目标为导向，淡化分工，强化协作，老板与员工形成一体，这时公司的反应速度快，非常灵活，充满活力，其高层管理者更贴近客户，更能感知到市场的变化，能够比大企业做出更迅速的反应，并以此来抗击大企业的规模经济。创新与活力，是新企业快速发展的核心动力。

(3) 高成长性和高风险性并存。新企业通常经营机制灵活，同时在产品、技术或业务的某些方面具有一定的独特性和领先性，对区域市场和细分行业的竞争能够保持良好的适应和应对，因而成长性较好，具有超常规发展的潜力。这也是新企业区别于成熟企业的重要特点之一。但与其高成长性相对应的是，新企业也具有很大的不确定性和风险性，由于技术环境的变化、竞争对手的打压、商业模式的变革、内部管理的瓶颈等，新企业的业绩波动也高于成熟企业，呈现出“易变”“不稳定”“高死亡率”“充满风险”等特点，即新企业的成长呈现出非线性的特征，可能爆发式增长，也可能突然衰退，甚至是彻底失败。

2. 新企业生存环境

企业是一般环境的被动接受体，单个企业对环境是无法产生影响的。新企业所处的外部环境主要表现为不确定性和复杂性。

(1) 不确定性。企业生存环境的不确定性主要体现在市场环境、治理环境、社会环境和技术环境等方面。市场需求量的波动和消费者偏好的快速变化，可能会导致企业难以准确预测未来产品的销量和市场需求趋势，从而影响企业的生产计划和库存管理。社会价值观念的变化可能影响消费者的购买行为和企业的品牌形象。市场竞争的不断加剧使得企业难以保持原有的市场份额和盈利能力，竞争对手的策略调整、新产品的推出以及价格竞争等因素都可能导致市场环境的不确定性增加。股东、员工、供应商等相关利益主体的地位变化也可能给企业带来不确定性。技术的快速发展和变革可能使企业面临技术过时、产品替代等风险。

(2) 复杂性。随着企业的快速成长，创业者面临着内外部环境的复杂变化，包括内部资源结构变化、员工管理变化、所需资金变化、管理职能权力的扩张和收缩、行业市场结构的转变、竞争者策略改变、宏观环境的变化等。一方面企业既要面临内部管理、运营的复杂性，如随着企业快速发展，其内部资源结构、员工管理等方面均发生变化，企业要面临内部多而繁杂的管理事务；又要面临企业规模扩大而增加的业务活动，内部的管理与运营都变得复杂难控。另一方面，企业快速成长给整个行业的市场竞争带来影响，给自己招来更多的竞争对手。随着竞争的加剧和竞争者增多，对于行业内的一些不起眼的小企业来说，可以通过采取低价策略，形成价格优势，抢占一方市场；一些成熟的大企业可以依靠自己的资金、人力、创新研究等优势，以及已经占有的大部分市场份额，对后起的新企业发起“攻击”；而成长中的企业将手伸向新的市场的时候，采取了新的竞争策略，这也给企业成长过程中面对的环境增加了复杂性。

3. 新企业应对外部环境的策略

面对新企业不确定性和复杂性给自身经营带来的影响，新企业要想继续快速地成长，需正确面对并做好积极的策略应对。

(1) 思维的创新应对。熊彼特指出，创业者的成功依赖于“直觉”——即使在做决策时并不能够获得全部信息，创业者也可以排除非重要事实来发现重要事实，就算他们不知道为什么要这样做。因此，比起一般管理者，创业者应该更广泛地采用启发式思维模式。这能够帮助他们在复杂、不确定的条件下更迅速地采取措施，生成具有前瞻性的决策模式。

(2) 快速试错。面临着新企业的不确定性和复杂性，应先小步骤试验，然后逐步加大投入以对机会进行反复锤炼，特别是在产品的开发和商业模式的迭代过程中。

(3) 能力提升。新企业面临的外部环境的不确定性和复杂性是多方面的，这些因素相互交织、相互影响，共同构成了新企业面临的复杂多变的外部环境，也增强了新企业经营决策的风险性。为了应对这些不确定性，新企业需要加强市场研究、技术创新、风险管理、高效决策、迅速整合资源等方面的能力，还要提高新企业运作的规范性和灵活性，以灵活应对外部环境的变化和挑战。

9.2.2 新企业的生存挑战

创业企业作为行业的新进入者，其在企业资源和能力上存在缺陷，市场影响力也不足，加之自身还处在发展的初始阶段，因而面临诸多内外部挑战，这些挑战不仅关乎新企业的生存，也影响其未来的成长及发展潜力。

1. 市场拓展艰难

新企业通常缺乏品牌知名度和市场认可度，在竞争激烈的市场环境中，消费者更倾向于选择那些他们熟悉和信任的品牌，对新事物往往持观望态度，或者对新产品对性能、质量等方面存在疑虑，因而新企业的产品很难吸引消费者的注意，导致新创企业在市场拓展时面临较大的难度。

由于市场和行业竞争激烈，竞争对手可能已经占据了有利的市场地位，且拥有更广泛的客户基础和更成熟的销售渠道。而新企业在建立之初，由于缺乏足够的商业资源和社会影响力，在市场拓展过程中，中间渠道（批发商、经销商、零售商等）以及最终顾客对创业企业及其产品的认可度和接受度还比较低；同时，创业企业在短时间内难以建立具有足够覆盖规模的市场网络，也很难快速在目标顾客群体中形成品牌影响力。尤其是在一些原本存在知名企业或品牌且顾客具有较高品牌忠诚度的行业，以及顾客具有较高黏性或转移成本较高的市场，创业企业拓展市场范围并获得更大生存空间的难度更高。同时，新创企业在技术方面可能尚未形成核心竞争力，难以与竞争对手抗衡。新创企业在人才招聘和团队建设方面也存在困难，缺乏经验丰富的市场拓展团队和专业人才。新创企业的资金实力相对较弱，难以承担大规模的市场推广和营销活动。

此外，市场环境的复杂性和不确定性也给新创企业的市场拓展带来了挑战。市场环境不断变化，消费者需求日益多样化，竞争对手的策略也在不断调整。新创企业需要不断适应市场变化，调整自身的市场策略和产品定位。然而，由于经验和资源的限制，新创企业往往难以准确预测市场趋势和竞争对手的行动，导致市场拓展的困难。

【拓展阅读 9-2】创业企业如何跨越“鸿沟”

2. 自由现金流的局限

自由现金流就是企业在满足了再投资需要之后剩余的现金流。如果创业企业的自由现金流丰富，则可以偿还债务、开发新产品、回购股票、增加股息支付；如果自由现金流不足甚至出现赤字，就会发生偿债危机，导致企业破产。

新企业在市场拓展、产品研发、品牌建立和团队建设等方面需要大量的资金投入，这是导致新企业面临较大资金压力的重要原因；同时，新企业在市场拓展阶段，营收往往不稳定，这也会导致现金流紧张。由于新企业缺乏历史财务数据和信用记录，融资难度也较大，且融资成本通常较高，这进一步限制了新企业的资金运作的能力。

3. 内部管理规范性欠缺

首先，新创企业通常处于快速发展和变革的阶段，其业务模式和运营流程尚未完全定型。这导致企业组织架构往往不够完善，各部门之间的职责划分不够明确，在内部管理上也缺乏一套稳定且有效的标准体系，如财务管理、人力资源管理、生产管理等方面的管理制度不太健全，容易出现管理混乱和效率低下的问题。

其次，新创企业在资源方面往往捉襟见肘，无法像成熟企业那样投入大量资金和时间来建立完善的内部管理体系。这导致企业在一些关键的管理环节上存在缺失或不足，如财务管理、供应链管理、风险管理等。这些管理环节的薄弱不仅会影响企业的运营效率，还可能增加企业的运营风险。

最后，新创企业的创始人和团队成员往往更关注业务发展和市场拓展，而忽视了企业内部管理的重要性。他们认为内部管理是“后端”工作，与企业的核心业务无关，因此没有给予内部管理足够的重视和资源投入。这种观念上的偏差导致企业在内部管理上缺乏系统性和前瞻性，难以适应未来发展的需要。

9.2.3 新企业的成长阶段

企业成长是一个动态过程，各国学者结合企业实践经验，从不同视角提出了多种企业生命周期模型，并对模型中的各阶段及其各阶段特征进行了不同的区分。这些模型的思想大体相同，以下主要介绍企业生命周期理论。

企业生命周期理论由马·海尔瑞 (Mason Haire) 于 1959 年提出，他将企业的成长阶段划分为培育期、成长期、成熟期和衰退期四个阶段。在不同的阶段，企业呈现出不同的特征，具备不同的能力。

1. 培育期

培育期主要是指企业初创阶段，该阶段的企业尚处于业务起步时期。在这一阶段，企业的产品创意转化为实际的、有效的产品和服务，生存能力比较弱，产品的市场占有率低，市场的影响力有限。同时，企业内部管理也不够规范和完善，市场开拓支出大，现金流比较紧张，风险高但抗风险能力弱，企业生存面临着极大的风险。处于培育期的企业首先要设法解决生存问题，只要能在市场上站住脚、活下来，未来一切皆有可能。

培育期的企业比较有活力，具有很强的创新创业精神、奋斗意识和团队精神，在面临生存压力时能爆发出巨大的创造力和执行力。

2. 成长期

成长期主要是指企业扩展阶段，企业在培育期存活下来就会很快进入成长期。成长阶段企业的规模经济开始产生作用，市场占有率提升，产品或服务规模以及企业市场影响力等方面持续扩大，抵御市场风险的能力增强。另外，企业内部管理更加规范，企业规模、员工数量以及管理能力等方面不断累积，逐渐开始实现量的增长。

处于成长期的企业在市场上具有重要的地位，并获得规模效益，但也将面临更为激烈的市场竞争。能够进入稳步成长阶段的企业一般有优秀的创业者领导，他注重企业战略实施，积极承担风险并创造性地开展新事业。

3. 成熟期

成熟期主要是指企业稳定阶段。企业过了成长期，就会进入成熟期。处于该阶段的企业成长速度开始放缓，但进入质的提升阶段，即企业利润率逐步提高，企业盈利水平和盈利能力达到顶峰。该阶段是企业的“收获季节”。成熟期的企业一般规模较大，市场占有率也比较高，竞争对手已不太容易将其击败。企业现有市场影响力和盈利能力非常理想，不需要再在本行业进行大量资金投入就可以获得比较好的收益。进入成熟期的企业考虑多元化发展，尝试利用良好的盈利能力、现金流以及市场影响力发展新的事业，寻求新的利润增长点和发展空间。

在现实经营中，能够进入成长期的企业不多，能进入成熟期的企业更是屈指可数。绝大多数企业在成长期甚至是培育期就会被市场无情地淘汰。

4. 衰退期

衰退期主要是指企业退化阶段。成熟期的企业如果不能成功蜕变就会进入衰退期。处于该阶段的企业市场规模开始缩小，盈利能力开始下降，开始出现官僚化和僵化现象，组织效率以及对市场的反应速度都开始降低。

企业步入衰退期的原因很多，从内外两方面来看，一方面是企业受到外部产业生命周期的影响，即企业所处的产业已经到了衰退期，那么企业也会跟着衰退。另一方面是企业自身的原因，比如企业创始人、其他关键人物或团队离开，企业研发团队或销售团队集体跳槽；企业持续发展的自然老化或弊病显现，企业规模不断扩大，部门结构日益复杂而滋生官僚作风；企业对市场需求缺乏关注与应变能力；等等。

企业可以通过创新和内部创业实现持续增长，其间可能会出现一定的动荡期或者危机，但一旦变革成功，企业就会进入一个新的成长期。

企业生命周期理论说明，任何企业都无法实现长生不老的愿望。企业想要保持成长和进步就需要不断寻求革新。

(1) 可以通过持续的产品革新，勇于自我淘汰和超越。

(2) 可以通过不断的技术创新，敢于率先尝试和突破。

(3) 可以通过开展和推进新事业，将企业的生命在新的市场环境和竞争条件下延续。

(4) 可以通过制度创新，不断为企业成长构建新制度环境，为企业持续注入发展活力。

9.3 新企业成长管理

为了促进新企业更好地适应市场变化，增强竞争力，需要了解企业成长的动因和管理策略，在一定情况下开展企业内部创业，以保持企业的创新活力，促进企业的可持续和二次增长，实现从“机会驱动”到“能力驱动”的跨越式发展。

9.3.1 新企业成长动因

企业发展是一个变动的状态，企业发展的速度也是不均衡的；企业时刻受到外部政策、环境信息的影响，不断地与外部进行资金、技术、物质、人力等各种生产要素的交换，因此，企业成长并不是一个平衡的状态。企业成长既是企业不断实现成长目标的结果，也是不断实现成长目标的过程，企业成长是企业规模扩大、质量提高的持续历程。企业试图通过成长来增加盈利和价值，其成长动因主要有以下考量。

1. 对规模经济和范围经济的追求

企业规模经济是通过企业增加产量、降低单位成本实现的。企业通过购买大量零部件而获得折扣，随着企业采购规模的增加，就会带来单位产品成本的下降；二是随着产量的增加，企业可以在大规模生产的产品中分摊固定成本使产品的成本下降。

范围经济的优势不是来自大规模的生产，而是来自企业经营的范围优势。例如，戴尔公司在媒体上做电脑广告时，时常附上打印机和相关电脑耗材的广告就实现了范围经济。

企业为了在激烈的市场竞争中提升效率、降低成本，实现资源的最优配置和利润最大化，会在一定程度上追求规模经济和范围经济，以增强竞争力。

2. 环境的竞争与机遇

市场竞争促使新企业不断创新和改进，提高产品和服务质量，降低成本，在竞争中脱颖而出。这种竞争压力成为新企业成长的重要动力。另外，随着消费者对产品和服务的需求不断增加，新企业也看到了通过满足市场需求实现快速成长的机会。比如，中国消费升级浪潮中，元气森林抓住“0 糖 0 卡”的健康趋势，在巨头林立的饮料市场撕开一道口子。

3. 创业者的能力与野心

一家新企业的诞生，常常始于一个敏锐的洞察或一腔热血的理想，创业者本身具有强烈的成长欲望和成功动机，他们渴望通过创业实现个人价值和社会认可，这种欲望会促使创业者不断追求创新，推动企业不断发展壮大。

同时，成为市场或者行业的领导者，将会拥有更大的影响力和权力，他们制定行业标准，保持行业威信，企业便可以利用超强的影响力和雄厚的资源使自己成长更快，体验更多，一旦企业成长起来，企业不是依靠创业者个人的努力，而是依靠稳定且高效绩优的团队和完善的企业系统去运作，这显然是创业者最愿意看到的结果。

4. 为了吸引并留住优秀员工

成长是企业为员工创造提升机会的主要机制，成长稳定性的企业，员工更有成就感和归属感。企业为了吸引并留住优秀员工，需不断自我成长与优化。因此，企业积极塑造品牌形象，展现其创新力与竞争力，以此吸引追求挑战与成长的人才。企业在成长过程中所构建的薪酬福利体系，丰富的职业发展机会与培训资源，开放、包容的工作氛围，使企业吸引更多的优秀员工成为可能。

9.3.2 新企业成长管理的策略

企业成长过程中会遇到各种各样的风险，新企业的成长管理，需要考虑企业的生存、现金流的充沛等现实问题。为增强新企业的竞争优势，在成长管理中可利用各种方法策略开发企业核心能力并加速其平稳成长。

1. 促进产品的开发与改进

新产品开发包括设计、研发、生产和销售新产品或服务，新产品开发是企业创新发展的主要形式，也是企业保持盈利的一种方式。为了保持企业核心竞争力，企业必须开发新产品和改进服务，以获得竞争优势并保持稳定发展的源泉。

除了通过开发新产品外，企业还需要不断改进现有产品和服务，这种策略比开发新产品的成本更低。例如，可以通过提高质量、改进外观、改进耐用性等方面来对产品进行改进，以增加收入，提高利润。还可以通过扩大产品线策略来促进企业成长。扩大产品线是指制造其他规格的产品以吸引不同的客户，或者生产相关产品出售给同样的客户群体。例如，计算机制造商通常会销售几种不同版本的台式电脑或笔记本电脑，这些计算机的不同版本代表着不同配置在个别方面，如处理速度、存储容量、显示器大小和制图能力的不同。企业采用产品扩张策略的另一个目的是将核心竞争力运用到相关领域。

2. 市场扩张与渗透

新企业可以通过一系列的市场扩张手段，将产品或服务推向更广阔的市场，以增加市场份额。企业可以通过地理空间上的扩张，寻求新的市场机会，扩大业务范围。企业也可以顺应全球化和国际化的进程，不仅仅局限在某个国家或地区，而是把全球视为市场，通过对外投资、在国外设立分支机构或子公司等方式，与竞争对手在全球范围内争夺客户和市场，实现国际扩张。

同时，企业也可以在现有市场中通过增加客户数量或提高客户购买频率来增加销售额，以实现市场渗透。市场渗透策略是通过更多的营销活动或不断提高市场能力和生产效率来增加产品或服务的销售。可以采取提高产品或服务的质量、降低价格、增加产品差异化、进行市场推广和促销活动等手段，以吸引更多的客户并保持客户的忠诚度。

3. 兼并、收购与战略联盟

兼并、收购与战略联盟是企业实现外部成长、市场扩张和竞争优势提升的重要手段。

兼并是指将两家或多家企业合成一家新的企业，通常由一家占优势的企业吸收其他企业。兼并可以是横向的(同行业企业之间的合并)、纵向的(供应链上下游企业之间的合并)

或混合的（不同行业企业之间的合并）。

收购是指一家企业直接购买另一家企业的股份或资产，以获得对该企业的控制权。收购的目的则可能包括获取新技术、进入新市场、消除竞争对手等。

对创业企业来讲，更多的是参与兼并而不是收购。兼并其他企业可以满足自身的几个需求，如扩大生产线，获得更多的销售渠道，取得竞争性的规模经济，或扩展企业的市场区域等。兼并可以帮助企业快速扩大规模、提高市场份额、实现资源整合和协同效应。

当创业企业意识到单打独斗不可能获得成功时，便会想到通过战略联盟或合资企业的方式获得成长。战略联盟是为了实现特定目标而在两家或多家企业之间建立起来的合作关系。研究表明，通过联盟可以提高企业专利、产品创新和海外销售。

技术联盟和市场营销联盟是两种最常见的联盟形式。技术联盟主要体现在研发、工艺和制造的合作上；而市场营销联盟是将拥有分销系统的企业和拥有产品的企业匹配起来，以促进产品或服务的销售。技术联盟和市场营销联盟允许企业专注于它们特定的专业知识领域，并与其他企业的合作来弥补专业上的欠缺。这种方法对创业企业来讲具有相当大的吸引力。当创业企业没有雄厚的资金和时间去开发产品时，它可以通过建立联盟实现优势互补从而实现企业成功成长。

9.3.3 新企业内部创业管理

随着组织、行业和消费者的创新活动越来越活跃，企业所面临的外部环境正发生着重大的变化，企业内部创业变得日益重要。更好地激发员工的创新思维和创业精神，促进公司内部的持续创新和改进，是企业可持续发展的关键。

内部创业既是企业激活内外部资源、应对内外部环境变化的“试错之举”，更是从战略角度将创新与创业融合的一种“落地之策”。此外，内部创业的价值还体现在留住创新人才，激发员工活力，以及实现科技成果转化、推动企业创新转型升级等方面。

1. 内部创业的概念与意义

内部创业，又称作组织创业、公司创业或者企业创投，指的是现存组织内的创业，是组织内部的员工在公司的资源支持下，追求独立于现有资源以外的机会的过程，包括开展新业务和从事各种创新的活动。企业内部创业的结果通常是新组织的建立或给组织内部带来革新和创新。

内部创业结合了企业的现有资源和创新精神，可以为企业带来新的增长点和竞争优势。实践中，诸多企业成功地开展了内部创业，如 3M、施乐、宏碁等知名的大公司。在 2010 年《财富》杂志公布的世界 500 强企业排行榜中，名列前 100 位的大公司，在产品创新方面有 55% 采用了企业内部创业的模式。

对于内部创业的一致观点是，在现有企业中的创业，而这类创业为现有组织中的管理者提供了主动尝试新创意的自由平台。公司内部创业是“在位企业”通过非主流业务创新，来驱动业务整体增长和战略更新的主要动力，也是促进产品、流程、管理创新和业务多元化，促进员工把个人的创新构想转化为集体行动的主要动力。由此可认为，企业内部创业对于企业的生存和发展具有极其重要的意义。

在市场竞争条件下，企业既要保持组织的动态灵活性，快速响应市场的需求，又要克服组织内部的低效率，充分调动内部人员的积极性，公司内部创业是成为大公司持续成长的可行途径之一，具有多方面的意义。

(1) 推动企业创新与业务发展。内部创业能够激发员工的创新思维和创造力，推动公司不断尝试新的商业模式、产品或服务。通过内部创业，公司可以更快地适应市场变化，抓住新的商业机会；通过内部创业，公司可以实现业务的多元化发展，降低对单一业务的依赖风险。内部创业项目有可能成为公司新的业务增长点，从而推动公司整体业务的快速发展。

(2) 优化企业资源配置。内部创业可以充分利用公司现有的资源，如技术、资金、市场渠道等。通过内部创业，公司可以更加灵活地调整业务结构，实现资源的优化配置和高效利用，提高整体运营效率。

(3) 发掘人才与员工激励。内部创业为具有创业精神和创新能力的员工提供了一个展示才华的平台，有助于企业发掘和培养潜在的人才。通过参与内部创业项目，员工可以获得更多的实践经验和成长机会，提升个人能力和职业素养。内部创业项目通常伴随着一定的激励措施，如股权激励、奖金等，可以激发员工的积极性和工作热情。通过参与内部创业项目，员工可以更加深入地了解公司的战略目标和愿景，从而提升员工对企业的忠诚度和归属感。

2. 新企业内部创业的特点

相对于独立创业，内部创业呈现出以下特点。

(1) 资源与支持的优势。内部创业是在企业组织内部进行的创业活动，需要依靠组织，获得组织各种资源的支持。内部创业通常能够获得公司高层领导的支持和认可，管理层会为创业团队提供支持和资源，并赋予创业员工更大的决策权，使创业者能够更加自由地创新和决策。内部创业也可以充分利用公司的资源，如技术、资金、市场网络、人力资源等。这些资源能够减少创业团队的初始投入和风险，加快产品或服务的推出和市场覆盖。

(2) 市场与品牌优势。内部创业可以借助公司已有的知名品牌和市场渠道，提高产品或服务的市场认可度和可信度。这不仅可以减少开拓市场的成本和风险，还可以利用公司现有的销售渠道和客户网络，更快地将产品或服务推广到市场上，迅速建立起用户群体，实现企业的快速增长。

(3) 一定的容错空间。内部创业可以分散创业风险，从而降低个人创业的风险。公司内部的支持和资源可以减少创业者的个人资金投入和债务风险，提高创业项目的成功率。相比外部创业，内部创业通常享有更多的容错空间。即使项目初期遭遇挫折，母公司或机构的资源储备也能为其提供必要的支持，降低创业风险。

(4) 决策效率与自由度的限制。内部创业过程中，创业者可能需要与母公司或机构内部的多个部门进行沟通和协调，这在一定程度上会影响决策效率。内部创业虽然享有资源整合的优势，但也可能受到母公司或机构的制度、文化等方面的制约，从而影响创新自由度。因此，内部创业呈现出其独有的优劣势，见表9–2。

表 9-2　内部创业的优劣势

优势	劣势
● 资金、技术的支持与优势 ● 品牌、市场渠道的优势 ● 更多的容错空间 ● 重视市场规划 ● 跨职能团队的合作与创新 ● 咨询与培训支持	● 可能受制于公司预算 ● 多层控制和审核过程 ● 相对于独立企业的有限自治 ● 难以获得有能力的创业人才 ● 相比独立企业可能更加不愿意追逐高风险、高回报的项目 ● 获得母公司有限的技术

3. 新企业内部创业模式

新企业内部创业模式是指企业在内部推动创新创业活动的方式和方法。这些企业模式旨在激发员工的创新潜力，促进新业务的孵化和发展，从而为企业带来新的增长点和竞争优势。以下是几种常见的公司内部创业模式。

(1) 孵化器模式。孵化器模式是指企业为员工提供一个创业孵化的平台，通过提供资金、资源、导师指导等支持，帮助员工将创业想法转化为实际的产品或服务。这种模式通常包括创业培训、创业比赛等环节，目的是选拔和培养有潜力的创业者。孵化器模式能够降低员工的创业风险，提高创业成功率，同时有助于企业培养创新文化和人才。

(2) 子公司模式。子公司模式是指企业通过成立子公司进行内部创业。企业可以将一部分核心业务或新业务拆分出来，成立独立的子公司，并由员工充当创业者角色对子公司进行独立运营。子公司可以享有独立的决策权和管理权，同时享受母公司提供的资源和支持。这种模式有助于降低企业的运营成本，提升创业项目的独立性和灵活性，同时能够为企业带来新的增长点。

(3) 内部创业比赛模式。内部创业比赛模式是指企业发起内部创业比赛，鼓励员工提出创业项目，并通过评选和孵化机制来推动项目的实施。企业可以设立奖金、股权等激励机制，吸引员工积极参与创业比赛。这种模式不仅能够激发员工的创业热情，发现和培养优秀的创业者，还有助于企业筛选出具有潜力的创业项目。

(4) 部门内部创业模式。部门内部创业模式是指企业鼓励和支持各个部门内部进行创新创业活动。企业可以设立创新创业基金，为部门内部的创新创业项目提供资金支持。部门可以通过内部创业的方式开展新项目，增加收入和利润。这种模式不仅能够激发员工的创新创业潜力，促进部门之间的合作与交流，还有助于企业内部的创新氛围和文化的形成。

(5) 公司内部市场模式。公司内部市场模式是指企业建立一个内部市场，鼓励员工提出创新项目，并通过市场竞争的方式选择最优秀的项目进行执行。企业可以设立虚拟货币、股权等激励机制，推动员工积极参与内部市场竞争。这种模式能够提高创新创业项目的选择精准度和自主性，同时有助于增强员工的创新创业能力和竞争力。

(6) 客户内部创业模式。客户内部创业模式是指企业将客户纳入创业项目的实施和维护过程中，与客户合作开发新产品或服务，并分享风险和利益。这种模式能够帮助企业与客户建立更紧密的合作关系，提高产品和服务的质量和竞争力。同时，通过客户的参与和反馈，企业也能够更好地了解市场需求和趋势，为未来的创新和发展提供有力支持。

4. 新企业内部创业的实施

(1) 确立愿景与目标。确立清晰的创业愿景，并形成企业员工对这一愿景的共享，激发员工对公司未来发展的憧憬。同时，根据企业整体战略，设定内部创业的母体目标，确保内部创业活动与企业经营策略相结合。

(2) 制定内部创业政策。明确内部创业的申请流程、评估标准、资源分配机制、利益分配原则等，为员工提供清晰的创业路径。设立内部创业基金，为符合条件的创业项目提供资金支持。

(3) 选拔与培训。根据工作年限、职务、从业经历、在公司的表现等多个维度，选拔具有创业潜力和创新精神的员工参与内部创业。同时，为选拔出的员工提供创业培训，包括商业计划书撰写、市场营销、财务管理等方面的知识。

(4) 项目申请与评估。由员工撰写商业计划书，公司成立相关人员进行项目评估，包括创新性、可行性、市场前景、潜在风险等，并做出相关支持决策。

(5) 确立形式与机制。确定公司内部创业的形式，建立利益分配与退出机制。

案例思考与创新实训

案例与实训一：ofo 小黄车——从野蛮生长到英雄末路

ofo 小黄车，全称北京拜客洛克科技有限公司，是一个无桩共享单车出行平台，致力于解决城市出行问题。从辉煌崛起到迅速陨落，ofo 小黄车的案例充满了曲折和教训。

一、创办与早期发展

2009 年戴威与自行车结缘，跟随北京大学自行车协会长途骑行，由此爱上骑行运动。在 2013 年毕业后跟随团中央在青海大通县东霞镇支教的一年里，他主要通过自行车往返于县城与小镇，同时发起了骑车旅行活动，自此成为重度骑行爱好者。2014 年戴威回北京大学攻读经济学硕士，在此期间，与他的四名合伙人创立了 ofo（共享单车），提出“以共享经济 + 智能硬件，解决最后一公里出行问题”的理念。方向既定，戴威东拼西凑资金加上找师弟所在基金公司借款，撑了 5 个月之后，眼看该模式具有一定的可行性，便对此开始进行扩张。到 2015 年 12 月份，日订单达到 2 万多。

二、融资与扩张

ofo 吸引了众多投资者和有识青年的加入。2015 年 3 月，ofo 完成了天使轮融资，融资金额高达数百万元人民币，投资方为唯猎资本。同年 10 月，ofo 完成了 Pre-A 轮融资，融资金额高达 900 万元人民币，投资方包括唯猎资本和东方弘道。

随着资金的注入，ofo 开始了快速扩张。他们不仅在国内各大城市投放了大量的共享单车，还宣布进军海外市场。2016 年，ofo 与摩拜等公司在共享单车市场上展开了激烈的竞争，为了争夺市场份额，ofo采取了“铺量”和“碾压式融资”的战略。通过大量的融资和快速的扩张，ofo成为行业内最风光的独角兽之一。

2017年1月左右，ofo宣布以“一天一城”的速度在10天内密集进入10座城市，到2017年3月已经覆盖超过25个城市。ofo表示，未来将根据地形、人口、公共交通环境等维度进行城市筛选，加大投资力度。2017年开始，在还没找到盈利模式的情况下，ofo便一路进行蒙眼狂奔，开始了融资、烧钱、补贴、扩张的无限循环之路。到2017年9月，ofo小黄车已覆盖三、四线城市134座；12月7日，ofo宣布进军法国巴黎，提前达成20国目标。

三、管理问题与市场饱和

在疯狂扩张和未找到盈利模式的境况下，ofo内部也采取了相对“粗放”的管理模式。

随着市场份额的迅速扩大，ofo在管理和维护上的投入相对较少，导致车辆的损坏率和丢失率不断上升。同时，ofo共享单车也面临着停放管理的问题，许多城市开始治理单车的停放乱象。

在经营管理层面，内部对于资金的掌控尚未达到精细化，未建立严格的资金审批制度，最终使得公司资金运转失控。公司的运维支出、用户端补贴和市场营销成本都十分高昂。ofo单车的调度、摆放、维修和同城物流等人工费用，以及公司内部人员工资、生产成本等普遍偏高，ofo每个月运维的支出费用在3亿至4亿元。

在补贴用户层面，ofo相继推出了“充值返现”“红包车”“免费骑”“宝箱车”等活动，并经常推出1元钱的月卡促销，导致公司基本入不敷出。

在市场推广层面，从2016年底至2017年就花费了数亿元，在几次活动支出上，ofo几次公关费用就花费了近百万元，一年做了3000万元的广告投放。

与此同时，ofo内部出现严重贪腐问题，有些城市供应链被架空，仓库主管通过与供应商勾结或者从朋友处收购陈旧的、低质量的轮胎吃回扣，导致多地单车质量较低，容易损坏，进而又再制造新单车，加上投放范围变大，如此恶性循环，加大了公司成本。ofo运维团队的招聘主要由区域运营专员负责，修车、摆车师傅都是由运营独立负责招聘和结算工资；运营团队的招聘、发薪全权由区域运营专员负责，无人监督，运营专员可通过多报人员名额向上多要资金。在企业高层方面，有爆料指出，在ofo的管理层中，奢侈品消费成风，这种高调作风在创业团队中并不多见。

2017年，大量资本和创业者涌入共享单车市场，市场上出现了多个共享单车品牌。随着市场的逐步饱和，共享单车行业的竞争也变得更加激烈、残酷。

对于企业的发展，ofo只停留在扩张和针对性竞争阶段，并未根据企业特点、市场情况合理构建出企业发展战略，无可持续的发展模式和盈利模式，毫无章法，导致企业入不敷出。

四、资金链断裂与押金危机

ofo的迅速崛起和扩张背后，隐藏着巨大的金融风险。为了换取投资，ofo将其全部资产作为抵押，最终导致了资金链的断裂。2018年1月，ofo账户现金仅能支撑一个月的消息传出，随后不久，ofo就陷入了押金危机。

2018年12月，ofo小黄车的押金在App上变得难以退还。大量用户前往ofo总部现场办理退押金手续，形成了壮观的排队场景。然而，即使现场排队，押金也并不是马上就能退还。据现场人员称，此次只是登记，并非直接返还，而且登记资格也仅限于申请退押金但15个工作日没到账的用户。

ofo小黄车是一个充满曲折和教训的鲜活案例。它提醒我们，在追求企业创新和快速发展的同时，必须注重对其管理和维护的投入，保持清醒的头脑和稳健的步伐。只有这样，才能在激烈的市场竞争中立于不败之地，实现企业的可持续发展和社会的共同繁荣。

（资料来源：根据公开资料整理）

案例思考与实训：

(1) 导致小黄车从辉煌到陨落的原因有哪些？

(2) 初创期的管理需要注意哪些问题？

(3) 新企业在成长过程中，如何应对外在的竞争与环境的变化？

(4) 实训：假如你是ofo项目团队的创始人，回到企业的初创期，你会为该新企业的生存和成长规避哪些问题、做哪些安排？

案例与实训二：双童内部创业激发创新动力

双童公司的主要业务是生产和销售吸管，这是一个非常不起眼的商品，但早在2002年，双童就把它做到了世界第一，销量约占全球市场的1/4，是全球吸管隐形冠军。从2019年到2022年，双童在义乌A类企业的排名从第102位跃升至第32位。

一、困境

2015年，双童每年两位数的增长趋势突然暂停，出现业绩下滑趋势，双童面临吸管产业历经几十年挖掘已达产业链顶端的窘境，可持续挖掘的增长空间受限，但年轻团队的成长诉求和期望却还在持续加大，再加上数字化环境下出现的种种新挑战，延续“过去的逻辑”已然失效。双童创始人楼仲平意识到，仅靠“专注和坚持”的工匠精神做习惯的商业模式已经无法让双童突破当前大环境变革下的多重挑战，他首先想到的便是激活现有团队的创新活力，积极寻找第二增长曲线。

二、组织变革与内部创业的探索

楼仲平痛下决心，要让双童跳出原有的认知遮蔽，通过推动组织变革，打破原有经营惯性，设立“双童创业共享平台”来推动企业由管理型向平台型的转变，同时推动企业内部生长并孵化出更多的创业企业，从而激发组织活力，赋能团队成长，实现企业高质量可持续发展，与员工共同创造更加美好的未来。

在充分了解企业的现状和员工的诉求后，楼仲平发现，经过双童多年经验的积累和沉淀，其实企业存在许多吸管之外的潜在增量业务。结合双童自身产业特点和企业实际诉求，通过将上述工具的部分模块进行重新组合，推动生产与销售板块的扁平化拆分，设立生产和销售板块的经营体。“经营体”在组织结构上属于企业母体的一部分，与传统金字塔形组织结构的核心区别是薪资架构的改变。设立经营体的目的是鼓励员工发掘增量业务，并与企业共同分享增量业务的成果。楼仲平鼓励经营体在满足主业基础上，不断挖掘未满足的顾客需求。如今，双童已经成立了12个自主经营体，成为孵化内部创业的重要土壤。

如果说第三创业体是由楼仲平参与设计组织成立的，那么第五创业体则完全是由其员工周上个人自组织发起的。楼仲平把这种由员工自发组织成立创业企业的内部创业行为称为“自组织创业裂变”。2020年6月，周上自掏腰包，占股20%成立了双童文化传媒有限公司，出任总经理，并自主招聘，搭建团队运营。第五创业体将主营方向定为企业家培训，并与义乌工商职业技术学院合作成立了双童商学院，目标是将双童打造成为浙江省工业数字经济游学标杆，同时为双童创业共享平台的生态赋能，引进人才和技术。第五创业体完全按照公司法独立经营，符合楼仲平对“自组织创业裂变”的设定。

三、组织变革落地，成立双童创业共享平台

2020年，楼仲平在孵化出首批4个创业体后，便正式成立了“双童创业共享平台”。截至2022年末，双童创业共享平台共孵化了8个创业体，多数已实现了盈利。随着组织变革成效初步显现，组织管理制度也需进一步明晰。楼仲平认为，双童创业共享平台并不是一个母公司的角色，而是把所有资源整合并共享，打造一个由创业体共享创造的“连接中心”和“资源中心”。关于双童创业共享平台，楼仲平经过了缜密的思考，在经营属性、组织结构、股权关系和激励机制方面对其进行了详细的设计。

双童创业共享平台肩负着对新生创业体实施孵化、赋能和培育的责任。其职能定位为所有创业体在管理职能上的“行政中心”和“结算中心”。另外，双童创业共享平台在组织结构上突破了传统组织的金字塔形结构，对原有管理体制进行了部分扁平化改革。每个创业体就像一个六边形的蜂窝，而双童创业共享平台就是由一个个蜂窝组成的蜂巢。每个创业体的层级都是平等的，并且可以实现与其他创业体的多边连接、快速组合、高效创造和裂变繁衍，从而快速适应和应对外界环境的剧烈变化。例如，第八创业体总经理蒋子森就经常出现在第三创业体组织的企业管理培训课程的讲台上，给台下的学员分享自己的内部创业经历。

到2022年，双童的营收规模扩大了一倍。目前，双童47.75%的产值来自创业体，2/3的利润由创业体创造。原主业吸管板块成为“第一创业体”，2022年销售额增长6.98%；双童创业共享平台各创业体公司板块，年度销售额同比增长31.27%。

除了最直接的物质激励，更能激发员工创造力的是建立使命感。底层基于利益，高层基于使命，个体的聪明代替不了集体的智慧，要使工作有效率，就要让员工有意愿。双童推行以人为本的机制创新，唤醒全体员工从内心参与创造的动力和活力，从而打破边界，建立互为主体、资源共享、价值共创的“利益共同体”。

（资料来源：郑刚，陈劲，尹西明.创新者的逆袭3：新质生产力的十八堂案例课［M］.北京：北京大学出版社，2024.有删改）

案例思考与实训：

(1) 双童如何实现企业的二次增长？

(2) 双童的内部创业经历了哪几个阶段？分别是如何实施的？

(3) 双童的内部创业为什么能取得成功？

(4) 双童的内部创业模式可能面临哪些挑战？

项目与创新体验

1. 项目依托

(1) 小组在课程中模拟的创业项目。

(2) 正在进行创业实践或者打算参加创业比赛的创业项目。

(3) 在历届中国“互联网 +”大学生创新创业大赛项目中，选择一个感兴趣的项目。

2. 项目体验的开展

(1) 为项目选择合适的企业组织形式，设计好组织架构，制定相应的管理规范和制度，形成一份企业内部管理材料。

(2) 实际了解企业注册的相关流程和要求，为该企业制定一份注册流程图。

(3) 开展实地考察，为该企业进行选址规划，撰写企业选址调研报告。

3. 小组交流与思考

各小组分享项目体验的过程与成果，思考并交流以下问题：

(1) 各小组的企业组织形式和组织架构有什么区别？为什么会存在这些区别？

(2) 企业注册的流程和要求是否存在行业差别？

(3) 各小组项目的企业选址是否科学？都考虑了哪些方面的因素？有什么值得借鉴的地方？

练 习 题

一、单选题

1. 下列不是独立法律主体的企业组织形式是（　　）。

A. 独资企业　　B. 合伙企业

C. 有限责任公司　　D. 股份有限公司

2. 最简单的企业组织架构形式是（　　）。

A. 直线型组织架构　　B. 职能型组织架构

C. 扁平式组织架构　　D. 直线一职能型组织架构

3. 内部创业是指（　　）。

A. 组织内部员工在公司资源的支持下，追求独立于现有资源以外机会的过程

B. 扩大产品线促进企业成长

C. 为了保持企业核心竞争力，企业设计、研发、生产和销售新产品或服务，以保持企业稳定发展

D. 两家或多家企业合并成一家新的企业

二、多选题

1. 独资企业的优势有（　　）。

A. 手续简单　　B. 经营灵活

C. 有限责任　　D. 税负较轻

2. 新企业选择组织架构需考虑以下哪些因素？（　　）

A. 企业的发展规模和阶段　　B. 行业特点

C. 市场需求　　D. 灵活性

3. 新企业选址需考虑的因素有（　　）。

A. 产业聚集情况　　B. 商圈的特征

C. 人口因素　　D. 地理位置

4. 生产制造型企业选址需考虑的因素有（　　）。

A. 劳动力条件　　B. 原材料供应

C. 交通运输　　D. 水电供应

5. 新企业生存面临的挑战有（　　）。

A. 市场拓展艰难　　B. 市场环境复杂

C. 自由现金流局限　　D. 内部管理欠规范

6. 新企业在培育期的特点有（　　）。

A. 业务刚起步　　B. 生存能力比较强

C. 现金流充足　　D. 抗风险能力弱

7. 新企业成长的动因有（　　）。

A. 对规模经济的追求　　B. 对机会的追求

C. 创业者的野心　　D. 吸引优秀员工的考量

三、判断题

1. 新创企业具有创新性和灵活性的优势。（　　）
2. 新企业面临的供应商等利益相关者是确定的。（　　）
3. 新创企业成立之后不需要快速试错。（　　）
4. 新创企业高成长性和高风险性并存。（　　）
5. 处于培育期的新企业可以获得规模效益。（　　）

四、简答题

1. 谈谈企业内部创业的意义。
2. 新企业如何面对生存挑战？

参考文献

REFERENCES

[1] 韩树杰．创业地图：商业计划书与创业行动指南［M］．北京：机械工业出版社，2020.

[2] 李巍，吴朝彦．创业基础：数字教材版［M］．2 版．北京：中国人民大学出版社，2021.

[3] 胡华成，丁磊．商业计划书编写实战［M］．北京：清华大学出版社，2020.

[4] 吴维，同婉婷，韩晓洁．创新思维［M］．北京：高等教育出版社，2020.

[5] 熊俐，朱田．创新与创业指导：微课版［M］．北京：人民邮电出版社，2023.

[6] 曾小军．解码商业模式：如何从一个想法到一个商业模式［M］．北京：中国财政经济出版社，2023.

[7] 张乐飞．独具匠心：做最小可行性产品 (MVP) 方法与实践［M］．北京：人民邮电出版社，2021.

[8] 郑刚，陈劲，尹西明．创新者的逆袭 3：新质生产力的十八堂案例课［M］．北京：北京大学出版社，2024.

[9] 张甲华．定位—产品—体验基于新商业逻辑打造有生命力的产品［M］．北京：清华大学出版社，2022.

[10] 沈建红，王万竹．创新创业营销实战［M］．南京：南京大学出版社，2021.

[11] 菲利普·科特勒，凯文·莱恩·凯勒，洪瑞云，等．营销管理：英文版·亚洲版·第 6 版［M］．北京：中国人民大学出版社，2021.

[12] 李国强，刘君．大学生创新创业基础［M］．北京：机械工业出版社，2023.

[13] 张玉利，薛红志，陈寒松，等．创业管理［M］．6 版．北京：机械工业出版社，2024.

[14] 吴晓义．设计思维：创新创业原理与实务［M］．2 版．北京：清华大学出版社，2023.

[15] 李家华．创业基础［M］．北京：清华大学出版社，2023.

[16] 刘志阳．创业管理［M］．北京：高等教育出版社，2020.

[17] 陈莹，柯婷．创业基础实务［M］．武汉：华中科技大学出版社，2021.

[18] 杰弗里·摩尔．跨越鸿沟：颠覆性产品营销指南：原书第 3 版［M］．祝惠娇，译．北京：机械工业出版社，2022.